DIE NETFLIX-REVOLUTION

DIE NETFLIX-REVOLUTION

WIE STREAMING
UNSER LEBEN VERÄNDERT

OLIVER SCHÜTTE

MIDAS VERLAG

»In einigen Jahren werden wir auf das Fernsehen zurückblicken wie heute auf das Faxgerät.«

Reed Hastings, Gründer und Chef von Netflix

INHALTSVERZEICHNIS

KAPITEL

EINLEITUNG

Wie haben Sie zuletzt Fernsehen geschaut? Haben Sie den *Tatort* am Sonntag um 20.15 Uhr zusammen mit ihrem Ehepartner vor dem Fernsehgerät verfolgt, oder haben Sie die aktuelle Folge von *The Crown* von Netflix auf ihrem iPad gesehen? Vielleicht haben Sie auf ihrem Smartphone den neuesten Clip von LeFloid gecheckt, während Sie im Bus nach Hause fuhren.

Wie, wo und was Sie auch immer Fernsehen genossen haben, Sie sind Teil einer Disruption, die sich buchstäblich vor Ihren Augen abspielt. Sie werden nicht nur Zuschauer bleiben, sondern Teilnehmer einer Entwicklung, die die Welt verändern wird. Im audiovisuellen Bereich ist dies die dritte Revolution. Und wie die beiden vorangegangenen wird sie beeinflussen, wie Sie die Welt wahrnehmen und wie Sie darin interagieren.

Die erste Umwälzung begann Ende des 19. Jahrhunderts. Das Kino eroberte in kurzer Zeit den gesamten Globus. Der Erste Weltkrieg fand nicht mehr, wie andere gewalttätige Auseinandersetzungen vorher, in der Ferne statt, sondern wurde jeden Abend in den Lichtspielhäusern präsentiert. Dabei entwickelte sich eine neue Form des Geschichtenerzählens. Eine, die sich stark von ihren

Vorgängern unterschied. Während Literatur die Leser nur auf dem Papier in seinen Bann zog und Theater das Publikum immer in einer gewissen Distanz hielt, zog das Kino den Zuschauer direkt in das Geschehen hinein.

Gut ein halbes Jahrhundert später eroberte das Fernsehen ebenfalls innerhalb weniger Jahre die industrialisierten, »entwickelten« Länder. Das Weltgeschehen wie die Mondlandung kam ins Wohnzimmer und beeinflusste erneut die Art und Weise, wie wir die Welt wahrnahmen. Nicht nur, dass die Nachrichten in unser Leben Einzug hielten, sondern auch die Unterhaltung bestimmte fortan den Tagesablauf. Neben fiktiven Filmen wie in den Lichtspielhäusern kamen sehr schnell Shows und andere Entertainmentformate auf den Bildschirm. Und mit den Serien spielte das neue Medium seine Stärken gegenüber dem Kino aus.

Das Leben der Menschen änderte sich durch das Fernsehen radikal. Es wurde zum Lagerfeuer am Abend, um das sich die Familie versammelte, und am nächsten Tag bestimmte das Gesehene häufig die Gespräche mit Kollegen und Freunden.

Im Rahmen der dritten Disruption erleben wir derzeit einen erneuten globalen Wandel. Wir können von nun an bestimmen, wann wir schauen, wo und mit welchem Gerät. Neue Anbieter wie Netflix haben die Welt in Windeseile erobert, aber der Kampf um unsere Gunst (und unser Geld) ist noch nicht zu Ende. In den nächsten Jahren werden weitere Akteure auf den Markt kommen, die mit unterschiedlichen Angeboten ihren Platz suchen. Und Elemente der Künstlichen Intelligenz werden die Art und Weise verändern, wie wir mit unseren Geräten umgehen und wie wir fernsehen.

Ist der Begriff »Revolution« für diese Veränderungen zu hoch gegriffen? Der Duden vermerkt, dass es sich um eine »tief greifende Wandlung; umwälzende, bisher Gültiges, Bestehendes o. Ä. verdrängende, grundlegende Neuerung« handelt. Wir Deutschen können auf unsere Erfahrungen einer friedlichen Revolution zurückgreifen, die kaum 30 Jahre her ist. Damals sind die Menschen massenhaft auf die Straße gegangen und haben einen Wandel durchgesetzt, der das Alte auf den Müllhaufen der Historie geworfen hat. Es gehört mit zu einer Revolution von diesem Ausmaß, dass vieles zerstört wird. Wir erleben gerade etwas Ähnliches im Medienbereich. Die existierenden Strukturen, die bekannten Herrschenden werden bald Geschichte sein. Aber die Frage bleibt: Was bringen die neuen Zeiten? Inwieweit wird sich unser Leben einmal mehr ändern?

Und hat der Chef von Netflix Reed Hastings recht, wenn er behauptet, dass das kommende Zeitalter »einen einfachen aber revolutionärer Schritt von der Kontrolle durch die Anbieter hin zur Kontrolle der Zuschauer«[1] bedeutet?

In diesem Buch möchte ich Sie auf die Zukunft vorbereiten. Ich werde die Chancen beleuchten, die die Umwälzung, in der wir uns gerade befinden, in sich birgt, aber auch deren Gefahren. Wie in jeder Revolution haben wir die Aufgabe, die kommende Zeit aktiv mitzugestalten, ihre neuen Möglichkeiten aufzugreifen und den negativen Konsequenzen im Alltäglichen entgegen zu wirken.

Was wir Zuschauer tatsächlich endlich brauchen, ist die Kontrolle. Und das Buch will die Frage beantworten, wie wir sie erlangen können.

ALS DIE BILDER LAUFEN

LERNTEN

Pünktlich wie jeden Tag verließ Charlotte, die junge Sekretärin in einer Rechtsanwaltskanzlei, um 18 Uhr ihren Arbeitsplatz am Kurfürstendamm. Es war bitterkalt draußen, und sie zog ihren Mantel zusammen, um nicht zu frieren. Unwillkürlich musste sie daran denken, wie sie mit ihrer Freundin Maria vor kurzem Silvester gefeiert und das neue Jahr 1927 begrüßt hatte. Vielleicht – so hoffte sie – wird noch mehr aus der Freundschaft. Heute würde sie nicht wie an den anderen Tagen die Straßenbahn nehmen, um schnell nach Hause zu kommen. Heute stand etwas Besonderes auf dem Programm.

*Vor dem Ufa-Palast am Zoo hatte sich eine riesige Menschentraube angesammelt, und der Verkehr staute sich auf den umliegenden Straßen, denn der Film **Metropolis** von Fritz Lang hatte Premiere. Natürlich gehörte Charlotte nicht zu den geladenen Gästen. Es ging ihr darum, einen Blick auf die Stars zu werfen. Und da stieg schon einer von ihnen aus seiner Limousine. Es war der berühmte Schauspieler Heinrich George, der mit seiner Leibesfülle unübersehbar war.*

Das Kino fasste 2000 Zuschauer und nach und nach füllte sich der rote Teppich mit den Darstellern, aber auch anderen Künstlern, und sogar die Politik war bei diesem Ereignis dabei. Der Monumen-

talfilm sollte ein Angriff auf Hollywood sein. Für die Effekte, Studiobauten, Statisten und die zahlreichen Kostüme hatte die Produktionsfirma mehr als fünf Millionen Reichsmark ausgegeben, hatte Charlotte in der Zeitung gelesen. Die Dreharbeiten dauerten angeblich 310 Tage und 60 Nächte.

In diesem Moment stieg der Regisseur mit einem Monokel aus dem Auto, neben ihm seine Frau Thea von Harbou, die das Drehbuch geschrieben hatte. Charlotte bewunderte die Art und Weise, wie die beiden elegant ins Kinofoyer schritten. Sie wird sich den Film zusammen mit Maria in einer Woche anschauen, stand für sie ab sofort fest. Denn Maria liebt Kino genauso wie sie. Gemeinsam können sie in fremden Welten eintauchen, lachen und weinen oder sich einfach unterhalten lassen und für einen Moment von der Realität draußen verabschieden.

Ende des 19. Jahrhunderts veränderten wichtige Erfindungen die Welt für immer. Mehrer Tüftler experimentierten mit der Übertragung von Sprache durch das Telefon, 1888 hatte Berta Benz ihre Reise mit dem bisher unbekannten Automobil von Mannheim nach Pforzheim unternommen, und das Grammophon spielte die ersten Schallplatten.

Viele Neuerungen haben den Alltag der kommenden Generationen transformiert. Und sie prägen uns heute noch. Wir können uns ein Leben ohne Auto (in Zukunft eher mit Elektromotor und im Carsharing) nicht vorstellen. Festnetztelefone sind zwar in weiten Kreisen nicht mehr angesagt, seitdem das Smartphone auch Telefonverbindungen herstellen kann, und der CD-Spieler weicht zunehmend Spotify. Aber ohne die Erfindungen der damaligen Zeit wäre dies alles nicht vorstellbar. Und eine weitere Innovation hatte die Welt ein für alle mal verändert.

Die interessanteste Erfindung der Neuzeit

Am Abend des 1. November 1895 starrten die Zuschauer im Winter-garten Varieté in Berlin auf eine weiße Leinwand, die auf einer der Seitenbühnen aufgespannt war. Es war die Schlussnummer, nach-dem Zauberer und andere Artisten das Publikum zum Staunen ge-bracht hatten. Plötzlich flimmerten zwei Männer auf der Projekti-onsfläche. Den Betrachtern blieb der Mund offen stehen, über das, was sich da vor ihren Augen abspielte. Bewegte Bilder, die die Rea-lität wiedergaben. Als schließlich ein boxendes Känguru erschien, ein Tier, das die meisten der Zuschauer noch nie lebendig gesehen hatten, begleitete Applaus die Entstehung des Kinos.

Am Schluss verbeugten sich die Abbilder der beiden Erfinder des von ihnen sogenannten Bioscops, die Brüder Emil und Max Skladonowsky auf der Leinwand vor dem begeisterten Publikum.

In den Zeitungen wurde das Programm fortan als die »interes-santeste Erfindung der Neuzeit« angekündigt. Kaum einer konnte ahnen, wie recht die Werbung damit haben würde. Vier Wochen lang zeigten die beiden Skladonowskys ihre Filme vor ausverkauf-tem Haus. Und schon nach kurzer Zeit führte sie eine Tournee ins Ausland.

Zeitgleich befassten sich auch zwei andere Brüder mit der Idee, bewegliche Bilder aufzunehmen und in der Öffentlichkeit vorzu-führen. Es waren die Franzosen Auguste und Louis Lumière. Mit ihrem Cinématographen hatten sie am 22. März des gleichen Jah-res ihren Film *La Sortie de l'Usine Lumière à Lyon* dargeboten – aller-dings vor einem geschlossenen Publikum. Die erste öffentliche Aufführung sollte zwei Monate nach der Berliner Vorführung im Januar 1896 in Paris stattfinden.

Die Skladanowkys fuhren mit ihrem Bioscop Ende Dezember ebenfalls in die französische Hauptstadt. Es waren mehrere Vor-stellungen in dem Varieté Folies-Bergère vereinbart. Als die Lumi-ères davon Wind bekamen, legten sie ihre Premiere vor die Vorfüh-rung der beiden Brüder aus Deutschland auf den 28. Dezember in einen kleinen Raum im Grand Café. Zehn Filme von maximal einer

Minute wurden dem zahlenden Publikum vorgeführt, darunter eine Badeszene am Meer und die Fütterung eines Babys.

Als die Skladanowkys bei ihrer Ankunft von der Konkurrenzveranstaltung erfuhren, arrangierten sie einen Besuch im Grand Café, um die Technik in Augenschein zu nehmen. Was sie sahen, erschreckte sie, denn die Erfindung der Gebrüder Lumière war ihrer technisch weit überlegen. Der Direktor des Folies-Bergère sagte die geplante Aufführung des weniger ausgereiften Bioscops darauf kurzerhand ab.

Wieder zurück in Berlin schwante den Skladanowkys, dass es mit ihrer Erfindung nicht einfach werden würde. Denn nicht nur war ihre Technik komplexer und von geringerer Qualität, zudem hatten sie es bei ihren Konkurrenten mit vermögende Fabrikanten zu tun, während sie arme Schausteller waren. Dennoch gaben sie sich Mühe, ihren Apparat noch weiter zu verbessern. Jedoch fehlte es an Kapital, sodass der Siegeszug der Erfindung aus Frankreich schließlich nicht mehr aufzuhalten war.

Wenig später zogen sich die Gebrüder Skladanowsky aus dem Geschäft zurück. Trotzdem gebührt den Berlinern die Anerkennung, dass ihnen die erste öffentliche Vorführung eines Films gelungen war.

Ein paar Jahre blieb das Kino oder »Kintopp«, wie es damals genannt wurde, ein Vergnügen, das Varietés und Gaststätten vorbehalten war. In dieser Zeit reichte es den Zuschauern oft, dokumentarische Szenen von kurzer Dauer aus unterschiedlichen Zusammenhängen vorgeführt zu bekommen. Das Spektakel an sich, bewegte Bilder zu sehen, war schon groß genug. Die Filmemacher investierten deshalb noch nicht in aufwendige Geschichten. Dies kam erst später, als der Reiz des Neuen verflogen war. Ab der Jahrhundertwende wurden nach und nach Kinos eröffnet – also Räume, die der regelmäßigen Vorführung von Filmen dienten.

Die ersten Lichtspiele zeigten den Zuschauern alltägliche Szenen, die nicht selten in fremde Welten führten. So konnte das Publikum von 1895 in einem 44 Sekunden langen Film die *Place des Cordeliers à Lyon* begutachten. Menschen gehen über den Platz, eine Straßenbahn fährt vorbei – Alltag also. Es war für die Anwesenden vor der Leinwand etwas Besonderes, denn die wenigsten kannten die Stadt Lyon oder waren dort gewesen. Das Kino ermöglichte ihnen damit eine vollkommen neue Erfahrung. Zwar hatte jahrhundertelang die Malerei den Menschen in die Lage versetzt Dinge wahrzunehmen, die ihnen fremd waren, und die Fotografie tat dies in weit dokumentarischer Form, aber die bewegten Bilder steigerten die Qualität des Erlebnisses noch einmal grundlegend. Der eigene Erfahrungshorizont erweiterte sich sprunghaft.

Es waren wieder die Gebrüder Lumière, die über ihre dokumentarischen Arbeiten hinaus die ersten fiktionalen Geschichten erzählten. Ihr *L'enfant au ballon* ist ein 42-sekündiger Kurzfilm aus dem Jahre 1896. Er handelt von einem kleinen Jungen, der mit seiner Mutter in einem Garten spazieren geht. Als die Frau sich auf eine Parkbank setzt, spielt das Kind mit einem Luftballon. Zwei Arbeiter nähern sich von hinten. Dabei erschrickt der Junge und lässt sein Spielzeug los. Die Aufregung ist groß, und alle schauen dem aufsteigenden Ballon hinterher.

Noch weiter ging der Zauberkünstler Georges Méliès, der den Film intensiv nutzte, um Fiktion zu erzählen. Sein *Le Voyage dans la Lune* aus dem Jahr 1902 basiert auf dem gleichnamigen Roman von Jules Verne. Darin wird die Geschichte einer Expedition zum Mond erzählt. Sechs Astronauten werden auf den Weg zum Erdtrabanten geschossen und landen auf der zerklüfteten Oberfläche. Nach einer kurzen Besichtigung und einem erholsamen Schlaf geraten sie in eine Höhle, in der sie die Aufmerksamkeit der Mondbewohner auf sich ziehen. Das wilde Volk greift die Fremden an und nimmt sie gefangen. Am Ende einer Verfolgungsjagd gelingt es den Astronauten, wieder zur Erde zurückzukehren, wo sie begeistert empfangen werden.

Dieses kleine Werk markiert den Beginn des filmischen Geschichtenerzählens. Er ist insofern der Vorläufer von *Casablanca*, *Star Wars* und *Game of Thrones*, denn nachdem sich der Kintopp zum Kino entwickelte und ausschließlich nur noch in eigens dafür hergerichteten Räumlichkeiten und nicht mehr zusammen mit

Zauberern und Jongleuren stattfand, setzte sich zunehmend das die Fiktion im Film durch.

Was sich da buchstäblich vor den Augen der Welt abspielte, war eine Revolution, ähnlich wie es der Buchdruck mehr als vierhundert Jahre früher gewesen war. Die Menschheit nahm zum ersten Mal bewegte Bilder von etwas wahr, das nur als Abbild vorhanden war. Ermöglichte Gutenbergs Erfindung, Lektüre fast unbegrenzt zu vervielfältigen, so erlaubte der Film auch, dass diese einmal auf Zelluloid gebannten Abläufe massenhaft verbreitet werden konnten.

Was den Film dabei vor allem kennzeichnet, ist der Anspruch, wirkliches Leben zu zeigen. Er besitzt die Unmittelbarkeit, die uns suggeriert, dass wir dem Gesehenen beiwohnen. Auch wenn die Geschichte in einer fernen Zukunft spielt oder in frei erfundenen Welten, so vermittelt sie dem Zuschauer dennoch das Gefühl einer Realität. Das unterscheidet diese interessante Erfindung der Neuzeit von der Sprache.

Die Macht der Bilder

Als das Kino den Kinderschuhen entwachsen war, fand es in den 10er Jahren zu der Form, die es für zwei Jahrzehnte behalten sollte. Stummfilme mit Zwischentiteln und live gespielter Musik wurden Abend für Abend dem zahlenden Publikum präsentiert. Die Spielfilme hatten eine Dauer von etwa 90 bis 120 Minuten. Es gab in der ersten Zeit auch viel längere Filme, so der dreistündige Meilenstein der Filmgeschichte von D. W. Griffith *The Birth of a Nation* oder später Abel Gances *Napoleon* (1927) mit über fünf Stunden.

Die Form des filmischen Erzählens, die sich herausbildete, hatte vor allem damit zu tun, dass die Zuschauer am Abend wenig Freizeit hatten. Ein Großteil wurde dabei schon für die An- und Abfahrt zum Kino verbraucht, sodass für den eigentlichen Film nicht mehr viel Zeit übrig blieb.

Und in den ersten Jahren hatte die Filmemacher gelernt, mit welchen Mitteln welche Reaktion erzeugt werden konnten. Wie ein Kind sich die Wörter, den Satzaufbau und die Bedeutung aneignet, hatten die Autoren, Regisseure und Kameramänner die Bilder, den Schnitt und deren Wirkung erprobt. Auf diesem Weg hatte sich die Sprache des Films entwickelt.

Zu den Merkmalen des Kinos gehörte lange Zeit, dass dem Hauptfilm eine Wochenschau vorgeschaltet war, die Neuigkeiten aus aller Welt zusammenfasste. Heute würden wir sagen, dass die die Zuschauer Nachrichten sahen. Zwar verbreiteten Zeitungen die globalen Ereignisse schon seit Jahrhunderten in Schriftform und interpretierten sie in ihrer jeweiligen politischen Ausrichtung für ihre Leser, aber das Publikum im Kino war hautnah dabei und gewann durch das Gesehene den Eindruck, die Wahrheit gezeigt zu bekommen. Es vermittelte ihnen das Gefühl, sich selbst ein Bild machen zu können, da sie der Realität direkt beiwohnten. Durch das visuelle Medium hatte auch jene Bevölkerungsschicht, die mit dem Lesen Mühe hatte, Gelegenheit sich zu informieren. Dabei waren die Wochenschauen genauso manipulativ wie die gedruckten Medien und wurden nicht umsonst von den Nationalsozialisten gnadenlos für ihre Zwecke genutzt. Trotzdem hat das Kino den Menschen die Welt näher gebracht. Die Zuschauer haben der Erfindung der Brüder Skladonowsky und Lumière zu verdanken, dass sie den Alltag eines Eskimos in der Arktis miterleben (*Nanuk, der Eskimo* aus dem Jahr 1922) und das Schicksal eines jungen Perlentauchers auf der Südsee-Insel Bora Bora verfolgen konnten (*Tabu* von Friedrich Wilhelm Murnau aus dem Jahr 1931).

Das Kino prägte damit auf zweierlei Weise das Bild, das sich die Menschen von der Welt machten – durch die Nachrichten ebenso wie durch die fiktiven Geschichten, die es erzählte.

Während in Amerika die großen Filmstudios entstanden, wurde schon im Laufe des Ersten Weltkriegs in Deutschland die Universum-Film AG (UFA) gegründet, um der Konkurrenz aus Hollywood etwas entgegenzusetzen. Regisseure wie Fritz Lang und Friedrich Wilhelm Murnau drehten für die UFA Großprojekte wie *Metropolis*,

Die Nibelungen oder *Faust*. Sie alle waren international verwertbar, da die Filme stumm aufgenommen wurden und damit ohne gesprochene Sprache auskommen mussten. *Der letzte Mann* von Murnau wurde so auch in Nordamerika zum großen Erfolg, und der 1930 entstandene *Der blaue Engel* (einer der ersten Tonfilme) begründete die internationale Karriere von Marlene Dietrich. Kino war ein globales Phänomen. Erst später etablierte sich Hollywood als das wichtigste Zentrum der Filmwelt, auch dadurch unterstützt, dass nach 1933 immer mehr Talente aus Deutschland emigrierten und in die »Traumfabrik« auswanderten.

Und das Kino brachte die ersten Stars hervor. Weltweit betrachteten die Zuschauer die fiktiven Schicksale der Schauspieler und bekamen das Gefühl, ihnen ganz nah zu sein. Auch wenn diese jenseits des Atlantiks lebten und arbeiteten, die Menschen hatten den Eindruck, sie persönlich zu kennen. Die Wirkung war enorm. Als Charlie Chaplin 1931 Berlin besuchte, wurde er am Bahnhof von einer begeisterten Menschenmenge empfangen. Das Phänomen der Berühmtheiten, die in der Welt bekannt sind, wird durch das Kino etabliert. Es gehört zu den Wesenszügen des Films, dass er Stars produziert.

Mit der Erfindung des Tonfilms und der veränderten politischen Situation in Europa, wurde das vormals globale Kinoerlebnis mit einem Mal zu einer nationalen Angelegenheit. Insbesondere in Deutschland wurde das Kino zu einem zentralen Element der Propagandamaschine und wurde nicht umsonst direkt dem Ministerium von Joseph Goebbels unterstellt. Dieser verstaatlichte den Industriezweig und zwang die Filmemacher, in die Reichsfilmkammer einzutreten, wo ihre Werke einer rigiden Zensur unterlagen. Den Nazis lag dabei weniger an eindeutigen politischen Botschaften, sondern sie forderten ablenkende Unterhaltung, die eher subtil das Menschenbild der Nationalsozialisten vermittelte: Frauen als Mütter und dem Manne untertan, Männer als soldatische Helden. Und alle folgten mit Begeisterung dem Führer.

Es waren Goebbels, Hitler und ihre Vasallen, die der Welt auf eindrückliche Art zeigten, wie das Medium wirksam zur Manipulation eingesetzt werden kann. Es brauchte dabei nicht das Pathos der sowjetischen Propagandawerke, sondern der Film erreichte als Unterhaltungsware einen viel größeren Einfluss auf die Massen.

Der Eskapismus ging ohne die staatliche Lenkung der Nazis auch nach dem Krieg nahtlos weiter. Nur wenige Filme in Deutschland beschäftigten sich mit der Realität oder gar mit der Vergangenheit und deren Folgen. Es waren eher *Die Mädels vom Immenhof* oder die junge österreichische Kaiserin Sissi, mit denen sich das deutsche Publikum beschäftigen durfte.

Schon in den Anfangsjahren des Kinos war deutlich geworden, dass es einen Unterschied gibt in der Rezeption eines Romans, eines Theaterstücks oder eines Lichtspiels, wie es damals genannt wurde. Bewegte Bilder erzeugen durch ihre direkte visuelle Präsenz mühelos Empathie. Die Zuschauer können im Kino Mitgefühl mit den Figuren auf der Leinwand entwickeln. Dies liegt einerseits an der Konzentration auf das Geschehen und andererseits der Nähe zu den Handelnden, die die Kamera im Gegensatz zum Theater aufbauen kann. Das Publikum beobachtet die Emotionen hautnah und erlebt sie mit. Schnitt und Kameraperspektive können diesen Effekt noch zusätzlich unterstützen. Und die Entstehung von Empathie ist immer auch damit verbunden, dass die Zuschauer eine Narration konstruieren. Darum fällt es der Fotografie schwer, sie zu erzeugen. Film ist also die perfekte »Empathiemaschine«. Er erzählt uns Schicksale von Menschen und läßt uns Emotionen erleben, die wir so auf keine andere Art und Weise erlangen. Das Erzählen von Geschichten war für die Menschheit schon immer ein wichtiger Bestandteil, um Erfahrungen weiterzugeben und sich zu entwickeln. Mit dem Film bekam dieser elementare Bestandteil unser Entwicklungsgeschichte eine neue Qualität.

KAPITEL 3

DIE FLIMMERKISTE

Heute Abend hatte Christoph keine Lust auf das übliche Fernsehpro-
gramm. Ein Blick in die Fernsehzeitschrift hatte ihm verraten, dass
nur eine Show und eine Serie im Angebot war. Er hatte eher das Be-
*dürfnis auf einen anspruchsvollen Film. Vielleicht sogar **Hannah und***
***ihre Schwestern**, von dem die Freunde vor einem halben Jahr ge-*
schwärmt hatten, als er im Kino lief. Woody Allen hat wieder mal
eine Glanzleistung vollbracht, hatte seine beste Freundin Bettina
erzählt.

Er zog sich einen Mantel über und stieg in sein Auto. Die Fahrt
durch den abendlichen Verkehr dauerte nicht lange, da hatte er die
*Videothek erreicht. Enttäuscht stellte er fest, dass **Hannah und ihre***
***Schwestern** bereits ausgeliehen war. Er machte sich auf die Suche*
nach einem anderen Film. Einer, der seiner Stimmung entsprach. Er-
wartungsvoll bummelte er an den Regalen vorbei. Es dauerte keine
*zehn Minuten, da hatte er sein Video gefunden: **Zurück in die Zu-***
***kunft**. Die Geschichte eines Jungen, der eine Zeitreise in seine eigene*
Vergangenheit unternimmt. Darüber hatte er in der Zeitung eine
positive Kritik gelesen.

Inzwischen war es aber so spät geworden, dass es sich nicht mehr lohnte, in einen Imbiss zu gehen. Er wollte sich zuhause per Telefon sein übliches schmackhaftes Currygericht bestellen. Kaum war er dort angekommen, klingelte es, und Bettina war am Apparat. Ein emotionaler Notfall, denn die Freundin hatte sich von ihrem Partner getrennt. Erschöpft legte Christoph nach zwei Stunden auf. Jetzt war er zu müde für **Zurück in die Zukunft***. Er würde den Film morgen anschauen, auch wenn er die lästige Verspätungsgebühr in der Videothek bezahlen musste. Um sich abzulenken, schaltete er den Fernseher an und zappte herum. Schon bald landete er bei einer Serie im ZDF:* **Die Wicherts von nebenan***. Die Geschichte handelte von einer ganz normalen Durchschnittsfamilie. Vater Eberhard ist Schreinermeister, der seit 30 Jahren in einer mittelständischen Möbelfabrik arbeitet. Die Mutter Hannelore betreibt im Keller des Hauses einen Getränkevertrieb und ist somit immer bestens über Neuigkeiten in der Nachbarschaft informiert. Nach einer Viertelstunde schlief Christoph auf dem Sofa ein.*

Die ersten Versuche, bewegtes Bild drahtlos zu senden, begannen schon Anfang des 20. Jahrhunderts. Im Gegensatz zum Kino, dessen Technik sich sehr schnell verbreitete, brauchte es fast 50 Jahre, bis die Maschinen zur Verbreitung von Bildern über Funkwellen ausgereift waren. Zwar gab es bereits während der Olympischen Spiele 1936 Übertragungen, aber erst nach dem Zweiten Weltkrieg war die Ausrüstung so weit entwickelt, dass ein sinnvoller Einsatz möglich war.

Ich selbst gehöre zu der ersten Generation, die mit dem Fernsehen aufgewachsen ist. Meine Premiere fand allerdings statt, als ich schon zur Schule ging, und das Gerät war einer der gerade neu auf dem Markt gekommenen Farbfernseher. Ein Monstrum, dessen Farben sich eher im psychedelischen bewegten, als dass sie naturgetreu wiedergaben, was wirklich vor der Kamera zu sehen war. Trotzdem gehörten Serien wie *Bonanza* oder auch die Shows am Samstag schon bald zu meinem Leben.

Vieles hat sich seitdem verändert. Die Farben sind besser geworden, Videorekorder eroberten die Wohnzimmer, die klobigen Röhrenfernseher verschwanden und wichen schicken Flachbildschirmen, aber keine Veränderung war so radikal, wie wir sie gerade erleben.

Fenster zur Welt

Der Filmmogul Darryl F. Zanuck postulierte 1946, als das Heimkino in den Kinderschuhen steckte: »Fernsehen wird nicht in der Lage sein, länger als sechs Monate zu überleben. Die Menschen werden schon bald müde sein, jede Nacht auf die Holzkiste zu starren.«[2]

Ebenso wie das Kino überlebte das neue Medium dauerhafter als sechs Monate, und der abendliche Blick auf eine kleine Kiste im Wohnzimmer gehörte schon bald zum Alltag der meisten Menschen in Nordamerika und einem Großteil der restlichen Welt.

In der Bundesrepublik startete 1950 der Versuchsbetrieb für ein Fernsehprogramm für ausgesuchte Zuschauer. In der DDR begann die Erprobung erst zwei Jahre später, in der Schweiz 1953 und in Österreich 1955. Das erste offizielle Programm flimmerte in Westdeutschland an Weihnachten 1952 über die wenigen Bildschirme, die bis zu diesem Zeitpunkt verkauft waren. Der damalige Intendant des westdeutschen Senders Werner Pleister erklärte das kommende Zeitalter in seiner Eröffnungsansprache: »Wir versprechen Ihnen, uns zu bemühen, das neue, geheimnisvolle Fenster zu Ihrer Wohnung, das Fenster in die Welt, Ihren Fernsehempfänger, mit dem zu erfüllen, was Sie interessiert, Sie erfreut und Ihr Leben schöner macht. Man hat das Fernsehen eine neue Form menschlicher Verständigung genannt. In der Tat: Es kann dazu führen, dass die Menschen einander besser verstehen. Man hat auch die Befürchtung geäußert, das Fernsehen könnte den Menschen schaden, da es im Zuge der Technisierung der Schöpfung sein Leben weiter mechanisiert. Es kommt auf uns an, ob dieses technische Mittel schadet oder nützt.«[3]

Er formulierte damit schon, was das Fernsehen kennzeichnet und damals eine wirkliche Neuerung darstellte: Im Wohnzimmer der Menschen entstand ein Fenster zur Welt. Zum ersten Mal in der Geschichte brach das öffentliche Leben direkt und in Bildern ins Private ein. Nicht nur die reale Gegenwart wurde den Zuschauern präsentiert, auch Unterhaltung und Fernsehspiele bestimmten von Anfang an das Programm.

Ähnlich wie das Kino bot das Fernsehen eine Verbindung der Menschen mit der Welt. Sie konnten teilhaben, ohne vor Ort zu sein. Vor dem Buchdruck beschränkte sich das Erleben der Bevölkerung meist auf den engen eigenen Erfahrungshorizont. Bücher erweiterten diesen auf reale oder fiktionale Erlebniswelten, die zeitlich und örtlich weit entfernt lagen. Mit den Zeitungen rückten die Ereignisse noch näher heran. Das Geschehen des gestrigen Tages in der Welt war nun Teil der eigenen Erfahrung. »Der Untergang des Dampfers ,Titanic'. 1550 Tote − 800 Gerettete« titelte die Berliner Volkszeitung 1912.

Das Kino bot eine neue Art der Rezeption. Die Welt wurde den Menschen in Bildern präsentiert. Allerdings geschah dies im öffentlichen Raum. Film war kein Privatvergnügen, sondern fand mit anderen statt. Obwohl ein direkter Austausch durch den dunklen Zuschauerraum und die begleitende Musik verhindert wurde, war das Publikum sich bewusst, dass eine gemeinsame Erfahrung war. Mit dem Fernsehen wurde das Erlebnis wieder in die Wohnzimmer zurückgeholt, denn ähnlich wie die Lektüre eines Buches oder einer Zeitung kam die Welt ins eigene Heim. Darum wurde in den ersten Jahren dieser Aspekt in vielen Artikeln und auch in der Werbung hervorgehoben. »Vor dem Bildschirm glücklich vereint. Fernsehen bringt eine neue Zeit familiärer Geselligkeit«, stand Ende der 50er Jahre in einer Zeitungsanzeige.

Vielleicht lag es daran, dass der Krieg nur wenige Jahre zurücklag, aber die beliebtesten Sendungen waren zunächst eher eskapistische Programme wie Tiersendungen und Sportereignisse. Zu den ersten wirklich großen Liveübertragungen gehörte 1953 die Krönung von Königin Elizabeth II. Und natürlich war die Fußballweltmeisterschaft 1954 in der Schweiz einer der herausragenden Momente der frühen Fernsehjahre (»Das Wunder von Bern«). Wie erwartet führte dieses Ereignis zu einem enormen Anstieg der Fernsehgeräte in den bundesdeutschen Haushalten von ca. 10.000 im Januar auf 80.000 im Dezember. Zwei Jahre nach der ersten regulären Sendung war klar: Der Siegeszug des neuen Mediums lässt sich nicht mehr aufhalten.

Wie in der Ansprache von Werner Pleister deutlich wird, war der Beginn von Auseinandersetzungen über die Sinnhaftigkeit der Erfindung gekennzeichnet. Kritik kam aus verschiedenen Richtungen und aus unterschiedlichen Motiven. Die damals bekannte Zeitschrift Quick betitelte 1952 einen Artikel über das neue Fernsehen: »Amerikas gefährlichster Hausgenosse kommt zu uns!«[4] Bundestagspräsident Hermann Ehlers schrieb im Jahr darauf in einem Brief an Pleister: »Sah eben Fernsehprogramm. Bedaure, dass Technik uns kein Mittel gibt, darauf zu schießen.«[5] Diese Kritik zielte vor allem auf die plumpe Unterhaltung, die den Zuschauern geboten wurde.

Die Einschätzung änderte sich aber auch in späteren Zeiten nicht. So schrieb 1978 der damalige Bundeskanzler Helmut Schmidt in einem Gastbeitrag in der ZEIT: »Mein Eindruck ist, übertriebener Fernsehkonsum drängt vielfach den unmittelbaren Umgang der Menschen miteinander zurück. Wir alle haben selbst miterlebt, wie sehr dieses Medium unser Leben verändert hat – das politische Leben, das Leben jedes einzelnen, das Leben von Familien.«[6] Er schlug sogar einen fernsehfreien Tag pro Woche vor.

Und natürlich gab es einen anderen wichtigen Akteur, der den Beginn mit Argwohn beobachtete. Die Kinobetreiber und Filmproduzenten bangten um ihr Publikum, das nun vom Fernsehen von 20 bis 22 Uhr belegt wurde. Auch der Spitzname »Pantoffelkino« zeigte den Wettbewerb, der zwischen diesen beiden Abendunterhaltungen stattfand. Die Befürchtung der Branche bewahrheitete sich allerdings nicht, und die Kinoränge blieben weiterhin gut besucht. Dies lag unter anderem daran, dass die Filmemacher vieles taten, um die Besonderheiten des Kinos stärker ab- und hervorzu-

heben. Die Filme wurden durch neue Verfahren immer bunter und breiter, sodass ein Western mit einem einsamen Cowboy, der durch die weite Prärie ritt, in einem schwarz-weiß Fernseher banal wirkte.
Zudem wurde mit 3D experimentiert – ein Unterfangen, das aber schon bald wieder verschwand.

Das Lagerfeuer der Nation

Ab den 6oer Jahren nahm das Fernsehen einen entscheidenden Stellenwert im Leben der Menschen ein. Dies wurde auch dadurch deutlich, dass die Möbel im Wohnzimmer um das schwere und klobige Fernsehgerät herum angeordnet wurden. Für viele bestimmte das Programm zudem den abendlichen Tagesablauf. Es zwang die Zuschauer, wenn sie zum Beispiel die Nachrichten verfolgen wollten, zu einem vom Sender festgelegten Zeitpunkt einzuschalten. »Freizeit« bedeutete also nicht mehr, frei über die Zeit bestimmen zu können.

Als im Januar 1962 *Das Halstuch*, die Verfilmung eines Krimis des englischen Autors Francis Durbridge als Miniserie lief, waren die Straßen leer, Theater und Kinos spielten vor kaum besetzten Rängen und die Zuschauerquote lag bei 89% aller Haushalte mit einem Fernsehgerät. Im Deutschen wird dieses Phänomen als »Straßenfeger« und in den USA als »Watercooler« bezeichnet. Der Ausdruck verweist darauf, dass Angestellte in ihren Pausen zu dem im Flur stehenden Wasserbehältern gehen und sich dort ein gekühltes Mineralwasser holen. Kommt ein Kollege vorbei, so folgt eine zwanglose Unterhaltung. Das Thema, über das dabei gesprochen wird, besitzt den »Watercooler Effect«. Und viele Fernsehsendungen ab den 6oer Jahren besaßen die Eigenschaft, die Nation zu stimulieren, sodass sie am nächsten Tag mit den Freunden darüber kommunizierten.

Anfang 1962 konnte sich niemand der Frage entziehen, wer denn der Täter in *Das Halstuch* sei. Es ging ein Aufschrei durch die gesamte Bevölkerung, als am Tag vor der letzten Folge ein bekannter Kabarettist in einer Berliner Zeitung per Werbeanzeige verriet, wer der Mörder ist.

Aber nicht nur mit diesen herausragenden Ereignissen, insgesamt entwickelte sich das Fernsehen, als in den meisten Haushalten ein Empfangsgerät stand, zum »Lagerfeuer der Nation«. Neben Sportveranstaltungen und anderen wichtigen Events waren es vor allem Filme und Serien, die die Bevölkerung vor den Apparaten versammelten. Das Heimkino erzeugte damit Momente, wie sie das Radio bisher nur in wenigen Ausnahmen hergestellt hatte. Über Schichten und Milieus hinweg wurde eine Nation durch eine fiktionale Erzählung miteinander verbunden. Der einfache Arbeiter und der Millionär, alle verfolgten die Durbridge-Verfilmungen oder die Serie *Die Firma Hesselbach*. Die Erlebnisse rund um die gleichnamige Familie und ihr kleines Unternehmen sahen bis zu 94 Prozent der Fernsehzuschauer.

Es entstand eine nationale Kultur, wie sie zuvor nur die Literatur ermöglichte. Beim Fernsehen handelte es sich jedoch um ein Massenphänomen, denn verglichen damit, waren die Auflagen von literarischen Bestsellern verschwindend gering. Auch sorgte der Umstand, dass die Sendungen von allen zeitgleich konsumiert wurden, zu einer neuen Qualität. In jenen Ländern mit einem starken Fernsehprogramm bildeten sich eigenständige nationale Fernsehkulturen. In Deutschland gab es dazu noch die Besonderheit, dass die westlichen Programme fast überall in der DDR geschaut werden konnten. Obwohl nicht erwünscht, nutzten viele Bürger des Ostens diese Möglichkeit, durften allerdings nicht am nächsten Tag mit den Kolleginnen und Kollegen offen darüber reden. So riss trotz des Mauerbaus die kulturelle Gemeinsamkeit durch das Fernsehen nie ganz ab.

Der kanadische Philosoph und Medienwissenschaftler Marshall McLuhan hatte Anfang der 6oer Jahre das »globale Dorf« vorhergesagt. Die elektronischen Medien würden, so hatte er postuliert, die Menschheit zu einem Dorf vereinigen. Seine These war, dass wie die Trommeln eines Stammes über die Geschehnisse in der nahen Umgebung unterrichten, verteilen sich die Nachrichten allen voran durch das TV über den gesamten Globus.

Tatsächlich hat das klassische Fernsehen eher das »nationale Dorf« erschaffen, denn die Fernsehspiele, Serien, Shows und die Nachrichten vereinten die jeweiligen Nationen.

Tutti Frutti

Etwa 30 Jahre lang mussten die Zuschauer, um ein anderes Programm zu wählen, aufstehen und die Schalter am Gerät bedienen – eine Aufgabe, die dazu führte, dass das Programm eher selten gewechselt wurde. Die Geduld des Publikums war groß, und die Verantwortlichen bei den Sendern waren sich dessen bewusst.

Anfang der 8oer verbreiteten sich die ersten Fernseher mit Fernbedienung. Was zuerst noch ein teures Vergnügen war, wurde bald zum kostengünstigen Standard. Das kleine Gerät setzte einen Prozess in Gang, der unmerklich das Verhalten der Zuschauer und das Programm der Fernsehsender veränderte. »Zappen« wurde zum Volkssport, und die Geduld des Publikums schwand immer mehr.

In Nordamerika führte die Fernbedienung dazu, dass Sendungen dem »Least Objectionable Programing« zu gehorchen hatten. Alle Produktionen wurden so konzipiert, dass sie keinen Widerstand erzeugten. Die Menschen vor den Fernsehgeräten sollte durch die Dramaturgie der Erzählung daran gehindert werden, aus Frust, Ärger oder Langeweile zu dem kleinen Kasten zu greifen und einen anderen Kanal zu wählen.

In der Bundesrepublik kamen fast gleichzeitig mit der neuen Technologie die privaten Sender auf den Bildschirm. Aus den bisher drei Angeboten wurden kontinuierlich mehr, und der Bedarf auf bequeme Art und Weise das Programm zu wechseln fand mit der Fernbedienung die perfekte Erfüllung.

Auf diesem Weg veränderten sich durch die privaten Anbieter und den Apparat in der Hand die Sendungen und die Geduld, die sie dem Publikum abverlangten. Die 14-teilige Serie *Berlin Alexand-erplatz* von Rainer Werner Fassbinder, 1980 ausgestrahlt, wäre wenig später schon nicht mehr möglich gewesen. Die Verfilmung des Romans von Alfred Döblin, den er in den 20ern geschrieben hatte, war vielen Zuschauern zu langatmig. Auch wurden die Gewaltszenen und moralischen Verwerfungen kritisiert. Einige Jahre danach wäre dies genügend Grund den kleinen Knopf zu drücken und den Kanal zu wechseln.

Die Fernbedienung förderte allein durch ihre Existenz die Ungeduld des Fernsehpublikums. Zudem verführte das zunehmende Angebot der immer mehr werdenden Sender zum schnellen Wechsel. Hierin unterschied sich das Fernsehen erstmals deutlich vom Kino. Wer sich im Lichtspielhaus einmal für einen Film entschieden und den Eintrittspreis gezahlt hatte, brach nicht so einfach ab, sondern ließ sich auf den von ihm gewählten Streifen ein.

Die Fernsehsender wurden damit gezwungen ihr Publikum auf neue Weise an sich zu binden. Komplexe Geschichten sowie reizarme Sendungen verschwanden deshalb zunehmend von den Bildschirmen. So wurde zum Beispiel die 1955 zum ersten Mal ausgestrahlte Show *Was bin ich?* in den 80er Jahren eingestellt. Ein Format, bei dem vier Menschen an einem Tisch sitzen und einen Beruf erraten müssen, war mit der Einführung der Fernbedienung zum Quotenverlust verdammt.

Die neue Ära der Privatsender wurde in der Bundesrepublik am 1. Januar 1984 eingeläutet. Die Programmgesellschaft für Kabel- und Satellitenrundfunk (PKS) aus Ludwigshafen nahm an diesem Tag ihren Betrieb auf. Kaum mehr als 1000 Haushalte in der Region konnten das erste private Angebot aus Deutschland schauen. Der Kanal war schon wenig später auch über Satellit zu empfangen und nannte sich ein Jahr danach in Sat1 um. Nur einen Tag nach der PKS ging mit RTLplus ein weiterer Privatsender an den Start. Dieser wurde zwar von Beginn an per Antenne übertragen, kam aber trotzdem ebenfalls nur auf eine kleine Zahl von Zuschauern.

Was so unbedeutend begann, sollte die Fernsehlandschaft in Deutschland radikal verändern, denn es dauerte nicht lange, dann hatte sich das private Fernsehen etabliert.

Neben der technischen Verbreitung mussten sich Sat1 und RTLplus auch inhaltlich bei den Zuschauern durchsetzen. Allen voran RTLplus versuchte dabei nicht, die öffentlich-rechtlichen Sender frontal anzugreifen, sondern bot ab Ende der 80er Jahre eine Alternative zu den von den Gesetzgebern mit einem Bildungs- und Kulturauftrag versehenen ARD und ZDF. Aus diesem Grund entstand die erotische Spielshow *Tutti Frutti*, und spätabends wurden »Lederhosenfilme« (also Erotikfilme) ausgestrahlt.

Wenig mehr als zehn Jahre nach der Gründung erreichte RTL (wie sich der Sender nun nannte) 1993 mit 18,3 % seinen höchsten Marktanteil. Bald darauf war es bei Sat1 soweit, mit 14,9 % war hier der Höhepunkt erklommen. Es war die Zeit, in der die Privaten mit Fernsehspielen und anspruchsvolleren Serien den Zuschauermarkt eroberten. Die Neuen waren erwachsen geworden. Dabei konnten sie durch einige originelle Sendungen punkten. So kopierte Sat1 mit der *Harald Schmidt Show* erfolgreich das amerikanische Format der Late-Night-Talker.

Dass es ab den 90er Jahren mit den Marktanteilen der privaten Sender bergab ging, hatte sicherlich auch mit einer weiteren Fragmentierung des Angebots zu tun. Und dies hing wiederum mit neuen technischen Verbreitungswegen zusammen, denn das Fernsehen kam nicht nur über die Antennen zu den Haushalten, sondern immer öfter durch Satellit oder den Kabelanschluss. Sowohl zusätzliche Privatsender, die oft Ableger von RTL und Sat1 waren, als Ausgründungen der Öffentlich-rechtlichen (wie 3Sat, Arte etc.) erweiterten das Angebot und sorgten dafür, dass die Zuschauer zwischen über 30 Sendern wählen konnten.

Das alte Lagerfeuer wurde damit Geschichte. Es gab keine Straßenfeger mehr, von Fußballweltmeisterschaften abgesehen, die die Nation wie zuvor vereinten.

Der Geschmack der Freiheit
(Video, Festplatten und DVD)

Wer sich Ende der 70er Jahre vom Diktat des linearen Fernsehens befreien und sich einen Videorekorder zulegte, musste sich zwischen drei sehr unterschiedlichen Anbietern entscheiden. Wie so viele andere technologische Formate begann der Siegeszug in einem Wettstreit der Systeme. Dadurch wurde die Einführung massiv erschwert, weil die Verunsicherung groß war, auf das falsche Pferd zu setzen.

Während die japanischen Unternehmen Sony mit den Betamax Rekordern und JVC mit VHS (Video Home System) an den Start gingen, kam aus Europa Video 2000. Ich hatte mich damals für ein Gerät mit dem Betamax-System entschieden, auch weil die Qualität des Bildes eindeutig besser war, und zudem waren die Kassetten von Video 2000 gefühlt so groß wie eine Schuhschachtel. Ein weiterer Grund lag für mich darin, dass die Videothek meines Fachbereichs an der Universität ebenfalls mit Betamax von Sony arbeitete. Ich konnte die dort vorhanden Videos mit nach Hause nehmen und in Ruhe die alten Filme von Frederico Fellini studieren. Natürlich kaufte ich auch unzählige Leerkassetten und bespielte sie mit Kinofilmen, die im Fernsehen liefen. Ein paar Jahre später besaß ich eine Auswahl von über hundert Werken der Filmgeschichte. Schon bald verabschiedete sich Video 2000 vom Markt. Ich bedauerte die armen Kunden, die nun nicht mehr viel mit ihren Rekordern anfangen konnten.

Aber Sony vergab für die Produktion keine Lizenzen an andere Firmen. Es war ein geschickter Schachzug von JVC, dass fremde Unternehmen Geräte herstellen durften und zum Teil um einiges billiger anboten als der Erfinder. Dies war einer der Gründe, warum Betamax sich in dem ungefähr fünf Jahre dauernden Kampf um die Vorherrschaft gegen VHS nicht durchsetzte. Ab ca. 1985 war das System von JVC für die nächsten zwei Jahrzehnte Standard. So besaß ich ein veraltetes Gerät und viele bespiele Kassetten, während die Welt um mich herum Filme aus den Videotheken auslieh, mit denen mein Rekorder nichts anfangen konnte. Videorekorder hatten zwei Funktionen: das Aufnehmen und zeitversetzte Anschauen von Sendungen des linearen Fernsehens und das Abspielen von gekauften Kassetten mit Filmen oder Serien. Durch die neue Technologie besaß der Zuschauer zum ersten Mal in der Geschichte die Möglichkeit, sich vom Programm der Sender zeitlich unabhängig zu machen. Insofern ist sie ein Vorläufer der heutigen Mediatheken. Allerdings gab es viele Einschränkungen und die Handhabung war nicht gerade einfach. Die Programmierung der Aufnahme war kompliziert, und im Allgemeinen war auf den Kassetten auch nur Platz für einen Film. Wer also während seines Urlaubs mehrere Sendungen aufnehmen wollte, der konnte nur eine oder maximal zwei davon auswählen.

Zwar war es möglich, aufgenommenes Material dauerhaft zu archivieren – Video hat nicht lange genug überlebt, um festzustellen, wann sie ihre Daten verloren hätten – und es ähnlich wie Bücher zu sammeln, doch die Kassetten waren nicht billig und nahmen viel Platz ein.

Eine weitere Neuerung lag darin, dass die Zuschauer ab Anfang der 8oer Jahre Spielfilme auf Videokassetten kaufen konnten. Von dem neuen System profitierten auch die Filmemacher von Kinofilmen, denn während eine Zweitauswertung durch das Fernsehen meist erst nach zwei Jahren rechtlich möglich war, erschienen Filme auf Video schon nach einem halben Jahr und wurden gekauft oder gemietet und brachten so Geld in die Kasse. Für die Filmproduktionen bedeutete dieser Markt eine zusätzliche Einnahmequelle. Oft hatte das Publikum sogar zweimal dafür bezahlt. Zum ersten Mal an der Kinokasse und später erneut für das Video.

Zudem entstand eine neue Form der Verwertung. »Straight to video« hieß sie und besagte, dass diese Werke gar nicht mehr im Kino liefen, sondern gleich auf Videokassette zum Verkauf oder in der Videothek angeboten wurden. Oftmals ließ die künstlerische Qualität der Produktionen erahnten, dass sich die Ausgaben für

Werbung, Herstellung der Filmkopien und Vertriebskosten für die Verleiher und Produzenten nicht rentierten.

Manchmal wurde aber von Anbeginn bewusst auf diese Art der Auswertung gesetzt, da es sich um spezifische Genres handelte, die nur ein kleines Publikumssegment ansprachen. Es war insbesondere bei Horrorfilmen (und auch Sexfilmen) ein profitabler Weg, um auf spezielle Zielgruppen einzugehen. Durch Video wurde also ein vollkommen neuer Markt geschaffen, der bis zu diesem Zeitpunkt nicht existiert hatte.

Und es entstand ein eigenes Genre, das es vorher noch nicht gegeben hatte. Anleitungsvideos waren ein sehr lukratives Geschäft und zu den bekanntesten Vertretern gehörten die Yogavideos von Jane Fonda, die vor allem Frauen dazu brachten vor dem Fernsehen mehrmals in der Woche Übungen mithilfe der prominenten amerikanischen Schauspielerin durchzuführen.

Da der Kauf von Kassetten allerdings teuer war, zogen die meisten Nutzer vor, sie zu leihen. Es war der Beginn der zahlreichen Videostores, die nun aus dem Boden sprossen. Die Zuschauer konnten hier für einen günstigen Preis Videos zu einer Tagesrate ausleihen. Wer den Film weitere Tage behalten wollte, zahlte eine Verspätungsgebühr.

Videotheken hielten mehrere Tausend Kassetten bereit und boten den Kunden eine bisher nicht gekannte Auswahl an Abendunterhaltung. Der Zuspruch zu dieser neu gewonnenen Freiheit bildete sich in den immer weiter steigenden Zahlen der Videotheken ab. Sie waren tatsächlich so etwas wie die Vorreiter der heutigen Streamingdienste. Die Bezeichnung für diese Plattformen »Video on Demand« war letztendlich schon damals mit den Läden zutreffend, die hunderte von Filmen bereithielten.

DVDs kamen wie der Videorekorder in einem Krieg der Systeme auf den Markt. Unterschiedliche Hersteller hatte an der Technik gearbeitet und waren zu verschiedenartigen Lösungen gekommen. Wieder standen in den Regalen der Elektronikhändler Geräte, die mehr oder weniger das Gleiche konnten. Aber wofür sollte sich der Kunde entscheiden? Auch hier erschwerte der Kampf um die

Markthoheit die Einführung massiv. Es war dann der Druck der Filmindustrie, die die Kosten für mehrere Formate scheute, die die konkurrierenden Konzerne zwangen, sich 1995 auf einen gemeinsamen Standard zu einigen.

Die ersten Geräte dienten im Gegensatz zur Videokassette jedoch nur zum Abspielen und nicht zum Aufnehmen von Fernsehsendungen. Da die DVDs aber äußerlich ein echter Zugewinn waren (schicke silberne Scheiben in schlanker Verpackung), wuchs der Markt rasant. Die Anwender, die bereits die Freiheit des heimischen Videoabspiels kennengelernt hatten, nutzten zunehmend die Möglichkeit, Filme zu besitzen und sie im Bücherregal ständig zur Verfügung zu haben.

Es waren nicht nur Einzelstücke, sondern auch Serien, die nun über den Ladentisch gingen. VHS war zwar dafür geeignet, Kinofilme für den Fernseher anzubieten, aber es war nicht ideal eine Serie zu vertreiben. Je nach Anzahl der Folgen waren mehr als drei Kassetten notwendig, um eine gesamte Staffel unterzubringen. Die Größe machte es schlicht unbequem, diese als Box zu verkaufen.

Erst die DVDs boten die Gelegenheit, die Staffel einer Serie in einer Verpackung aufzunehmen. Dass sich die Hersteller schon bald in der künstlerischen Gestaltung ihrer Boxen überboten, war ein weiterer Aspekt. Die gesamte amerikanische Serie *Six Feet Under*, die über ein Beerdigungsinstitut erzählt, befindet sich in einem Kasten, der die Form eines Grabsteins hat. Die sieben Staffeln der Science-Fiction-Produktion *Star Trek Voyager* wiederum wurde in einem funktionsfähigen Mini-Kühlschrank verkauft.

Mit der Einführung der DVD veränderte sich ein weiteres Mal das Sehverhalten. Das »Binge Watching« (,Serienmarathon') nahm hier seinen Anfang. Wer eine komplette Staffel aus der Videothek geliehen hatte, wollte die Folgen möglichst schnell hintereinander schauen, um nicht horrende Summen für die Miete auszugeben. Aber auch wer kaufte, konnte dem Suchtfaktor der Serie kaum widerstehen.

Entscheidend war in der Entwicklung, dass durch Video und DVD die Zuschauer zum ersten Mal selbst bestimmten, was auf ihren Bildschirmen lief. Das Fernsehgerät wurde befreit vom Diktat der linearen Sender.

Die Nutzer genossen, dass sie die Zeit bestimmen konnten, wann und wie lange sie den Film oder die Serie anschauen wollten. Dies galt auch für jene, die über einen Festplattenrekorder verfügten, der es erlaubte das aufgenommene Fernsehprogramm zu einem ihnen passenden Moment anzuschauen. Allerdings setzten sie eine vorherige Ausstrahlung im TV voraus sowie die aktive Programmierung. Die Geräte hatten sich überraschenderweise nicht wirklich durchgesetzt. Was sicher auch daran lag, dass sie in der Bedienung äußerst kompliziert waren und es des Öfteren vorkam, dass die Aufzeichnung kurz vor Ende abgebrochen wurde. So habe ich nie erfahren, ob E.T. in sein Raumschiff gestiegen und nach Hause geflogen ist.

Die Premiere

Es war die Schweiz, die mit dem Teleclub ab 1984 einen der ersten Pay-TV Sender in Europa etablieren konnte, der zusätzlich auch in Deutschland und Österreich zu empfangen war. Erst 1991 entstand aus dem Anbieter ein eigenständiger deutscher Kanal mit dem Namen Premiere.

Für die Zuschauer in Deutschland, Österreich und der Eidgenossenschaft war das Konzept des Bezahlfernsehens nur schwer zu vermitteln. Sie mussten einerseits eine Gebühr entrichten und bekamen damit mehrere Sender auf den Bildschirm, konnten sich andererseits kostenlos die Sendungen der privaten Anbieter anschauen, die in den 90er Jahren durchaus originelles Programm offerierten. Es fehlte Premiere an einem überzeugenden Argument, dass ein Abonnement lohnend sei. Zwar boten sie Kinofilme viel früher an, als die anderen Sender, aber wer den Streifen nicht im Kino gesehen hatte, war bereit auf die später folgende Ausstrahlung im freien Fernsehen zu warten. Der eventuelle Hype war um den Kinostart herum passiert und damit vorbei.

Möglicherweise spürten die Kunden aber auch die Absicht hinter dem Unternehmen, mit dem der bekannte Filmhändler Leo Kirch eine eigene Abspielstation und Verwertung für seine eingekauften Filme, Serien und Sportrechte aufbauen wollte. Ein für ihn durchaus sinnvoller Versuch, denn er hätte Einkauf und Vertrieb in einer Hand gehabt.

Die vielen Rechte von Leo Kirch, auf die Premiere zurückgreifen konnte, führten aber dazu, dass kaum eigene Sendungen oder gar Serien produziert wurden, die wirklich exklusiv nur bei Premiere zu sehen gewesen wären. Das war wahrscheinlich ein Kardinalfehler, den die Streamingplattformen Jahre später vermeiden wollten und deshalb früh in die Produktion von Inhalten investiert haben.

Jahrelang schrieb Premiere rote Zahlen, auch der Kauf der exklusiven Bundesligarechte änderte daran nichts. Bezahlfernsehen war den Deutschen nicht zu vermitteln. Was in Amerika und in anderen europäischen Ländern gut funktionierte, stieß hierzulande auf verhaltenes Interesse.

2008 kaufte sich der Amerikaner Rupert Murdoch in Premiere ein. Obwohl er schon einmal viel Geld in dem deutschen Pay-TV-Markt verloren hatte, glaubte er an die Zukunft und konnte auf erfolgreiche Erfahrungen mit BSkyB und Sky Italia in England und Italien verweisen. Ein Jahr später wurde die Verbindung dann auch nach außen sichtbar, als Murdoch den Sender in Sky umbenannte. Tatsächlich stiegen die Zahlen in der folgenden Zeit.

Allerdings verkaufte Murdoch 2018 fast sein komplettes Medienunternehmen, und der Pay-TV-Sender Sky ging an den amerikanischen Kabelanbieter Comcast. Das europäische Unternehmen ist nun ein Teil eines US-Giganten, zu dem einer der großen Fernsehsender und ein Filmstudio gehören.

In den letzten Jahren konnten die Zuschauer auf Sky auch den Welterfolg *Game of Thrones* sehen – für viele sicherlich ein Grund, ein Abonnement abzuschließen. Nach dem Ende der Serie fehlt es bisher an einem vergleichbaren Programm. Diese Lücke im Angebot macht noch einmal deutlich, wie sehr Bezahldienste auf attraktive Inhalte angewiesen sind. Es ist der Widerspruch, der alle

Plattformen betrifft. Wenn sie eine Blockbusterserie im Portfolio haben, dann steigen die Zahlen der Kunden, sie sind aber auch von diesem einen großen Erfolg abhängig. Und da jede Serie einmal ein Ende findet, müssen sich sämtliche Anbieter schon früh genug die Frage stellen, was danach kommt.

It's Not TV

Wer die Anfänge des Pay-TV in den 80ern vermutet, wird erstaunt sein, dass schon in den 50er Jahren das Bezahlfernsehen als Alternative im Gespräch war. Der renommierte britische Filmproduzent Sir Alexander Korda beschrieb 1955 das Modell so:»Beim Abonnementsfernsehen kauft sich der Teilnehmer eine Sendung wie ein Pfund Fleisch beim Schlachter.«[7]

Im kalifornischen Palm Springs, nicht weit von Hollywood entfernt, wurde sogar der Versuch vollzogen, bei dem die Nutzer einen zu einem bestimmten Zeitpunkt gestarteten Film freischalten konnten. Der lief gleichzeitig auch in den lokalen Kinos, jedoch zu einem etwas günstigeren Preis als die heimische Vorführung. Die Box mit dem Geld wurde einmal im Monat von dem Anbieter eingesammelt und durch eine neue ausgetauscht. Allerdings führten die hohen Kosten für die Nutzer, die für Einrichtung und Box eine monatliche Gebühr ebenso wie für jeden Film zahlen mussten, dazu, dass der Versuch bald wieder eingestellt wurde.

Zudem gab es auch damals schon heftige Kämpfe um das Modell. So fürchteten vor allem die Kinobesitzer, dass die Hollywoodstudios ihre Filme nicht mehr für die Leinwände, sondern für das Bezahlfernsehen drehen würden – eine Sorge, die heute abermals äußerst aktuell ist.

Zehn Jahre nach dem ersten Versuch kam ein junger Unternehmer auf eine verwegene Idee. Viele Wohnungen in New York konnten aufgrund der hohen Gebäude kein Fernsehen über Antenne empfangen. Charles Dolan gründete eine eigene Firma (heute würden wir Start-up sagen) und verkabelte mehr als zehn Wohnblocks und übertrug so die Signale auf die Fernsehgeräte – eigentlich ein vielversprechender Gedanke, aber die Kunden mussten für den Dienst zahlen. Und kaum jemand war bereit, Geld auszugeben für etwas, was der Rest der Nation umsonst bekam. Dolan hatte sich verkalkuliert, der Aufbau des Netzes und der Unterhalt verschlangen seine ganzen Rücklagen. Das New Yorker Zeitungsimperium Time Life war aber entschlossen, in einen erneuten Versuch zu investieren. Weit ab von der Metropole installiert Dolan ein Kabelnetz. Diesmal bot er zusätzlich einen eigenen Sender an. Am 8. November ging HBO (Home Box Office) auf Sendung. Allerdings konnten nur wenige Tausend Haushalte das Signal überhaupt empfangen, und das Angebot aus zweitklassigen Filmen und Sportveranstaltungen war auch nicht außerordentlich überzeugend. Time Life übernahm die Mehrheit an dem Unternehmen, und 1973 musste der Gründer Dolan seinen Hut nehmen.

Unter der neuen Führung wuchsen die Abonnentenzahlen, u. a. auch weil der Kabelsender Filme im Programm hatte, die bei den andern Anbietern nie laufen könnten. Da die staatlichen Regulierungsbehörden die Kabelanbieter nicht im gleichen Maße einschränken, was Sex und Gewalt betrifft, wie die frei empfangbaren Sender, nutzen sie diese Lücke ausgiebig aus. Wer nach Mitternacht HBO einschaltete, bekam mit großer Wahrscheinlichkeit einen Erotikfilm zu sehen.

1975 war HBO bereit sein Angebot auf die gesamte USA auszuweiten – ein dringend notwendiger Schritt, damit die Kundenzahlen noch weiter steigern konnten und die Profitabilität gewährleistet wäre. Aber die Besitzer der in der Erde verlegten nationalen Kabel verlangten von HBO mehrer hundert Millionen Dollar, ein Betrag, der die Möglichkeiten weit überstieg. War dies das Ende des Traums?

HBO investierte in eine Satellitenverbindung, um die Signale direkt in die bereits vorhandenen einzelnen Kabelnetze einzuleiten. Und um der Nation deutlich zu machen, dass es sich lohnt ein Abonnement abzuschließen, übertrug der Kabelkanal einen der großen Boxkämpfe aller Zeiten. Das Duell von Muhammad Ali und Joe Frazier, das in die Geschichte als »Thrilla in Manila« einging.

Im Jahr darauf wuchs die Abonnentenzahl jeden Monat um 30.000 und erreichte 1980 eine Million. Der wachsende Erfolg führte natürlich dazu, dass auch andere auf den Geschmack kamen, so startete u. a. 1976 der Anbieter Showtime. Beide lieferten sich in den 80ern einen erbitterten Kampf, um die Gunst der Zuschauer.

Aber die Gefahr für die Konkurrenten kam aus einer ganz anderen Richtung. Immer mehr Hauhalte hatten sich einen Rekorder angeschafft, und Videotheken schossen wie Pilze aus dem Boden. Auf diese Weise konnten die Zuschauer nicht nur Filme ohne Werbeunterbrechungen schauen, sondern auch den Zeitpunkt selbst bestimmen, ein klarer Vorteil gegenüber dem festen Sendeschema der Kabelsender. Und die Kunden registrierten, dass dort immer die gleichen Filme liefen und nur wenige neue hinzukamen.

Die Zahl derjenigen, die bereit waren, für das Angebot von HBO und Showtime zu bezahlen sank. Die Situation verschärfte sich noch als die DVD auf den Markt kam, denn hier war nicht nur die technische Qualität besser, auch enthielten die silbernen Scheiben oft attraktives Bonusmaterial.

Mitte der 90er Jahre war klar, es gab nur einen Ausweg. Neue Kunden waren nur mit eigenen Produktionen zu gewinnen. Angebote, die die Abonnenten nur auf HBO zu sehen bekamen. Und für einen Fernsehsender in den USA lag es nahe, nicht einen Film, sondern eine Serie zu produzieren. Natürlich sollte sich das Projekt von den Angeboten der frei empfangbaren Sender unterscheiden. Immer noch unterlagen die Kabelanbieter nicht den strikten Auflagen der staatlichen Stellen. Die erste Serie von HBO musste also mehr an nackter Haut und Gewalt enthalten, als die Zuschauer sonst zu sehen bekamen.

Der Chef der Firma Jeff Bewkes ging auf die Autoren zu, die bislang für die klassischen Sender geschrieben hatten. Er fragte sie, ob sie nicht Ideen im Kopf hätten, die sie bisher nicht unterbringen konnten. Schräge Konzepte mit außergewöhnlichen Figuren. Einer der Drehbuchautoren schlug ihm vor, eine Serie in einem Hochsicherheitsgefängnis spielen zu lassen. Er wollte realistische Figuren, die aus Gangmitgliedern, Mördern und Neonazis bestehen sollten. Es war nur allzu verständlich, dass die klassischen Sender dankend abgewunken hatten.

Und Jeff Bewkes sagte zu, denn dies war genau das, was die Zuschauer bei ABC, CBS, NBC und Fox nicht zu sehen bekamen.

1997 wurde *OZ* von Tom Fontana ausgestrahlt. Das Feuilleton reagierte gespalten, und das Publikum war zurückhaltend. Aber die Serie machte deutlich, was HBO erreichen wollte.

Und dieses Ziel manifestierte sich auch in dem Slogan, mit dem der Kabelsender fortan sein Programm bewarb: It's Not TV. It's HBO.

Zwei Jahre später erschien eine weitere neue Produktion über einen Mafiaboss und seine Familie. Tony Soprano schlägt Menschen brutal zusammen, betrügt seine Frau, dealt mit Drogen und bringt einen Kronzeugen um. Die Zuschauer waren begeistert. Nicht nur unterschied sich *The Sopranos* in seinem Realismus von der sonstigen Fernsehware, sie erzählte auch tief gehend und ohne Kompromisse.

Es ist der Beginn des sogenannten »Goldenen Zeitalters« der Serie. Schon vorher hatte HBO *Sex and the City* herausgebracht. Vier Freundinnen in New York geben in dieser Geschichte offen und frisch ihre Schwierigkeiten mit Sex und mit Männern preis. Diese Produktionen waren für HBO so erfolgreich, dass nicht nur der Kabelsender selbst mit mehr Serien an den Start ging, sondern dass auch viele andere Konkurrenten mit attraktiven Formaten erschienen.

In den kommenden Jahren folgten weitere Serien, die zum »Quality-TV« gezählt werden: *Six Feet Under*, *The Wire* und *True Blood*. Sie zeichnen sich durch einen harten Realismus (*The Wire*) aus und vor allem durch die Originalität der Grundidee: Eine Familienserie in einem Beerdigungsinstitut (*Six Feet Under*) und die Liebesgeschichte zwischen einer jungen Frau und einem Vampir (*True Blood*).

Und im Jahr 2011 ging HBO mit einer Adaption der Fantasy Reihe *A Song of Ice and Fire* von George R. R. Martin an den Start: *Game of Thrones*. Die Saga wurde schnell zu einem kulturellen Phänomen. Sie wurde mit Preisen überhäuft und von den Zuschauern zu den Ausstrahlungsterminen sonntags sehnsüchtig erwartet. Vor allem führte GoT, (wie die Serie allgemein abgekürzt wird) dazu, dass die Zahlen der illegalen Streams in der Welt stark anstiegen.

Zur Lage der Fernsehnation

Die Geschichte des Fernsehens ab der Jahrtausendwende ist von zwei unterschiedlichen Entwicklungen geprägt. In Amerika begann mit der Serie *The Sopranos* eine neue Zeitrechnung. Dahinter steckte für alle Pay-TV-Sender eine simple wirtschaftliche Strategie. Durch die Qualitätsserien konnten sie Kunden gewinnen und im Zuge dessen ihre finanziellen Ressourcen ausbauen, was ihnen ermöglichte, weiter in ihre eigenen Inhalte zu investieren. Die Serien kennzeichnete vor allem, dass ihre Figuren nicht mehr nur charmante Sympathieträger waren. Sie konnten als Arzt drogensüchtig sein (wie in *House*), Drogen herstellen (*Breaking Bad*), Menschen umbringen (*The Sopranos* oder auch *Dexter*). Ausnahmen in der Vergangenheit wie J. R. Ewing in *Dallas* waren Normalität in den neuen Fernsehserien Amerikas.

Hierdurch änderte sich ebenfalls das Bild in der Öffentlichkeit, was das Format betraf. Serien wurden nun im Feuilleton besprochen und waren Anlass für intellektuelle Debatten. Auch die frei empfangbaren Sender sprangen auf den Zug auf und boten ab sofort anspruchsvollere Programme. Zwar konnten sie ihre Limitationen, was die Darstellung von Sex und Gewalt anlangte, nicht ändern, aber mit *Grey's Anatomy*, *30 Rock* und *The Big Bang Theory* gelang ihnen, aus dem sonstigen Serienallerlei herauszustechen.

In Nordamerika änderte sich durch diese Qualitätsserien das Verhältnis der Zuschauer zum Fernsehen grundlegend. Sie wurden nicht nur als banale aber liebgewonnene Unterhaltung wahrgenommen, sondern als kultureller Beitrag. Sie waren eine intellektuelle Herausforderung.

In Deutschland hingegen hatte der Kampf um die Quote, der zwischen den öffentlich-rechtlichen und den privaten Sendern stattfand, zu keiner Qualitätssteigerung geführt. Die Senderfamilie ProSiebenSat.1 war 2003 von einer Investmentfirma übernommen worden, die einzig und allein das Ziel hatte, die Firma möglichst bald gewinnbringend zu verkaufen. Sperrige Formate wurden gestrichen, teure TV-Movies nicht mehr produziert. Alles unterlag dem Diktum, den Gewinn zu steigern, damit das Verkaufsobjekt tunlichst attraktiv aussah. Das gelang auch, denn das Investment von 500 Millionen Euro verwandelte sich bis zur Veräußerung auf drei Milliarden Euro, als die Firma drei Jahre später versilbert wurde. Aber der Verkauf änderte nichts am Inhalt, stattdessen kamen die Sender vom Regen in die Traufe. Die nächsten Besitzer waren mehrere Private-Equity-Unternehmen. Seit 2009 befinden sich die Marktanteile von Sat1 im freien Fall.

Und auch die RTL-Familie stand von Anfang an unter der Maßgabe, möglichst finanziell erfolgreich zu sein. Dass die Qualität des Programms zunehmend abnimmt, ist eine schleichende Entwicklung, die ab 2010 deutlich zutage tritt und sich in den sinkenden Marktanteilen seit 2011 zeigt.

RTL kämpft heute mit dem Dschungelcamp, *Blaulichtreport* und *Deutschland sucht den Superstar* um die Gunst der Zuschauer. Sat1, inzwischen mit seinen Marktanteilen gegenüber dem privaten Konkurrenten weit abgeschlagen, versucht sich mit *Stolz und Stütze*, *Anna und die Liebe* und *Voice Kids*.

Der Grund liegt darin, dass die privaten Sender, um wirtschaftlich erfolgreich zu sein, ein großes und deshalb breites Publikum brauchen. Dies scheint in den Augen der Macher mit komplexen Erzählungen oder »schweren Themen« nicht realisierbar zu sein. Die Senderverantwortlichen mussten schmerzlich erkennen, dass sie sich die Preise für kulturell wertvolle Produktionen zwar ins Regal stellen konnten, dass die Eigentümer sich aber mehr für den Gewinn interessieren. Diese Erkenntnis sickerte in den Nullerjahren endgültig ins Bewusstsein und führte dazu, dass auch hierzulande, das »Least Objectionable Programing« Einzug hielt.

Das Zielpublikum der Privatsender kann heute und in Zukunft nichts anderes erwarten als einfache und oftmals billig hergestellte Ware. RTL hatte es 2015 mit der achtteiligen Qualitätsserie *Deutschland 83* versucht, war dabei den Zuschauern aber gnadenlos gescheitert. Und das, obwohl die Serie auf den Berliner Filmfestspielen Premiere gefeiert und in den USA bereits erfolgreich gelaufen war. Die privaten Sender hatten sich in den Jahren zuvor ihr Publikum hart erarbeitet, das mit solchen durchaus komplexen, horizontal erzählten Serien nicht viel anfangen konnte. Dies führte dazu, dass bei der zweiten Staffel *Deutschland 86* Amazon Prime einsprang und sie dort zuerst online ging.

Dem Vorstandsvorsitzenden von ProSiebenSat.1 Thomas Ebeling war in einem öffentlichen Gespräch herausgerutscht, dass Teile des TV-Publikums »ein bisschen fettleibig und ein bisschen arm« seien. Seine Bemerkung schien sich auf die Zuschauer seiner eigenen Sender zu beziehen. Die Besitzer von ProSiebenSat.1 waren über so viel Offenheit nicht begeistert, und Ebeling nahm wenig später seinen Hut.

In den Zehnerjahren steuerte die Entwicklung dahin, dass das Publikum, das anspruchsvolles Fernsehen suchte, nicht mehr einen der Privatsender einschaltete. Bis auf einzelne Ausnahmen (wie z. B. Vox mit *Der Club der roten Bänder* und *Das Wichtigste im Leben*) sind die Produktionen erzählerisch banal, und die Nachrichten erinnern an Boulevardzeitungen. Natürlich sind auch die Shows reine Unterhaltungsmaschinen, sie wollen nichts anderes sein. Weil den Verantwortlichen klar ist, dass die Werbeumsätze aufgrund der sinkenden Zuschauerzahlen im linearen Fernsehen zurückgehen werden, haben sie schon früh begonnen, in alternative Bereiche und da zumeist in Internetfirmen zu investieren. Bei ProSiebenSat.1 gehören billiger-mietwagen.de, moebel.de, Parship und Verivox dazu. Für 2019 strebt der Fernsehsender mit diesen Beteiligungen immerhin einen Umsatz von 1 Milliarde Euro an.

Bei den öffentlichen-rechtlichen Sendern war die Lage zunächst anders, da sie sich hauptsächlich durch die Beiträge der deutschen Haushalte finanzieren. Trotzdem war dem Programm anzumerken, dass die Macher wie bei den Privaten die Quote, also die Anzahl der Zuschauer als wesentliches Kriterium ansehen. Dabei hatten (und haben) ARD und ZDF damit zu kämpfen, dass das Durchschnittsalter der Menschen, die sich für sie entscheiden, weit über 60 Jahre ist. Um dieses treue Publikum nicht zu verschrecken, musste das Programm auch für die Senioren Deutschlands akzeptabel sein. Frischer und moderner Inhalt war daher nicht angesagt. Um aus dem Teufelskreis herauszukommen, gründete das ZDF seinen Spartenkanal ZDFneo. Der war angetreten, das »junge« Publikum anzusprechen, was bei dem Sender aus Mainz bedeutet, dass die Zielgruppe bei den 49-Jährigen endet. Wer damals den großen Auftritt erwartete, wurde enttäuscht, bestand doch das Programm aus Wiederholungen, die sich dadurch kennzeichneten, dass sie im ZDF (also bei den über 60-Jährigen) nicht gut gelaufen waren. Das änderte sich erst im Laufe der Zeit, als auch eigene neo-Sendungen produziert wurden.

Dennoch strahlten die beiden Hauptprogramme immer noch ein Programm aus, das den größtmöglichen Konsens anstrebte. Anspruchsvolle Dokumentarfilme, komplexe Serien und innovative Formate hatten keinen Raum bei ARD oder ZDF.

Auf diesen Markt der klassischen, linearen Sender trafen die Streamingplattformen Netflix und Amazon, als sie in Deutschland 2014 an den Start gingen.

Vom Flimmern zum Kinoerlebnis

Nicht nur inhaltlich durchlief das Fernsehen innerhalb der letzten 70 Jahre eine außerordentliche Veränderung.

Die ersten Röhrengeräte, die ab den 50ern in den Haushalten standen, basierten auf dem sogenannten 4:3 Standard, der das Verhältnis von Höhe und Breite beschrieb. Die Flimmerkiste war im

Vergleich zum breiten Kinobild also schon fast quadratisch. Der Bildschirm war schwarz-weiß, und die Sendungen wurden in Deutschland, der Schweiz und in Österreich mit 625 Zeilen ausgestrahlt. Um es weniger technisch – und nach heutigen Maßstäben – zu sagen: Das Bild war schlecht. Wer *Vom Winde verweht* zuhause sehen wollte, musste entweder auf den rechten und linken Bildrand verzichten (weil er vom Sender einfach abgeschnitten wurde) oder oben und unten mit schwarzen Balken leben. Von der Qualität des Bildes her waren Kino und Fernsehen in diesen Jahren somit keine Konkurrenz. Oftmals war auch der Empfang schwierig und von äußeren Umständen abhängig, sodass es zu Bildausfällen und Störungen kam.

Diesen Nachteil der neuen Konkurrenz versuchten die Produzenten von Kinofilmen zu nutzen, und sie überboten sich mit immer besseren Farben und breiteren Filmen. Das amerikanische CinemaScope und auch andere Formate präsentierten den Kinozuschauern eine enorme Bildgröße und führte zu Epen, deren Erzählungen sich auf die eigenen Stärken gegenüber dem Fernsehen besann. *Ben Hur, Jenseits von Eden* und *Der Schatz im Silbersee* spielten mit opulenten Landschaften und großen Bildern, die so im »Pantoffelkino« nicht möglich waren. Das Kino reagierte somit gezwungenermaßen und veränderte sich, nicht nur in der Form, sondern auch in seinem Inhalt: Epische Geschichten, dunkle Figuren und knallharte Fiktion kennzeichneten den Kampf gegen das Pantoffelkino.

Der Umstand, dass der Bildschirm seine Filme und Sendungen in schwarz-weiß präsentierte, änderte sich erst, als 1967 der Regierende Bürgermeister von Berlin und spätere Bundeskanzler Willy Brandt während der Funkausstellung auf die moderne Technik wechselte, und er die Ära des Farbfernsehens einläutete. Die neue Epoche begann allerdings mit einer Panne. Brandt stand vor einem großen roten Knopf, der angeblich das Bild auf Farbe umschaltete. Was die Millionen von Zuschauern nicht wussten, war, dass es sich dabei lediglich um eine Attrappe handelte. Ein Techniker im Studio musste die Umschaltung vornehmen. Und als Brandt seine Hand zu dem Knopf führte, war er zu voreilig. Für die wenigen, die eines der neuen Geräte besaßen, schaltete sich das Bild um, bevor der Bürgermeister von Berlin überhaupt den Knopf drückte. In der Schweiz startete die farbige Übertragung ein Jahr später, und 1969 folgten Österreich und die DDR.

Es dauerte noch einige Jahre, bis alle Sendungen in Farbe produziert wurden und auch in den meisten Wohnzimmern ein passendes Gerät stand. Aber zumindest auf diesem Gebiet hatte das Fernsehen den Vorsprung des Kinos aufgeholt. Die Technik entwickelt sich ständig weiter, sodass die anfänglichen Fehler (z. B. falsch dargestellte Farben) behoben wurden und das Erlebnis zunehmend überzeugender wurde.

Nur das Format sollte mehr als 30 Jahre lang weiterhin bei 4:3 bleiben und immer noch auf der Technik beruhen, dass das Bild mithilfe einer Röhre erzeugt wurde. Erst nach der Jahrtausendwende setzten sich die ersten Flachbildschirme durch und mit ihnen eine andere Darstellung. Das sogenannte 16:9 Format ähnelte dem Kino und entspricht dem menschlichen Gesichtsfeld eher als das in der Breite eingeschränkte alte 4:3 Verhältnis. Es dauerte nur wenige Jahre, dann wurden sämtliche Produktionen auf dieses Format angepasst. Die *Tagesschau* stellte Mitte 2007 ihre Ausstrahlungen auf die neue Größe um. Ungefähr zur gleichen Zeit drehten die Sender auch ihre Fernsehspiele und TV-Movies nur noch in 16:9.

Die ersten Flachbildschirme wurden in der sogenannten SD-Qualität (Standard Definition) verkauft. Das Bild besteht aus einer Auflösung von etwas mehr als 400.000 Bildpunkten. Wenig später kamen die Geräte in HD-Qualität (High Definition) auf den Markt. Dies entsprach eine Auflösung von bis zu zwei Millionen Bildpunkten. Um es weniger technisch auszudrücken: Für die Zuschauer, die jahrzehntelang an das Bild der Röhrenfernseher gewohnt waren, zeigten sich die ersten SD-Geräte als enormer Qualitätssprung, und der nächste Schritt zu HD bot noch einmal an klareres und detaillierteres Bild.

Derzeit wird die neue Generation, das UHD (Ultra High Definition), angeboten. Eine ähnliche Bildschärfe wird mit dem Begriff 4K
beschrieben. Er stammt aus dem digitalen Kinobereich und beschreibt eine Auflösung von sagenhaften 4096 x 2160 Pixeln. Viele
der heute verkauften Geräte verfügen schon über diese Qualität.
Die Zukunft wird noch schärfer. Mit 8K wird eine Auflösung von
7680 x 4320 Pixeln erreicht. Damit liegt die Zahl der Pixel bei ca. 33
Millionen. Allerdings werden bisher kaum Produktionen in 8K hergestellt. Bevor der Einsatz von solchen Geräten sinnvoll ist, werden
einige Jahre ins Land gehen.

Die Steigerung der Pixelzahl stößt in seiner Sinnhaftigkeit allerdings an Grenzen, denn auf einem kleinen Bildschirm ist der Unterschied nicht mehr auszumachen. Darum stellen die Hersteller immer größere Fernseher her, die durchaus eine Bildschirmdiagonale
von zwei Metern haben. Zwar können die flacher gewordenen Geräte auch an die Wand gehängt werden, trotzdem müssen die heimischen Zuschauer eine freie Fläche haben und den notwendigen
Abstand ermöglichen, damit sie nicht direkt vor dem Bildschirm
kleben und ihre Nackenmuskulatur erstarrt.

Die Tendenz ist seit 20 Jahren klar: Da in der westlichen Welt
eine Marktsättigung eingetreten war (mindestens ein Fernsehgerät in jedem Haushalt), war den Unternehmen daran gelegen,
durch modernere Technologien die Kunden möglichst häufiger
zum Kauf eines neuen Geräts zu bringen. Dabei stellten sich einige
hoffnungsvolle Erfindungen schon bald als Rohrkrepierer heraus.
Das 3D-Fernsehen hatte sich aus mehreren Umständen nicht
durchgesetzt. Einerseits fehlte es an genügend Filmen oder Sendungen, die überhaupt zur Verfügung standen, andererseits zwang
die Technik die Zuschauer zum Tragen von unbequemen Brillen.
Immer wieder werden neue Technologien ausprobiert, und dies
wird sich aus wirtschaftlichen Gründen in der nahen Zukunft nicht
ändern. Aber die wenigsten werden sich durchsetzen. Leicht gebo-
gene Bildschirme finden sich wahrscheinlich in fünf Jahren eher in
technischen Museen als Ausstellungsstück als in heimischen
Wohnzimmern. Auch die Steigerung der Pixelzahl wird sich zwar

fortsetzen, da der Unterschied für die meisten Geräte kaum wahrnehmbar sein wird, fällt für die überwiegend Teil der Kunden das Kaufargument weg. Ebenso wird die Qualitätssteigerung durch neue Bildschirmtechnologien (OLED oder HDR) das Fernseherlebnis nicht weiter revolutionieren.

Sicherlich wird der Trend eher darin liegen, dass die Smart TVs noch intelligenter und ,smarter' werden. Künstliche Intelligenz wird Einzug halten in den Fernsehgeräten unserer Wohnzimmer. Die Vernetzung mit anderen Geräten wird dabei zunehmend wichtiger.

DIE STREAMINGREVOLUTION

Florian bestellte sich telefonisch beim Asiaten noch schnell ein rotes Curry. Er hatte es genau so geplant, dass die Ware wenigen Minuten nach seiner Ankunft in die Wohnung geliefert wird. Tatsächlich zog er gerade seinen Mantel aus, als es klingelte. Der Bote überreichte ihm die Aluminiumverpackungen. Als er das billige Gericht auf dem Teller anrichtete, schwörte er sich, spätestens übermorgen wieder selbst zu kochen. Bis dahin sollte er es geschafft haben. Immerhin waren es nur noch acht Folgen. Mit dem Essen in der einen und die Fernbedienung in der anderen schaltete er den Flachbildschirm an und hangelte sich durch die Benutzeroberfläche. Dann erklang die mitreißende Musik, die die dramatischen Bilder Washingtons beglei-tete. Francis Underwood erschien und versuchte den Lehrerstreik zu beenden. Der brutale Politiker, dem er gestern bis spät in die Nacht fünf Folgen lang bei seinen hinterhältigen Machenschaften gefolgt war, hatte ihn in den Bann gezogen. Natürlich wollte er unbedingt wissen, ob Underwoods Plan, sich am Präsidenten zu rächen, auf-geht. Nur deshalb hatte er sich ein Netflix-Abo gegönnt, weil alle Kollegen von der Serie geschwärmt hatten. Und tatsächlich war auch er gefangen. Zwischendurch schrieb er seinem Freund Tom eine

SMS über das tragische Schicksal des Kongressabgeordnete Peter Russo. Allerdings erhielt er keine Antwort, was nur daran liegen konnte, dass sein Kumpel wie er heute Mittag angekündigt hatte, wahrhaftig ins Kino gegangen war.

Mit Beginn des neuen Jahrtausends wurde zuerst die Musikindustrie, dann der Zeitungs- und Zeitschriftenmarkt durch das Internet einem disruptiven Wandel unterzogen.

Es war das Jahr 2003, da hatte der Apple-Gründer Steve Jobs mit iTunes einen Dienst vorgestellt, mit dem die Nutzer über das Netz Musikstücke erwerben und auf ihre Geräte (insbesondere den iPod) herunterladen konnten. Das Prinzip »Downloading« entwickelte sich zu einem weltweiten Erfolg, zunehmend verschwanden die CDs aus den Wohnzimmern, und es endete die Zeit der beliebten Plattenläden in den Städten. Für viele, vor allem junge Käufer, wurde der Besitz einer CD unwichtig. Zu verlockend waren die Vorteile des neuen Systems. Binnen weniger Jahre gewöhnten sich die Kunden daran, dass sie nicht nur ganze Alben, sondern auch einzelne Lieder erwerben konnten. Der Kaufwunsch wurde sofort und bequem zuhause erfüllt. Und der Genuss der Musik war auf sehr bequeme Art und Weise nicht mehr an einen Ort gebunden. Zwar fasste der erste iPod nur wenige Musikstücke (siehe Steve Jobs' Slogan: »1000 Songs in Your Pocket«), aber schon bald war die Kapazität auf das zehnfache gestiegen. Dadurch war die eigene Musiksammlung immer und überall verfügbar. Die Vorteile dieser neuen Methode der Distribution erzeugte einen Bedarf, dass dies auch für Filme und Serien möglich sein sollte. Natürlich brauchte es dazu ein Abspielgerät, das über die notwendige Technik verfügte und einen ausreichenden Bildschirm besaß. Zwar konnten auf den iPods ab 2005 Videos abgespielt werden, aber das streichholzschachtelgroße Display war nicht besonders geeignet, Filme wie *Stars Wars* anzuschauen. Trotzdem wurden ab 2006 im iTunes Store neben der Musik zum ersten Mal Filme und Serienfolgen zum Kauf, also zum Download, bereitgestellt. Das Angebot blieb zwar zuerst auf die USA beschränkt, es stellte doch einen wichtigen Schritt in die audiovisuelle Zukunft dar. Allerdings beruhte das System noch darauf (wie auch im Musikbereich), dass der Kunde den Film kaufte und auf sein eigenes Gerät herunterlud. Er war im Gegensatz zum Streamen im Besitz der Ware und musste nur für den tatsächlich gekauften Film bezahlen. Beim Laden eines Films spielt die Zugangsgeschwindigkeit zum Internet für Verbraucher keine große Rolle. Es ist zwar ärgerlich, wenn der Download mehr als eine Viertelstunde dauert, aber dem Genuss des Films tut dies keinen Abbruch. Das Streamen eines Spielfilms in annehmbarer Qualität war aufgrund der langsamen Übertragungsgeschwindigkeit für die meisten Kunden zu dieser Zeit noch gar nicht möglich.

Im Jahr 2005 wurde das Unternehmen YouTube gegründet, das darauf spezialisiert ist, dass die Nutzer eigene Videos hochladen können. Schon sehr schnell stand eine Vielzahl von zumeist kurzen Clips auf der Plattform. Als YouTube in 2006 von Google übernommen wurde, wurden pro Tag rund 100 Millionen Mal Videos angesehen und 65.000 Clips hochgeladen. Allerdings war, damit ein ruckelfreies Streamen möglich wurde, die technische Qualität der Videos dem Amateurcharakter der Werke angemessen.

Natürlich wollte und sollte YouTube damals nicht das Fernsehen ersetzen, aber schon bald war klar, dass der Vertrieb von audiovisuellen Inhalten ein entscheidender Bereich in der Zukunft des Internets sein wird. Und tatsächlich schritt der Entwicklung stürmisch voran. Die schnelleren Verbindungen und besseren Computer hatten es möglich gemacht, dass Spielfilme in ausreichender Qualität über das Netz übertragen werden konnten. Was vorher schon mit der Musik geschehen war, wurde nun auch mit Filmen machbar. Gleichzeitig starteten die ersten sogenannten SVOD-Dienste (Subscription Video on Demand), also Plattformen, die gegen eine monatliche Gebühr Filme und Serien zur Verfügung stellten.

Das Zeitalter des Streamens hatte begonnen.

Streamen – was ist das?

Die Signale der Fernsehsender wurden in den ersten Jahren über Antennen zu den Haushalten transportiert. Jedes Haus besaß mindestens eine davon auf dem Dach, und wer über Europas Städte blickte, sah auf einen (für uns heute) weniger schönen »Antennenwald«. Atmosphärische Störungen führten manchmal zu Ausfällen, und Pechvögeln passierte das, genau in dem Moment, als die deutsche Fußballmannschaft im Endspiel der Weltmeisterschaft gegen England in Rückstand lag.

In den 80er Jahren wurden die Signale zusätzlich durch die unter der Erde verlegten Kabel zu den Haushalten gebracht und zunehmend über Satelliten mitsamt den notwendigen Schüsseln, die meist auf dem Balkon oder am Fenster angebracht waren. Insbesondere mit dem Kabel ließen sich verhältnismäßig viele Sender übertragen. Dadurch wurde es möglich, dass private Anbieter eine Chance bekamen. Je mehr sich besonders in großen Städten die Kabel durchsetzten, um so weniger wurden die Antennen auf den Hausdächern, was dem Stadtbild nicht gerade schadete.

Diese drei Arten der Übermittlung sind heute noch aktuell, wobei allerdings über Antenne die Signale nicht mehr analog, sondern ebenfalls digital ausgestrahlt werden (das sogenannte DVB-T).

Die Daten des Internets wurden zu Beginn mittels Telefonleitungen übertragen. Ein Modem wandelte zuhause die Bits und Bytes um, sodass sie für den Computer zur Verfügung standen. Auf diesem Weg wurden die Informationen auf den Rechner heruntergeladen. Es wäre schon in den Anfangsjahren möglich gewesen, Musik auf den heimischen PC zu übertragen, denn die Lieder lagen bereits auf einer CD in digitaler Form vor. Allerdings war die Masse der Daten so groß und die Übertragungsrate so klein, dass es tagelang gedauert hätte, die neueste CD von Madonna auf den Computer zu bekommen. Erst eine Erfindung, durch die sich die Musikdaten komprimieren lassen, das sogenannte MP3, ermöglichte den Transport von Musik über das Internet. Zusätzlich stieg die Datenrate immer weiter an. Mitte der 90er Jahre dauerte es kaum mehr als fünf Minuten, einen Song herunterzuladen. Dieser wurde dann auf dem Rechner abgespielt, auch wenn er nicht mehr mit dem Netz verbunden war. 1999 machten sich das ein paar junge Studenten zunutze und bauten ein System auf, bei dem sich Nutzer die Musikdaten von den Computern anderer herunterladen konnten. Napster ermöglichte dadurch die kostenlose, aber illegale Übertragung von Musik – ein Schreckensszenario für die Plattenfirmen und die Künstler. Viele Gerichtsprozesse später gab das Unternehmen das Angebot auf. Zudem klappte der Transfer nicht immer reibungslos, und als Apple mit dem legalen iTunes Store an den Start ging, luden sich zunehmend mehr Musikfans ihre Platten auf diesem rechtlich einwandfreien Wege auf ihre Computer.

Was den Technikern mit der Musik geglückt war, gelang dann ebenfalls mit Filmen, die natürlich eine viel größere Datenmenge besaßen. Auch hier wurde ein Kompressionsformat entwickelt. Aber die Geschwindigkeit für diese Menge an Bits und Bytes war Anfang des neuen Jahrtausends immer noch nicht wirklich ausreichend. So kam eine Gnadenfrist für die Filmindustrie, die ahnte, dass gleichfalls die illegalen Verbreitungswege ihr Geschäftsmodell zerstören könnten, wenn es technisch möglich sein würde. Auch darum versuchte sie den Fehler der Musikindustrie zu vermeiden, die nicht verstanden hatte, dass die Fans ihre Lieder gerne bequem und sofort auf den Rechner haben wollten. Diese Erkenntnis der Filmindustrie führte dazu, dass Filme und Serien sehr bald legal im Netz zum Download angeboten wurden. Was natürlich Kriminelle nicht daran hinderte, trotzdem ihre Server in fernen Ländern aufzustellen, um die neuesten Blockbuster illegal zum Anschauen anzubieten.

Je schneller das Internet wurde, desto attraktiver wurde eine andere Art Filme auf dem Computer anzuschauen. Beim Streaming werden die Daten nicht auf dem Rechner gespeichert, sondern sofort, wenn sie den Empfänger erreicht haben, abgespielt. Es bedarf lediglich die Zwischenspeicherung von wenigen Daten, damit es bei schwankender Geschwindigkeit der Übertragung zu keinen Ausfällen kommt. Während beim Herunterladen der Nutzer erst einmal abwarten muss, bevor alle Informationen auf dem Computer sind, beginnt ein gestreamter Film mehr oder weniger sofort.

Das Material liegt auf den Servern der Anbieter und kann dort jederzeit abgerufen werden. So wie wir seit langer Zeit daran gewöhnt sind, dass wir den Wasserhahn aufdrehen und uns augenblicklich das kühle Nass zur Verfügung steht, können wir nun den Play-Button drücken, und der Film wird abgespielt.

Wasser und Strom waren vor zweihundert Jahren noch keine Selbstverständlichkeit. Und auch das Telefon gehörte erst ab den 60ern mehr oder weniger in jeden Haushalt. Das Radio und das Fernsehen besaßen von Anfang an diese Qualitäten. Mit dem Drücken eines Knopfes stand es uns zur Verfügung. Einmal abgesehen davon, dass zumindest das Fernsehen in der Anfangszeit nicht rund um die Uhr ausgestrahlt wurde (die Älteren werden sich an das Testbild erinnern, das das Publikum in der Nacht begrüßte), verfügte auch das lineare Programm spätestens ab den 70er Jahren die gleiche Selbstverständlichkeit, wie sie der Wasserhahn besaß. Doch das klassische Fernsehen war und ist fremdbestimmt. Zwar beeinflusst der Zuschauer, wann er den Knopf drückt, aber er kann nicht festlegen, was er zu sehen bekommt. Das Streamen gibt dem Nutzer dies sehr wichtige Element in die Hand: die eigene Entscheidung, was er wann schauen will. Dafür steht ihm der Film nur so lange zu Verfügung, wie er ein Abonnement abgeschlossen hat, denn die Daten befinden sich nicht mehr auf seinem eigenen Computer.

YouTube

Als das Internet in den Kinderschuhen steckte und der iTunes Music Store noch keine Filme im Angebot hatte, gründeten drei frühere Angestellte von PayPal eine neue Plattform, auf der Nutzer ihre Videos hochladen konnten. Der erste Clip, der im Frühjahr 2005 auf der Seite zur Verfügung gestellt wurde, war der Zoobesuch eines

der Gründer des Unternehmens im Silicon Valley. Mit diesem un-
scheinbaren privaten Filmchen war YouTube geboren. Allerdings
kam kaum jemand außer den Initiatoren selbst auf die Idee, ein
Video im Internet zu posten. Erstens war die Übertragungsgeschwindigkeit langsam und zum anderen war es eher selten, dass
eigene Filme gedreht wurden. Lange vor dem iPhone mussten die
Nutzer im Besitz einer digitalen Videokamera sein, um Clips aufnehmen zu können. Aber der Internetgigant Google erkannte das
Potenzial des Start-ups aus der Nachbarschaft und öffnete ein Jahr
nach dessen Gründung seine Geldbörse. Im Herbst 2006 übernahm die Suchmaschine die Plattform für 1,65 Milliarden Dollar.
Mit dem Rückenwind des großen Unternehmens konnte der Service rasant wachsen.

Von Jahr zu Jahr stieg die Zahl der hochgeladenen Videos. Mu-
sikclips gehörten dabei zu den meist gesehenen Angeboten. Was
für viele junge Konsumenten im vorherigen Jahrhundert MTV war,
wurde nun für die Generation der Millennials YouTube.

Aber die Plattform entwickelte sich weiter, und im Herbst 2015
startete YouTube Red, ein Bezahldienst, mit dem die Nutzer gegen
ein monatliches Entgelt werbefreie YouTube-Videos sowie exklusive Serien und Filme (YouTube Originals) schauen konnten. Der
Dienst wurde später in YouTube Premium umbenannt und ging
Mitte Juni 2018 in Deutschland auf den Markt. Neben eigenen Serien hatte die Streamingplattform auch einige Filme in ihrer Online-Videothek. Eine dieser Eigenproduktionen war die Science-
Fiction Serie *Impulse*, die in der ersten Staffel mit 10 Folgen von
jeweils etwa 45 Minuten 2018 online gestellt wurde.

Insgesamt mehr als 50 Produktionen hatte das Unternehmen
aus dem Süden von San Francisco in seinem Portfolio. Keine konnte
aber größere Aufmerksamkeit gewinnen, geschweige denn den
Sog erzeugen, den die Serien der anderen Streamingdienste schaff-
ten. Es war eher Standardware, die angeboten wurde. Ein Jahr nach
dem Stapellauf im November 2016 verzeichnete die Online-Videothek daher lediglich 1,5 Millionen Abonnenten.

2017 hatte das Unternehmen in den USA YouTube TV an den Start gebracht. Der Dienst bietet für eine monatliche Gebühr von 50 Dollar alle fünf wichtigen Fernseh- (ABC, CBS, The CW, Fox und NBC) ebenso wie ungefähr 40 Kabelsender im Paket. Für die amerikanischen Kunden war es ein durchaus verlockendes Angebot, müssen sie doch sonst für ihren Kabelanschluss mehr zahlen. Die Offerte richtet sich dezidiert an die sogenannten »Cord Cutter«. Der Begriff beschreibt jene Haushalte in den USA, die ihren teuren Kabelzugang zu den Fernsehsendern (der über 100 Dollar liegen kann) kündigen und sich entweder auf die Streamingdienste konzentrieren oder sich ihre Kanäle auf andere Art abonnieren. Außerdem werden ihnen bei YouTube TV einige Zusatzangebote zur Verfügung gestellt. Das System informiert sie darüber, wenn ihre Lieblingsserie läuft, und sie haben die Möglichkeit Sendungen in der Cloud aufzuzeichnen und jederzeit anzuschauen.

2019 erklärte das Unternehmen einen Strategiewechsel und gab bekannt, aus der Konkurrenz der Abonnentendienste auszusteigen. Sämtliche YouTube Original-Serien und Filme werden fortan allen Nutzern kostenlos zur Verfügung gestellt, allerdings inklusive Werbeeinblendungen. Es ist zu vermuten, dass sich das Angebot gegenüber den großen Playern nicht durchsetzen konnte und die Zahl der Abonnenten nicht zufriedenstellend war.

YouTube Premium wird seitdem in erster Linie als gegen Bezahlung erhältlicher Dienst ohne Werbung positioniert. Das Konzept besteht darin, dass die zahlenden Kunden alle Clips (und auch die YouTube Originals) werbefrei genießen können. Wahrscheinlich kann YouTube mehr Geld mit Reklame verdienen, als mit dem mühseligen Aufbau eines Abonnentenstamms. In Zukunft wird sich YouTube auf das klassische Kerngeschäft, ihre nutzergenerierte Videoplattform konzentrieren und keine eigenen Formate produzieren.

Neben den von den privaten Nutzern hochgeladenen Clips hat sich ein weiterer Bereich auf der Plattform entwickelt. Ein wichtiges Element der YouTube Welt sind Videos, die sich der Wissensvermittlung widmen. Was Jane Fonda mit ihren Yogavideos in den 70er Jahren vormachte, hat sich heute auf alle Bereiche erweitert.

Das reicht von einfachen Erklärvideos von Profis (»Tomatenzüchten leicht gemacht«) bis hin zu komplexen, professionell produzierten Filmen. Eine der bekanntesten Onlineschulen startete 2008 auf YouTube. Die Khan Academy bietet kurze Clips zu den unterschiedlichsten Themen wie Mathematik, Geschichte oder Wirtschaft an. Das Non-Profit Unternehmen überträgt viele seiner Lektionen inzwischen in mehreren Sprachen, u. a. auch Deutsch. Ebenso auf YouTube findet sich eine der bekanntesten Institutionen der Erwachsenenbildung. Schon 1984 als Konferenz gegründet hat sich TED (Technology, Entertainment, Design) zu einer weltweiten Vortragsreihe im digitalen Bereich entwickelt. Das Format ist festgelegt und besteht aus einem ca. 15 minütigen Vortrag eines Experten auf freier Bühne, in Ausnahmefällen mit visueller Projektion auf einer Leinwand. Voraussetzung ist, dass die Präsentation ohne Pult und schriftliches Manuskript gehalten wird. Der Kanal auf YouTube hat über 18 Millionen Abonnenten, die auf das Angebot zugreifen. Der Claim der Plattform verspricht »ideas worth spreading«. Der Gründer von TED beschreibt in einem eigenen Vortrag die revolutionäre Idee hinter den Onlineschulen: »Lesen und Schreiben sind eigentlich relativ neue Erfindungen. Kommunikation von Angesicht zu Angesicht hat sich in Millionen von Jahren verfeinert. Deshalb ist es zu dieser mysteriösen und mächtigen Sache geworden. Jemand spricht, da ist eine Resonanz in den empfangenden Köpfen, die gesamte Gruppe handelt zusammen. Ich meine, das ist das Bindegewebe des menschlichen Superorganismus in Aktion. Das hat unsere Kultur wahrscheinlich schon seit Jahrtausenden vorangebracht. Vor 500 Jahren traf es auf eine Konkurrenz mit einem tödlichen Vorteil. Der Buchdruck begann sich auszubreiten. Die ambitionierten Innovativen und die Einflussreichen dieser Welt konnten ihre Ideen nun auf der ganzen Welt verbreiten, und so verblasste die Kunst des gesprochenen Wortes immer mehr. Aber nun, innerhalb eines Wimpernschlags, haben sich die Spielregeln wieder geändert. Es ist nicht übertrieben zu sagen, dass das, was Gutenberg für das geschriebene Wort getan hat, kann das Online-Video nun für die Kommunikation von Angesicht zu Angesicht erreichen. Dieses grundlegende Medium also, für das unser Gehirn so ausnehmend gut geeignet ist ... hat sich nun weltweit verbreitet.«[8]

In einer repräsentativen Studie[9] hat der Rat für Kulturelle Bildung 2019 herausgefunden, dass YouTube nicht nur ein Zeitvertreib für Jugendliche zwischen 12 und 19 Jahren ist, sondern fast die Hälfte der Befragten nutzt die Plattform auch für die Schule und zum Lernen. Sei es, um sich Hilfe für die Hausaufgaben zu suchen oder um den Schulstoff aus dem Unterricht für ein besseres Verständnis zu wiederholen. Hohe Bedeutung haben YouTube-Videos für die Vorbereitung auf Prüfungen.

Und tatsächlich hat und wird auch in Zukunft dieser Bereich das Leben der Menschen verändern. Bildung steht heutzutage jedem und jederzeit zur Verfügung. Wir können uns heute kostenlos und zuhause bequem über das Zeitalter der Vernunft (bei der Khan Academy) informieren oder uns von einem Experten die ersten Fotos von einem schwarzen Loch erklären lassen (bei TED) – zu finden alles bei Youtube.

Neben den Katzenvideos und den Bildungsangeboten haben sich auf der Plattform die Shows der sogenannten Influencer etabliert. Wenn Nutzer selbst auftreten und regelmäßig Clips ins Netz stellen, etablieren sie dadurch einen eigenen Kanal, der allein in Deutschland mehr als fünf Millionen Abonnenten generieren kann. Lifestyle und Politik sind Themen, die hauptsächlich angeboten werden. So locker die Videos erscheinen, ist es meist harte Arbeit, denn wer wahrgenommen werden will, muss ständig präsent sein. Tatsächlich lässt sich damit eine Menge Geld verdienen. YouTube beteiligt die Macher an den Werbeeinnahmen, und eine weitere Einnahmequelle besteht häufig im mehr oder weniger unauffälligen Platzieren eines Produkts. Product-Placement ist zwar in Deutschland nicht erlaubt, findet aber bei den Influencern trotzdem statt. Es ist für Firmen verführerisch, mit einem Schlag zwei Millionen junge Zuschauer zu erreichen, die nicht einmal merken, dass ihnen gerade Werbung verkauft wurde, insbesondere weil die Menschen vor der Kamera meist authentisch wirken und sich dadurch von den klassischen Fernsehsendern abheben. Alles wirkt echt und deshalb wird der jungen Modeexpertin auch geglaubt, wenn sie ein neues Kleid empfiehlt. Auf diesem Weg wird die klassische Einteilung von Werbezeit und Programm bei YouTube aufgelöst, denn das Vertrauen, das die Zuschauern den Influencern entgegenbringen, nutzen die Firmen, indem sie die Werbung von ihnen selbst sprechen lassen.

Aber nicht nur Schminktipps erreichen eine große Zielgruppe, auch politische Themen werden verhandelt. Und hier wird der Wandel am deutlichsten, denn es erregte einiges Aufsehen, als 2015 ein junger Mann die Kanzlerin interviewen durfte, der durch seinen Nachrichtenkanal auf YouTube bekannt geworden war. LeFloid erreichte 3 Millionen vor allem junge Zuschauer und damit mehr als viele politische Sendungen bei ARD oder ZDF. Und als im Mai 2019 ein fast einstündiges Video mit dem Titel »Die Zerstörung der CDU« auf YouTube erschien, schlugen die medialen Wellen hoch. Der junge Influencer Rezo hatte mit seiner Rede kurz vor der Europawahl 15 Millionen Zuschauer. Die Aufregung war nicht nur groß, weil die Partei sich durch die Abrechnung angegriffen fühlte, sondern deutlich wurde, dass ein Paradigmenwechsel stattfindet. Nicht mehr nur die klassischen Fernsehsender erreichen mit ihren politischen Sendungen die Bevölkerung, auch die Streamingplattform YouTube besitzt eine Breitenwirkung. Dabei geht es weniger um die Art der Verbreitung und eher darum, dass das alte System der ausgewählten Sender durch ein freies Prinzip abgelöst wird. Was mit den Offenen Kanälen in den 8oern angedacht war, findet nun an anderer Stelle statt. Erst Streaming ermöglicht die Beteiligung aller am öffentlichen Diskurs.

Obwohl YouTube sich aus dem Geschäft von Netflix und den weiteren Streamingdiensten verabschiedet hat, stellt es doch ein entscheidendes gesellschaftliches und kulturelles Phänomen dar. Keine andere nutzergenerierte Plattform kann den gleichen Erfolg verbuchen. Konkurrenten wie Vimeo sind Nischen und werden es auch bleiben.

Für viele ist ein Leben ohne YouTube nicht mehr vorstellbar.

David und Goliath

Der Kampf dauerte mehr als acht Jahre und fand zwischen einem Unternehmen statt, das wie McDonalds oder das Finale des Super Bowl zum amerikanischen Leben gehörte, und einer kleinen Firma, die man heute als »Start-up« ansehen würde.

Überall im Land, fast in jeder Stadt verkaufte und verlieh einer der Blockbuster Läden Videokassetten oder DVDs. Mehr als 9000 Geschäfte waren über die ganze Nation verteilt. Für die Fernsehzuschauer der klassischen Networks (die vier großen Sendeanstalten der USA) war es eine bisher ungeahnte neue Möglichkeit, den Abend zu gestalten. Anstatt das Programm von ABC, CBS, FOX oder NBC anschauen zu müssen, konnten sie bei Blockbuster ihren Wunschfilm selbst auswählen und mit nach Hause nehmen. Und – bequemer geht es nicht für das US-amerikanische Publikum – ein Griff und auch das Popcorn oder die Nachos lagen im Einkaufskorb.

Seit 1985 wuchs das Unternehmen kontinuierlich, bis es 1994 an eines der größten US-Medienunternehmen verkauft wurde. Die Kette ging sogar in Berlin und München an den Start, gab allerdings nach wenigen Jahren wieder auf.

So verlockend das Angebot für die Verbraucher war, sich von den festen Zeiten und Programmen der Sender unabhängig zu machen, das Geschäftsmodell der großen Kette hatte auch seine Nachteile. Begehrte Filme waren immer seltener auszuleihen, weil meist ein anderer Kunde schneller gewesen war. Und die Läden waren oft überfüllt und nicht im besten Zustand. Vor allem aber plagten sich viele damit, dass sie häufig eine Verspätungsgebühr bezahlen mussten. Der billige Preis für einen Film galt nur für einen Tag und manchmal vergaßen die Kunden die DVD pünktlich am nächsten Tag zurückzugeben. Oder sie hatten ihn doch noch nicht gesehen, bzw. erst später die Gelegenheit im Laden vorbeizuschauen.

Im Jahr 1997 kam der Marketing Experte Mark Randolph zusammen mit seinem Freund Reed Hastings auf die Idee, den Verleih von DVDs auf ein neues System umzustellen. Nicht mehr der

Kunde macht sich zur DVD auf, sondern der Film kommt in das Haus des Zuschauers. Das Geschäftsmodell bedeutete eine klare Kampfansage gegenüber dem alten marktbeherrschenden Videoverleiher Blockbuster Inc. Mit wenig Geld gründeten Randolph und Hastings das Unternehmen Netflix.

Ihr Konzept bestand darin, dass ihre Kunden im Internet eine Liste von Wunschfilmen anlegten und sie diese nach und nach per Post (in roten Briefumschlägen) zugeschickt bekamen. Sie konnten dabei jede DVD solange behalten, wie sie wollten. Erst, wenn sie sie zurückgeschickt hatten, wurde der nächste Film auf der Liste an sie versandt. Auf diese Weise wurden nervende Verspätungsgebühren und die Fahrten in den oft meilenweit entfernte Laden überflüssig.

Der Kampf um die Kunden war entbrannt.

Millionen Dollar flossen bei beiden Firmen ins Marketing. Da Netflix mit seinem Angebot erfolgreich war, bot Blockbuster ab 2004 seinen Kunden ebenfalls an, dass sie sich zu einem festen monatlichen Preis die DVDs per Post zuschicken lassen konnten.

Allerdings änderte dies nichts daran, dass Netflix weiterhin seinen Kundenstamm steigerte. Als Blockbuster schließlich finanziell mit dem Rücken an der Wand stand, startete es mit dem Programm »Total Access« (vollständiger Zugang). Kunden konnten nun zu einem monatlichen Festpreis ihre online gemieteten DVDs in jedem Blockbuster abgeben und erhielten dort kostenlos einen weiteren Film – ein Service, den Netflix nicht bieten konnte und auch mangels Ladengeschäften nie in der Lage sein würde, zu ermöglichen. Binnen weniger Wochen verdoppelte sich die Zahl der Abonnenten von Blockbuster, allerdings waren die Kosten so hoch, dass das Unternehmen für den Dienst mehr zahlte, als es einnahm.

Im Januar 2007 traf Reed Hastings auf den Chef von Blockbuster während eines Filmfestivals im kleinen beschaulichen Städtchen Sundance. Der CEO der angeschlagenen Videokette, John Antiocho, war erstaunt zu hören, dass Hastings den neuen gerade gestarteten Dienst übernehmen wollte. Doch lehnte Antiocho dankend ab. Er hoffte darauf, dass er den Kampf gewinnen würde.

Hastings musste eine schwere Niederlage hinnehmen. War Netflix doch nur eine vorübergehende Erscheinung und erinnerte sich bald niemand mehr an die Firma mit den roten Briefumschlägen?

Schon zu dieser Zeit war beiden Unternehmen klar, dass ihr Geschäftsmodell bedroht war. Insbesondere der Visionär Reed Hastings von Netflix sah, dass die Zukunft auch im Internet lag. Wenn es ihm gelänge, aus Netflix eine attraktiven Online-Videothek mit gutem Angebot zu machen, dann würden, das wusste er, die meisten Kunden einem Onlineportal den Vorzug geben. Dies wäre seine Chance den Rivalen ein für alle Mal auszustechen. Denn in den letzten Jahren hatte Netflix ständig an seinem Algorithmus gearbeitet, um seinen Abonnenten immer ausgefeiltere Empfehlungen geben zu können, die sie auf der Begrüßungsseite empfing. Auf diesem Gebiet hatte Blockbuster noch keinerlei Kenntnisse.

Wie sollten aber die Filme über das Internet zu den Zuschauern gebracht werden? Die Datenverbindungen waren zu der Zeit langsam und unzuverlässig. Darum entwickelten die Techniker des DVD-Versandunternehmens eine Box, die über Nacht einen Film herunterlud, damit der Kunde ihn danach anschauen konnte. Eine praktikable Idee, aber leider sehr umständlich. Im Silicon Valley schossen damals die Start-ups wie Pilze aus dem Boden, und ein kleines Unternehmen war angetreten mit dem verwegenen Konzept, dass Nutzer ihre eigenen Clips hochluden und die Zuschauer diese tatsächlich streamen konnten. YouTube zeigte den Technikern bei Netflix, dass es möglich war, Filme über das Netz direkt abzurufen.

Mit den Erfahrungen, die die Firma in Los Gatos mit der Internetpräsenz und seinen Abonnenten gemacht hatte, brachte das Unternehmen im Februar 2007 das Angebot »Watch instantly« auf den Markt.

Aber die Erwartungen der Öffentlichkeit waren nicht besonders hoch, denn es konnte nur mit einer schnellen Internetverbindung und ausschließlich auf dem Computer gestreamt werden. Und Netflix hatte nur wenige Filme zur Auswahl. Zwar steigerte sich die

Zahl im ersten Jahr auf über zehntausend, aber keiner der aktuellen Kassenschlager war darunter, sondern ausnahmslos zweitklassige Ware.

Die innovative Idee von Reed Hastings schien zum Rohrkrepierer zu werden.

Doch die negativen Reaktionen spornten den CEO nur an, das Angebot auf noch mehr Geräte zu etablieren, um einer größeren Anzahl von Kunden die Möglichkeit zu geben, die Filme und Serien zu streamen. Zudem erkannten die Filmstudios nach und nach, dass sie mit Netflix für ihre aktuellen Hits eine weitere dringend benötigte Einnahmequelle hinzugewinnen konnten.

Trotzdem wurde das Unternehmen aus dem Silicon Valley von den alten Medienfirmen nicht wirklich ernst genommen. Der TimeWarner Chef Jeffrey Bewskes, zu dessen Portfolio CNN und HBO gehörte, verglich den neuen Streaminganbieter mit der albanischen Armee. Auch die könnte sicherlich nicht die Weltherrschaft übernehmen, tönte er. Als Reaktion bestellte Reed Hastings die Kopfbedeckungen der Truppen aus dem Balkan und verteilte sie an seine Mitarbeiter – zu Recht, denn die Abonnentenzahlen von Netflix stiegen und stiegen.

Netflix

Netflix gehörte Anfang des Jahrtausends nicht zu den großen Medienunternehmen, die seit hundert Jahren die Film- und Fernsehlandschaft in Nordamerika unter sich aufgeteilt hatten. Aber genau diese Außenseiterposition ist oft die beste Grundlage, um einen Wandel in einer Industrie herbeizuführen, denn die Fähigkeit, nicht im alten Denken zu verharren, zeigt sich meist als die Voraussetzung, um mit revolutionären Ideen, Konzepten und Produkten den Markt neu zu definieren. Als Apple sein erstes iPhone präsentierte, bestimmten andere das Geschäft mit den Handys. Nokia und Motorola (wer erinnert sich heute noch an sie?) waren die Firmen, die zu der Zeit den Verkauf in der Hand hatten. Bei den smarten Geräten und den Geschäftsleuten dominierte die Firma Blackberry das Bild. Aus dieser Position heraus könnte Apple mit seinen Erfahrungen bei der Entwicklung des iPods ein revolutionäres Smartphone entwickeln, das sich in vielen Aspekten von den Vorgängern unterschied.

Die Freiheit des Neulings gab Netflix die Möglichkeit, den Markt mit frischen Konzepten zu gewinnen. Tatsächlich hatte das Unternehmen als erstes verstanden, was es bedeutet, zuhause zu jeder Zeit aus dem Programm des Anbieters einen Film oder eine Serie auf einer einfachen Benutzeroberfläche auswählen zu können. Kein Kunde will sich mit komplizierter Technik oder einer unübersichtlichen Auswahl der Filme herumschlagen. Ähnlich wie Apple hatte Netflix die nutzerfreundliche Handhabung des Angebots umgesetzt. Dies war das Verkaufsargument, und es ging auf. Und viele Abonnenten der ersten Stunde rechneten gar nicht damit, dass sie bei Netflix exklusive oder sogar brandneue Filme bekamen. Es reichte aus, dass sie endlich frei darüber entscheiden konnten, was sie sehen wollten. Auch waren die Ausgaben im nationalen Vergleich vergleichsweise gering, denn für ihren Kabelanschluss zahlten sie oft das Zehnfache.

Die Inhalte nun bequem und ohne »gefühlte Kosten« (das Abonnement war ja schon abgeschlossen) abrufen zu können, war eine neue Erfahrung, die viele Zuschauer schätzten. Aber Reed Hastings war klar, dass sein Unternehmen sich nicht nur darauf verlassen konnte, eingekaufte Filme und Serien im Angebot zu haben. Er brauchte exklusive Inhalte, die sonst nirgendwo zu finden waren.

Aus diesem Grund nahm er ein Projekt an, das von vielen anderen Studios bereits abgelohnt worden war. Der Autor Beau Willimon (*The Ides of March – Tage des Verrats*) hatte die alte britische Serie *House of Cards* in die amerikanische Hauptstadt verlegt und zusammen mit dem Regisseur David Fincher (*Fight Club, Sieben*) das Konzept entwickelt. Aus den vielen Daten über die Vorlieben der Kunden, wusste Hastings, dass dieses Projekt genau das ist, was seine Zuschauer suchten.

Als Netflix die Serie im Februar 2013 online stellte, änderte sich für das Unternehmen auch sein Geschäftsmodell, denn die Serie entpuppte sich als außerordentlicher Erfolg. Fortan legte Hastings Wert darauf, weniger eingekaufte Filme und Serien und immer mehr Netflix Originals zu produzieren.

In den folgenden Jahren stiegen die Abonnentenzahlen, und das Unternehmen aus dem Silicon Valley wurde mit seinen Originals zu einem großen Auftraggeber für die amerikanische Filmindustrie. *Orange Is the New Black*, *Narcos*, *The Crown* und *Stranger Things* zählten zu den größten Erfolgen.

Neben den Filmen und Serien gehören aber auch viele eigene Dokumentationen und andere Formate zu dem Portfolio. Mit *My Next Guest Needs No Introduction With David Letterman* präsentierte Netflix eine Talkshow mit prominenten Gästen. So sprach der berühmte Moderator Letterman mit dem ehemaligen Präsidenten Barack Obama, mit dem die Streaming-Plattform ab 2020 zusammen mit seiner Frau Michelle einen mehrjährigen Vertrag abgeschlossen hat. Die beiden werden Filme und Serien produzieren, so unter anderem *Listen to Your Vegetables & Eat Your Parents*, eine Sendung für Kinder über gesunde Ernährung. Und wahrscheinlich brachte Letterman, der 33 Jahre lang eine Talkshow auf dem Sender CBS moderierte, den Unterschied zwischen dem klassischen Fernsehen und den neuen Anbietern auf den Punkt, als er dem anwesenden Publikum bei einer seiner Netflix-Shows erklärte:»Ich hatte eine andere Sendung und dort hatten wir unsere Gäste, weil wir sie bekommen konnten. Aber die Gäste dieser Sendung haben wir eingeladen, weil wir sie hier haben wollen, und das ist ein großer Unterschied.«

Ab 2010 war Netflix in immer mehr Regionen expandiert, und 2016 gab das Unternehmen bekannt, dass es von nun an fast in der ganzen Welt zu sehen war. Dies führt dazu, dass nicht nur in den USA, sondern auch in vielen anderen Ländern die Netflix-Originals produziert werden.

Amazon Prime

Auch das Online-Kaufhaus Amazon stieg früh in das Geschäft des digitalen Vertriebs von Filmen ein. Die Plattform, die mit dem Verkauf von Büchern im Internet groß geworden ist, startete 2006 Amazon Unbox in den USA. Nutzer konnten hier, wie in Apples iTunes Store, Filme erwerben und herunterladen. In den folgenden Jahren mehrmals umbenannt, wurde das Geschäft später auf das Streamen von Filmen und Fernsehserien erweitert und schon bald Teil des sogenannten Amazon Prime Programms. Gegen eine monatliche Gebühr entfallen in diesem Angebot die Versandkosten für die Prime-Kunden der Plattform.

Im Jahr 2013 hatten die ersten exklusiven Produktionen von Amazon mit den beiden Serien *Alpha House* und *Betas* Premiere. Dabei probierte das Unternehmen einen eigenen Weg des Vertriebs. Drei Folgen beider Serien konnten alle Nutzer kostenlos streamen, die weiteren wurden Woche für Woche ausschließlich den Abonnenten des Prime Dienstes zur Verfügung gestellt. Entstanden waren die Serien mit einem ebenso innovativen Ansatz. Jahre zuvor hatte das Online-Kaufhaus eine Webseite aufgebaut. Die Anmeldung war für jedermann unentgeltlich möglich. Mitglieder konnten Drehbücher einreichen, die die anderen Teilnehmer bewerteten und kommentierten. Es wurden monatlich Geldpreise vergeben, die den Autoren die Möglichkeit gaben, ihre Projekte weiterzuentwickeln. Allerdings waren die ersten beiden Serien, die Amazon als Originals online gestellt hatte, nicht sehr erfolgreich. Aus diesem Grund wurde der interessante Versuch später wieder eingestellt.

Die erste Serie, die von sich reden machte und mit vielen wichtigen Preisen ausgezeichnet wurde, war *Transparent* aus dem Jahr 2014. Die zehn Folgen drehten sich um die Familie Pfefferman aus Los Angeles. Der Vater Mort war bis vor kurzem als Professor der Politologie tätig, und alles verlief in scheinbar sicheren Bahnen. Das Leben der Familie ändert sich jedoch schlagartig, als Mort sich als transsexuell outet und beschließt, in Zukunft als Frau mit dem

Namen Maura weiterzuleben. (daher der Titel: Trans-Parent). Die Serie kreist um das Thema Sexualität und die Probleme, die jedes Familienmitglied damit hat – kein Sujet, das sofort auf ein großes Mainstream-Publikum schielt. Und so ist das Werk von Jill Soloway auch produziert worden: offen und ohne Rücksicht auf Befindlichkeiten. Die Serie war (vielleicht genau aus diesem Grund) bei den Zuschauern sehr beliebt, gewann viele Preise und wurde auf mehrere Staffeln verlängert.

Es deutet sich an, dass Amazon bereits im Vorfeld auf die neue kommende Konkurrenz von Apple und Disney reagiert, denn die Online-Videothek hat sich die Rechte am *Herr der Ringe* gesichert. Diese Entscheidung macht sichtbar, wohin die Reise für Amazon gehen wird. Große Stoffe, die bisher dem Kino vorbehalten waren, werden nun als Serie realisiert.

Ebenso wie Netflix hatte das Unternehmen in den vergangenen Jahren seinen Dienst weltweit (bis auf einige Ausnahmen, wie z. B. Nordkorea) ausgeweitet. Und mit *Herr der Ringe* wird die Plattform ein Angebot im Programm haben, das sich sehr gut international vermarkten lässt.

Eine weitere Besonderheit bietet der in Seattle ansässige Anbieter mit seinen Amazon Channels. Auf seinem Fire-Stick (ein Gerät, das mit Fernsehgeräten die Verbindung zum Internet ermöglicht) sind fremde, unabhängige Online-Videotheken in die Plattform integriert und können gegen eine Gebühr hinzugebucht werden. So finden auch kleine Streamingdienste eine große Verbreitung. In Deutschland sind u. a. der Independentvertrieb Realeyz, Die ZEIT-Akademie und Home of Horror einbezogen.

Für Nutzer bedeutet dies, dass sie mit dem Kauf des Fire-Sticks nicht nur die klassischen, linearen Sender in ihrem Portfolio sehen können (also z. B. die von ihrem Kabelbetreiber angebotenen), sondern neben Amazon Prime viele andere Streaminganbieter.

Streaming in Deutschland: You are wanted

Einer der Anbieter, der schon früh in Deutschland Filme im Internet anbot, war Europas größter Internetdienst T-Online. Das Tochterunternehmen der Deutschen Telekom hatte Filmrechte in den USA bei einigen Hollywood-Studios eingekauft. Die Kunden konnten ab 2003 dadurch Kinofilme wie *Catch me if you can* oder *Minority Report* gegen ein Entgelt leihen.

Die ersten zaghaften Versuche, Filme und Serien auch im Abonnement anzubieten, starteten in dem Jahr der Fußball-Weltmeisterschaft, dem berühmten »Sommermärchen« von 2006. Maxdome, der Streamingdienst des Fernsehunternehmens Pro7Sat1 und dem Medienimperium von Leo Kirch, hatte zunächst mit Übertragung von Fußballspielen auf sich aufmerksam gemacht und so um Kunden geworben. Ab dem Jahr 2006 konnten die Zuschauer auch eine Movie-Flat abonnieren, doch zu Anfang stand nur eine Auswahl von circa hundert Filmen bereit, und wirkliche Kinohighlights waren mit der Lupe zu suchen. Stattdessen handelte es sich hauptsächlich um hauseigene Produktionen der beiden privaten Fernsehsender Pro 7 und Sat1. Interessenten waren durch Sendungen wie *Macho im Schleudergang* aber nicht zu gewinnen.

Schon drei Jahre später nannte sich Maxdome großspurig »Deutschlands größte Online-Videothek« und bot immerhin ca. 45.000 Titel an. Dabei bestand der Hauptteil nach wie vor aus billiger Ramschware. Wer hoffte, Blockbuster aus Hollywood oder erfolgreiche Filme aus dem Heimatland zu sehen, wurde enttäuscht.

Erst Jahre später schaffte es ein anderer Anbieter, die Deutschen für das Abonnementmodell zu begeistern. Das Tochterunternehmen von Amazon Lovefilm hatte jahrelang auf ein ähnliches Vertriebsmodell wie Netflix gesetzt und DVDs per Post verschickt. Ab Dezember 2010 bot es in Deutschland zusätzlich auch einen Streamingservice an. Die Kunden hatten jedoch mit technischen Schwierigkeiten zu kämpfen, und nicht alle Computer konnten die Filme abspielen. Nach der vollständigen Übernahme durch Amazon integrierte der Versandhändler den Dienst in sein Kundenprogramm Amazon Prime und benannte es in Amazon Instant Video um. Der Pluspunkt für die Nutzer war, dass sie einerseits die Vorteile des Kundenbindungsprogramms (wie kostenlosen Versand) erhielten und gleichzeitig Zugriff auf die Film- und Serienbibliothek von Amazon bekamen. Auch heute noch ist die Online-Videothek einer der wichtigsten Anbieter in Deutschland.

Ein kurzes Gastspiel auf dem deutschen Markt startete der französische Medienkonzern Vivendi im Januar 2013. Mit Watchever bot das Unternehmen, das zuvor schon einmal durch den Kauf des traditionsreichen Filmstudio Babelsberg in der Nähe von Berlin aufgefallen war, einen eigenen Streamingdienst. Das Angebot war anfangs durchaus attraktiv, gehörte doch die erfolgreiche Serie *Breaking Bad* zum Portfolio und es wurde sogar die erste deutsche, exklusiv für einen Streaminganbieter produzierte Serie angekündigt. Aber mehr als eine Pressemitteilung wurde nicht daraus. Es steht zu vermuten, dass die Prioritäten des französischen Mutterkonzerns woanders lagen. Zwar war geplant, zusammen mit dem italienischen Mediengiganten Mediaset einen europäisches Netflix aufzubauen, doch die Gespräche endeten im finanziellen und juristischen Streit. Vielleicht auch deshalb, weil die Verantwortlichen aus dem alten Kontinent im Gegensatz zu ihrem amerikanischen Kollegen das Risiko scheuten. Trotz eines riesigen Werbeetats und der Zusammenarbeit mit der Bild-Zeitung kam der Dienst nie in die schwarzen Zahlen. Statt mit interessanten Filmen machte die Plattform eher mit technischen Schwierigkeiten von sich reden. Schon drei Jahre später wurde Watchever eingestellt.

Im Jahr 2013 ging stattdessen der deutsche Pay-TV Anbieter Sky einen wichtigen Schritt. Der Nachfolger von Premiere richtete nach dem Kauf des alten Bezahlsenders einen eigenen Streamingdienst ein. Wer das teure Abonnement abgeschlossen hatte, konnte mit Sky Go die Filme des Kanals über das Internet streamen. Aber es war ein Zusatzangebot und nicht eine eigenständige Plattform, und insofern war der Kundenkreis beschränkt.

Die ersten Fehlschläge der Anbieter führten dazu, dass Online-Videotheken im Abonnement in Deutschland einen schlechten Ruf genossen. Niemand war wirklich motiviert, neben den Gebühren einen weiteren monatlichen Beitrag zu bezahlen.

Der Herbst 2014 markierte für die meisten Akteure, die sich bisher um den immer noch kleinen Kuchen auf dem deutschen Markt stritten, einen entscheidenden Wendepunkt, denn Netflix kam nach Deutschland. Der Ruf des amerikanischen Unternehmens war natürlich über den Atlantik gehallt – kostenlose Werbung, die die Neugier anheizte.

Der neue Akteur änderte die Einstellung der deutschen Zuschauer im Handumdrehen und sorgte für einen schnellen Anstieg der Abonnentenzahlen. Somit markiert der Startschuss von Netflix auch den Beginn einer anderen Zeitrechnung für das deutsche Fernsehen insgesamt. Es dauerte aber einige Jahre bevor hierzulande produzierte Serien in den Online-Videotheken erschienen.

Amazon war der Erste. Wer Anfang des Jahres 2017 durch Deutschland fuhr, kam an den Werbeplakaten nicht vorbei, auf denen Matthias Schweighöfer sich selbst präsentierte. Dem amerikanischen Unternehmen war es gelungen, einen der größten deutschen Kinostars für sich zu gewinnen, nicht nur als Hauptdarsteller, sondern auch als Regisseur und Produzent. Allein der Schriftzug *You are wanted* und das Logo von Amazon machte deutlich, dass hier nicht sein neuster Kinofilm beworben wurde. Amazon etablierte damit sein eigenes Selbstverständnis, das das Unternehmen von den klassischen Sendern unterschied: Bei uns bekommt ihr nicht die übliche Fernsehware, sondern Matthias Schweighöfer ohne den umständlichen Weg ins Filmtheater. Ob die Serie den inhaltlichen Ansprüchen genügte, spielte nur eine zweitrangige Rolle. Wichtig war, deutlich zu machen: Wir sind hier. Wir sind anders. Wir sind besser.

Die nächsten Originals aus dem Hause Amazon waren weniger originell, denn mit *Deutschland 86* setzte die Streamingplattform eine Serie fort, die Jahre zuvor international erfolgreich, aber bei dem eigentlich produzierenden Sender RTL ohne den Zuspruch der Zuschauer ausgestrahlt war. Und mit *Pastewka* stellte Amazon die achte Staffel einer Serie online, die Jahre vorher bei Sat1 gelaufen war.

Die Serie *Beat* war 2018 die zweite Serie, die Amazon von Anfang an selbst entwickelt hatte. Der Thriller von dem Kinoregisseur Marco Kreuzpaintner spielt in der Club-Szene von Berlin. Sie kam über eine Staffel nicht hinaus und erntete gemischte Kritiken.

Mit *Wir Kinder vom Bahnhof Zoo* hat Amazon eine Neuauflage des Erfolgsfilms als Serie angekündigt. Der Kinohit basierte auf dem gleichnamigen Buch, das Anfang der 8oer Jahre zu einem Bestseller wurde, und die biografischen Erlebnisse eines jungen heroinabhängigen Strichmädchens am Westberliner Bahnhof Zoo dokumentierte.

Netflix brachte 2017 seine erste Produktion aus deutscher Hand mit *Dark* auf die Bildschirme. Das Unterscheidungsmerkmal zu den Serien der klassischen, linearen Sender war hier deutlich zu erkennen, denn das Genre des düsteren Mysterythrillers konnten Zuschauer bisher nicht im Fernsehen finden – allein der kleine Pay-TV-Kanal TNT hatte Jahre zuvor Ähnliches im Programm. Die Streamingplattform aus Los Gatos erweiterte das Spektrum der deutschen Serie, das aus Krimis und Krankenhausserien bestand, und legte fest, wo die Zukunft der Fernsehkultur in Deutschland liegt: Die neuen Anbieter setzen auf eine möglichst große Vielfalt. Es werden nun auch diejenigen Genres bedient, die es bisher noch nicht auf den Bildschirm geschafft haben. Und die Erzählung ist durchaus komplex, da die Handlung auf drei Zeitebenen spielt und ein umfangreiches Ensemble aufweist.

Sowohl in Deutschland als auch international lief *Dark* sehr erfolgreich. Im Juni 2019 erschien die nächste Staffel, die deutlich machte, dass es eine Trilogie werden wird.

Dogs of Berlin war die zweite Serie, die Netflix aus Deutschland heraus produzierte. Allerdings lief sie mit weniger Zuspruch. Möglicherweise war einer der Gründe, dass mit dem Krimi ein Genre angeboten wurde, das täglich mehrmals im klassischen Fernsehen zu sehen ist. Mit seiner dritten deutschen Produktion *How to sell drugs online (fast)* gelang Netflix erneut eine weltweit erfolgreiche und auch bei der Kritik hochgelobte Serie zu platzieren. Das Zielpublikum der Serie ist wie seine Protagonisten ausgesprochen jung, und auch die Machart unterscheidet sich mit schnellen Schnitten, Einsatz von SMS-Nachrichten auf dem Bildschirm und seine radikalen Figuren deutlich von dem Serienallerlei, das bisher bei den linearen Sendern in Deutschland zu sehen war.

Der Druck durch die neuen Konkurrenten brachte die öffentlich-rechtlichen Sender dazu, ab sofort ebenfalls in Qualitätsserien zu investieren. Die ARD ließ gleich zwei Staffel von *Babylon Berlin* herstellen. Die unter anderem von Tom Tykwer konzipierte Serie erzählt eine Kriminalgeschichte im Berlin der 20er Jahre, die auf den Erfolgsromanen von Volker Kutscher basieren. Die Produktion war so teuer, dass die ARD eine bisher für unmöglich gehaltene Kooperation einging. Der Pay-TV Anbieter Sky beteiligte sich an den Kosten und erwarb damit das Recht, die Serie als erster auszustrahlen.

Da weitere Projekte nach diesem Modell angekündigt worden sind, ist davon auszugehen, dass für besonders teure Serien dies in der Zukunft ein Weg der Finanzierung bleiben wird. Für die Zuschauer kann es letztlich egal sein, entscheidend ist, dass deutsche Sender hochwertige Produkte herstellen können.

Der Erfolg von *Babylon Berlin* hatte Sky auf den Geschmack gebracht. Der Pay-TV-Kanal zeigte in den kommenden Jahren noch mehr Eigenproduktionen wie *Das Boot* und *Der Pass*. Der Pay-TV-Sender, der seit einiger Zeit auch eine eigenständige Streamingplattform anbietet, ist somit zu einem der wichtigen Akteure auf dem deutschen Markt aufgestiegen.

Im Juni 2019 ging mit Joyn eine weitere Online-Videothek an den Start. Dabei handelt es sich um ein Joint Venture von ProSiebenSat1 und dem amerikanischen Medienunternehmen Discovery. Die Plattform umfasst Livestreames von mehr als fünfzig Sendern, darunter auch die öffentlich-rechtlichen ARD und ZDF. Joyn bietet zusätzlich ein Angebot an eigenproduzierten Serien und Shows. Beim Start verkündete das Unternehmen vollmundig: »Als lokaler Premium Player wollen wir den deutschen Streaming-Markt verändern.«[10] Ein Anspruch, den die Kunden in der kommenden Zeit überprüfen können.

Schon jetzt stehen den Zuschauern auf dem deutschen Markt einige große Anbieter zur Auswahl. Dabei wird die Besonderheit des Rundfunkbeitrags, den jeder Haushalt zu zahlen hat, das Verhalten in den nächsten Jahren beeinflussen. Kaum jemand kann sich den Beitrag ersparen, der mit 17,50 Euro monatlich zu Buche schlägt. Hinzu kommen eventuell die Gebühren für einen Kabelanschluss sowie für die Internetverbindung und das mobile Telefonieren.

Obwohl die Anbieter keine genauen Zahlen herausgeben, ermittelte die Beratungsfirma Goldmedia, dass Ende 2018 zwölf Millionen Haushalte mindestens einen Streamingdienst bestellt haben und insgesamt 22 Millionen Abonnements abgeschlossen wurden. Bei etwas über 40 Millionen Haushalten in Deutschland ist das Potenzial des Wachstums in den kommenden Jahren groß. Und so ist auch wahrscheinlich nach 2019 immer häufiger in den Medien folgende Überschrift zu lesen: »Zahl der Streamingdienst-Nutzer steigt weiter stark«.

Die Quote

Die Priorität des klassischen, linearen Fernsehens ist die Quote. Die privaten Sender sind aus wirtschaftlichen Gründen darauf angewiesen zu jeder Zeit möglichst viele Zuschauer anzuziehen. Je mehr Menschen ihre Sendungen schauen, desto mehr Geld verdienen sie durch Werbung. Wenn Sat1 oder RTL am Abend wenig Zuschauer erreichen, dann macht sich das sofort in ihren Einnahmen bemerkbar. Das Programm, das sie ausstrahlen, dient einzig dazu, dass die Zuschauer einschalten, damit die Sender Reklame verkaufen können. Das ist das Geschäftsmodell von allen privaten, kommerziellen TV-Anstalten.

Die Öffentlich-Rechtlichen hätten aufgrund ihrer Beitragsfinanzierung die Chance, sich aus dem Rennen um die Quote zu verabschieden, doch haben sie es bisher nicht getan. Auch ARD und ZDF, SF und ORF legen diese Zahlen als Überlebensmaßstab an. Die deutschen Sender versuchen die magischen zehn Prozent Marktanteil unter keinen Umständen zu unterschreiten. Die ARD hat im Jahr 2018 im Jahresdurchschnitt 11,5 % und das ZDF 13,9 % der Zuschauer erreicht.

Würde dieser Anteil signifikant sinken, dann (so die Angst in den Sendehäusern) ginge die Diskussion über den Rundfunkbeitrag erst richtig los. In der Schweiz hat es 2018 sogar die sogenannte »No-Billag-Initiative« gegeben, die in einer Volksabstimmung die Abschaffung der Radio- und Fernsehgebühren durchsetzen wollte. Zwar scheiterte der Versuch mit 71,6 % Nein-Stimmen, aber das Gespenst geistert ebenfalls durch die anderen Staaten, die allerdings meist keine Volksabstimmungen durchführen.

Deshalb streben auch die öffentlich-rechtlichen Sender an, mit sämtlichen Sendungen einen großen Marktanteil zu erzielen. Das führt zu Produktionen, die möglichst vielen gefallen wollen. Zwar ist das Publikum an einem Freitagabend ein anderes als das an einem Dienstag um 17 Uhr, aber zu jeder Zeit geht es darum, tunlichst alle zu erreichen, die tatsächlich zu dieser Uhrzeit vor den Fernsehern sitzen.

Aus diesem Grund denken die Sender in Programmplätzen. Ein Vorschlag für ein Fernsehspiel, eine Serie oder auch für andere Formate wird immer zuerst daraufhin überprüft, an welchen Sendeplatz sie am quotenstärksten eingesetzt werden kann – und ob sich überhaupt ein Ort in dem Sendeschema finden lässt. Ist so ein Platz gefunden, werden die Ideen passend dahingehend ausgearbeitet und darauf zugeschnitten. Der Sonntagabend im ZDF ist zum Beispiel ein Sendeplatz, der klassischerweise sein Zielpublikum bei Frauen über 50 findet. »Herzkino – unsere Alternative zum Krimi« lautet dann auch das Motto. Alle Geschichten werden nach einem Muster entwickelt, sodass sie den Zuschauerinnen entsprechen.

Dieses Publikum für einen Sendeplatz zu entwickeln dauert Jahre, und deshalb sind die Verantwortlichen wenig geneigt, ein einmal für sie funktionierendes Programm zu ändern. Sämtliche Sender agieren nach diesem Prinzip. Zwar streben die Öffentlich-Rechtlichen an, ihr Zielpublikum zu verjüngen, das im Durchschnitt bei inzwischen jenseits der 60 liegt. Aber es scheint wie die Quadratur des Kreises, denn wer ein frisches und innovatives Programm macht, mit neuen Formen und Geschichten, vertreibt die älteren Zuschauer und weiß auch nicht, ob es ihm überhaupt gelingt, die Jungen ins Boot zu holen.

Die Streamingplattformen geben keine Zuschauerzahlen bekannt. Auf der einen Seite sind die Zahlen an sich nicht relevant, und andererseits wollen sie sich bewusst nicht an dem Rennen um die beste Quote beteiligen. Bei ihnen spielen naturgemäß ganz andere Überlegungen eine Rolle. Sie haben keine Sendeplätze zu füllen, sondern in allererster Linie Kunden an ihre Plattform zu binden. Dadurch, dass sie nicht linear senden, stattdessen das gesamte Angebot immer zur Verfügung steht, müssen sie in ihren Online-Videotheken für jeden Geschmack und alle Altersgruppen Inhalte anbieten.

Deshalb stellen sich Netflix, Amazon und die anderen Plattformen zuallererst die Frage, ob sie ein möglichst breit gefächertes Sortiment bereit halten. Aus diesem Grund haben sie Geschmackssegmente definiert und bieten in jedem dieser Bereiche mindestens eine Serie an.

Das eigentliche Interesse in dieser Zeit, in der die Akteure nach einem größtmöglichen Wachstum streben, ist vor allem neue Kunden zu gewinnen. Darum ist für die Streamingplattformen besonders interessant, welche Sendung Abonnenten als allererstes auswählen, denn es ist anzunehmen, dass sie den Dienst abonniert haben, weil sie eine bestimmte Serie anschauen wollten. Wer einen Vertrag mit Netflix abgeschlossen hat und am ersten Tag *The Crown* aufruft, hat wahrscheinlich den Wunsch, diese Serie zu schauen und sich deshalb für ein Abonnement entschieden. Für die weitere Planung ist für die Anbieter entscheidend, welchen Serien und Filmen es gelungen ist, neue Kunden zu gewinnen.

Aber was bringt potenzielle Kunden dazu, sich für eine Serie zu interessieren? Wenn Freunde (ob im realen Leben oder im sozialen Netzwerk) positiv, vielleicht sogar begeistert hiervon berichten. Die Sendungen der Streamingplattformen müssen eine Wirkung entfalten, die noch länger anhält und die die Abonnenten antreibt, auch Tage oder Wochen davon zu erzählen. Die Quote der Streamingdienste ist also nicht die Anzahl der Zuschauer oder gar der Marktanteil, sondern die Reaktion, die ihre Produktionen erzeugen. Und dabei muss eine Sendung nicht sämtlichen Kunden gefallen, vor allen Dingen nur der passenden Zielgruppe.

Wenn mir Freunde von der sehr guten neuen Zombieserie erzählen, höre ich interessiert zu, werde allerdings nicht unbedingt den Impuls haben, sie sofort anzuschauen. Und sobald ich am nächsten Abend auf meinem Bildschirm schaue, wird mir der Algorithmus diese Serie nicht vorschlagen, weil ich mich bisher für andere Genres entschieden habe. Falls aber Kollegen begeistert von der aufregenden politischen Dramaserie berichten, kommt es schon mal vor, dass ich mir den Titel notiere. Tatsächlich ist es in den meisten Fällen so, dass die Produktion auf meinem Screen zu finden ist. Wahrscheinlich war sie auch vorher dort angezeigt, ich habe sie allerdings nicht wirklich wahrgenommen. Wenn ich alle Folgen bis zu Ende schaue, weil ich ebenfalls begeistert bin, werde ich sicherlich zum Botschafter, in dem ich anderen davon erzähle. Da es aber nicht die erste politische Dramaserie ist, die ich kennenlerne, erwarte ich besondere Qualität und das Originelle, das sie von den sonstigen Dutzenden Serien unterscheidet, die ich bereits in diesem Genre gesehen habe.

Den Streaminganbietern geht es also vorrangig darum, zuerst einmal die Zielgruppe zu überzeugen, denn nur, wenn diese positiv davon berichtet, erweitern sich die Kreise und auch andere Zuschauer werfen einen Blick in die erste Folge.

Dieses Modell, das im Gegensatz zum Quotenmodell der klassischen Sender steht, führt zu allererst zu einer Qualitätssteigerung. Nicht mehr die Anzahl der Zuschauer, sondern die Qualität wird zum Maßstab. Das ist sicherlich einer der Gründe, der bisher dafür gesorgt hat, dass die Streamingplattformen in den letzten Jahren einen so großen Zuwachs zu verzeichnen hatten. Da dies die Grundlage des Geschäftsmodells ist, wird sich daran in der Zukunft wenig ändern. Kein Kunde wird sich für ein Abonnement von Apple TV+ entscheiden, wenn er hört oder liest, dass dort nur mittelmäßige Ware bereitgestellt wird. Gerade die neuen Akteure müssen durch die Relevanz ihres Angebots überzeugen.

Laptop, iPad und Smartphone

Parallel zur Geburt von YouTube, Netflix und den anderen Anbietern wurde eine Technologie entwickelt, die die Art und Weise, wie wir Filme und Serien schauen, ebenfalls stark veränderte.

Ein weiterer wichtiger Schritt auf dem Weg in die neue Zukunft fand am 9. Januar 2007 in San Francisco statt. Schon lange vorher waren die ersten Gerüchte aufgetaucht, dass das Computerunternehmen Apple an einem Handy arbeitet. Der Marktführer Nokia und auch der Businesshersteller Blackberry sahen der Ankündigung gelassen entgegen. Zwar hatte das Unternehmen aus dem Silicon Valley mit dem iPod außerordentliche Erfolge, aber es stand nicht zu erwarten, dass ein Handy mit dem Apfellogo ihnen einen großen Teil vom Kuchen wegnehmen würde. Umso gespannter waren die Fans, die seit Jahren mit Begeisterung einen iPod nutzten und ihre gesamte Musikbibliothek mit sich herumtrugen.

Dann trat Steve Jobs auf die Bühne und verkündete, dass er drei neue Geräte vorstellt. Und wie immer sollten es revolutionäre Produkte sein: ein Breitbild-iPod mit Touchscreen, ein Mobiltelefon und ein bahnbrechendes Internet-Kommunikationsgerät.

Es dauerte eine Weile, bevor das Publikum es verstand: Es handelte sich dabei um ein einziges Gerät, das alle Fähigkeiten vereinte. Was Jobs nicht erwähnte (und wahrscheinlich selbst nicht ahnte) war, dass er damit auch einen neuen Fernseher vorstellte. Das iPhone war geboren und mit ihm die Möglichkeit, unterwegs Videoinhalte zu betrachten. Schon auf dem ersten Gerät gab es eine

App, mit der die Clips von YouTube angeschaut werden konnten. Und über den iTunes Store war es möglich, Filme und Serien auf das iPhone herunterzuladen. Zwar kann jeder Computer und auch sämtliche Notebooks auf die Inhalte im Internet zugreifen, aber mit dem iPhone wurde Fernsehen wirklich mobil. Obwohl eine große Zahl von Nutzern tatsächlich Filme und Serien auf dem kleinen Bildschirm (damals noch winzig!) betrachteten, war es natürlich kein Vergnügen *Der Herr der Ringe* anzuschauen.

Es war wiederum Steve Jobs, der drei Jahre später einen weiteren wichtigen Meilenstein präsentierte. Eine neue Kategorie von Gerät, das zwischen dem iPhone und dem Notebook angesiedelt war: Das iPad. Der flache Tabletcomputer bietet genügend Bildschirmfläche, damit ein Film nicht auf Briefmarkengröße schrumpft. Zudem ist das iPad intuitiv zu bedienen und eroberte zusätzlich eine Käuferschicht, die sich mit Computern und Laptops eher schwer tat.

Für viele war und ist das iPad eine sehr gute Möglichkeit, alle zur Verfügung stehenden Onlineangebote mobil zu schauen. Dabei geht es nicht nur darum, einen Film im ICE zu konsumieren oder sich im Café die neueste Folge seiner Lieblingsserie anzuschauen, sondern oft wird das Gerät in der eigenen Wohnung genutzt. Dort ist entweder das große Fernsehgerät anderweitig belegt oder die Stimmung verlangt danach, dass die letzte Folge von *House of Cards* im Schlafzimmer geschaut werden muss. Besonders für Jugendliche ist es angenehmer, die Netflixserie *Sex Education* nicht mit den Eltern, sondern im eigenen Zimmer zu schauen.

Alle Anbieter, auch die linearen Sender, sind gezwungen sich auf sämtlichen Geräten zu präsentieren. Die ARD, das ZDF und viele andere Kanäle haben bereits eine App, mit der die Zuschauer sowohl die Mediathek nutzen als auch per Livestream das aktuelle Programm verfolgen können. Und es gibt Apps, die das gesamte lineare Fernsehen mitsamt allen Sendern vereinen und so eine Art Fernsehgerät auf den kleinen Smartphones simulieren. Es war der neue Chef von Apple, Tim Cook, der auf einer seiner Präsentationen

2015 postulierte: »Die Zukunft von TV sind Apps.« Er stellte fest, dass sich das Prinzip des Fernsehens seit Langem nicht geändert hatte. Fernsehen wurde nach Sendern organisiert, die jeder einen Platz auf der Fernbedienung belegten. In der neuen Ära, in der Programme nicht mehr nur auf dem Fernsehgerät empfangbar sind, müssen sie zwangsläufig in der Form von Apps angeboten werden. Kein Anbieter wird sich dem entziehen können.

Die Gegenwart sind Apps

Tatsächlich ist die von Tim Cook vorausgesagte Zukunft der Apps inzwischen auf den heimischen TV-Geräten eingetreten.

Seit Anbeginn startete das Fernsehgerät direkt nach dem Einschalten mit dem laufenden Programm eines Senders. So suggerierte die Bedienung, was der Zweck des Einrichtungsgegenstands ist: Einen der bereitgestellten Fernsehsender schauen.

Neue Modelle haben ähnlich wie das Smartphone ein Betriebssystem, das Zuschauer mit einer vorinstallierte Benutzeroberfläche begrüßt. Smart TVs sind schon von sich aus mit einem Startbildschirm ausgestattet, der viele Apps bereit hält und erlaubt, weitere herunterzuladen. Kleine Zusatzgeräte für die heimischen Fernseher (u. a. Amazons Fire TV und Apple TV) machen es möglich, dass auch ältere Geräte an das Internet angeschlossen werden können und eine Benutzeroberfläche mit Apps die Nutzer begrüßt.

Wozu hat diese einfache aber tatsächlich revolutionäre Veränderung geführt? Früher war es finanziell und gesetzlich sehr schwer, einen Sender aufzubauen, den die Zuschauer auf ihrem TV-Gerät empfangen konnten. Mit dem neuen Betriebssystem ist Ähnliches unkompliziert und sogar fast jedem möglich.

Zuschauer finden auf dem Fernsehgerät eine App von Bayern München, die sie zum Angebot des Fußballvereins führt, oder auch die Vorträge von TED. Aus dem Store des jeweiligen Geräteherstellers können beliebig viele weitere Apps heruntergeladen werden. Vom Hundefreund bis zum Hobbykoch findet jeder sein eigenes

Portfolio an Programmen für das Fernsehgerät. TV und Smartphone nähern sich auf diesem Wege an.

Für die klassischen Sender bedeutet es, dass sie kein Alleinstellungsmerkmal mehr besitzen. Sie sind ein Angebot unter vielen auf dem heimischen Gerät. Es wird in Zukunft immer schwerer sein, sich bei den Zuschauern durchzusetzen, wenn parallel nicht nur die bekannten Streamingplattformen, sondern auch der spannende Reisebericht in der National Geographic App auf dem Startbildschirm wartet.

Heutzutage unterscheiden einige Gerätehersteller noch zwischen dem Bereich, in dem die Zuschauer die Apps finden, und dem, was auf der Benutzeroberfläche als »Live-TV« oder als »Live-Fernsehen«« bezeichnet wird.

Die Software wird wie bei Computern mit Updates immer neu angepasst und nach aktuellen Maßstäben ausgerichtet. Deshalb kann es durchaus passieren, dass in Zukunft der Bereich des linearen Fernsehens weiter in den Hintergrund rückt.

Im gleichen Maße werden sich wahrscheinlich die Fernbedienungen ändern, denn die umständlichen Geräte, die heute noch 40 Tasten umfassen, gelten längst in ihrer Nutzerfreundlichkeit als veraltet. Auch diese Schachteln haben den Zuschauern unterschwellig deutlich gemacht, dass das Fernsehgerät den Zweck erfüllt, lineare Programme auszustrahlen. Den meisten Raum nehmen die Nummern 0 bis 9 ein, mit denen die Sender aufrufbar sind. Und prominent herausgehoben, oft mit der Farbgestaltung, ist die Taste, mit der die Kanäle durchgegangen werden.

Diese Geräte entsprechen nicht mehr dem neuen Standard, der wie bei Apple mit Touchpad funktioniert und gerade mal vier Knöpfe inklusive der Lautstärke benötigt, um auf dem Bildschirm zu navigieren. Zudem gibt es schon heute die Möglichkeit, per Spracheingabe seine Wünsche einzugeben.

Die Benutzeroberfläche von Apple geht derzeit (Software, die sich jederzeit weiterentwickeln kann) auch noch einen Schritt weiter. Sie begrüßt den Zuschauer mit dem »Jetzt ansehen«-Bildschirm. Dort sind Vorschläge und die bisher geschauten Filme und

Serien aufgelistet (ähnlich wie auf der Oberfläche von Netflix und Amazon). Unter den Menüpunkten *Filme*, *TV-Sendungen* und *Mediathek* stehen Filme und Serien, die plattformübergreifend bei allen Streamingdiensten zu finden sind. So muss der Anwender nicht in die jeweilige App der Plattform gehen, vielmehr trifft er die Angebote aller Online-Videotheken an, die er abonniert hat. Zwar fehlt in diesem System mit Netflix einer der wichtigsten Anbieter, aber das Konzept von Apple ist klar. Nicht mehr die einzelnen Plattformen stehen im Vordergrund, sondern die Filme und Serien selbst. Dies entspricht einem Wunsch vieler Nutzer, nur noch eine einzige Anlaufstelle aufsuchen zu müssen.

Das Verständnis, von dem was Fernsehen ist, wird sich durch die neuen Benutzeroberflächen und Fernbedienungen der Realität anpassen und die alte Wahrnehmung ablösen. Wir sprechen, wenn wir von TED reden, nicht von einem »Sender«, vor allem nicht, falls wir die App auf einem Smartphone öffnen. Niemand würde behaupten, dass es sich bei Netflix um einen »Fernsehsender« handelt. Samsung bewirbt seine Smart TVs mit »Angesagte Apps und mehr« und meint sowohl die Streamingplattformen als das Angebot von Bayern München.

Nur das lineare Programm, auch live per Internet gestreamt, wird noch als »Fernsehen« bezeichnet, die Anbieter als »Sender« und die Beschäftigung damit als »fernsehen«.

Die neuen Benutzeroberflächen, die Fernbedienungen und die Philosophie der Apps verändern unser Bewusstsein vom Fernsehen als solches. Wir werden uns noch ein Stückchen weiter vom linearen Programm entfernen.

KAPITEL 5

DER KAMPF DER
STREAMINGPLATTFORMEN

*Draußen dämmerte es schon. Genau 17 Minuten lagen ungestört vor ihr, während die Regionalbahn sie von ihrer Arbeit nach Hause brachte. Maria holt ihr iPad aus dem Rucksack und drückte auf die App von Amazon Prime. Unter »Mein Programm« wurden ihr mehrere Serien empfohlen. Erst gestern hatte sie die Staffel von **Der Herr der Ringe** zu Ende geschaut. Aber keine der Vorschläge war verlockend nach diesem harten Arbeitstag. Mit wenigen Klicks wechselte sie zu Quibi und schaute, was ihr dort angeboten wurde. Vielleicht war die neue Serie von Steven Spielberg etwas für die Heimfahrt? Da die Folgen nicht länger als zehn Minuten waren, und die Zusammenfassung sich spannend las, entschied sie sich, dem Vorschlag eine Chance zu geben. Sie setzte ihren Kopfhörer auf, der die Umgebungsgeräusche herausfilterte, sodass sie sich ganz auf die Folge konzentrieren konnte. Fünf Minuten später schrieb sie eine WhatsApp an ihre Freundin Viola: »Spielbergs Horror Serie ... Toll. Musst Du unbedingt schauen.« Nach wenigen Sekunden kam die Antwort: »Bin schon dran. Krass. °_°«. »Vielleicht gucke ich heute Abend zuhause weiter :-))«, tippte Maria in aller Eile. Gespannt verfolgte sie auch die*

zweite Folge. Als sie aus dem Fenster schaute, stellte sie mit Entset-
zen fest, dass sie ihre Station verpasst hatte.

Bereits mehr als eine Milliarde Menschen nutzen derzeit die bestehenden Online-Videotheken. Die Jahre 2019 und 2020 stellen dabei
einen wichtigen Wendepunkt in der Geschichte der Streamingplattformen dar, denn mehrere neue Anbieter gehen an den Start
und erweitern das Feld der Mitbewerber. Wie so oft zu Beginn einer
jungen Technologie treten verschiedene Konkurrenten an, um sich
einen Teil des Kuchens zu sichern oder sogar die alleinige Herr-
schaft auszuüben. Damit dürfte eine erhebliche strukturelle Ver-
schiebung auf dem Videostreaming-Markt beginnen, die die
nächsten Jahre bestimmen wird. Neben Netflix und Amazon sind
Apple, Disney und Warner die Online-Videotheken, die ab 2020 um
die Kunden kämpfen. Sie agieren nach dem gleichen Geschäftsmodell und werben um dieselben Zuschauer, um ihr eigenes Überleben zu sichern. Vielleicht werden nicht alle in fünf Jahren noch aktiv sein, denn der wirtschaftliche Druck ist groß. Selbst Netflix
bezahlt seine Expansion mit Schulden in Höhe von mehr als 24
Milliarden Dollar, und Amazon Prime wird auch durch die anderen
Geschäftsbereiche des Unternehmens finanziert.

Neben der kundenfreundlichen Technik und dem Preis wird vor
allem das inhaltliche Angebot für die Abonnenten entscheidend
sein.

Jede Online-Videothek braucht deshalb ein starkes eigenes
Portfolio. Exklusive Inhalte, die niemand anderes bietet, sind das,
was die Zukunft des Streamens bestimmt. Alte Filmstudios wie
Disney und Warner sind da den neuen Anbietern wie Netflix gegenüber im Vorteil. Besitzen sie doch in ihren Archiven unzählige
Filme und Serien, über deren Rechte sie frei verfügen können. Mit
dem Fokus auf den eigenen Dienst werden sich diese Studios künftig bei Lizenzvergaben an Dritte zurückhalten und die herausragenden Produkte für die in ihrem Besitz befindliche Plattform exklusiv vorbehalten. Konnte sich Netflix in den ersten Jahren fast

alle wichtigen Filme und Serien sichern, wird dies in Zukunft nicht mehr möglich sein.

Zwar geht das Unternehmen aus Los Gatos mit einem großen Vorsprung an Abonnenten in das Rennen, aber der Kampf ist noch lange nicht entschieden. Wer erinnert sich heute an MySpace? Die Social-Media-Firma konnte 2006 mehr als 100 Millionen Nutzer verzeichnen. Der Siegeszug schien damals unaufhaltsam. Doch zwei Jahre vorher war ein anderes kleines Netzwerk von einem Studenten an der Harvard University gegründet worden. Facebook hatte 2006 gerade einmal 12 Millionen Kunden. Größe allein reicht in der Welt der Internetkonzerne nicht, um zu überleben. Es wird spannend sein zu sehen, wer in fünf oder zehn Jahren noch existiert, und welches Modell die Zukunft bestimmt.

Apple TV+: Watch different

Schon lange geisterten wieder einmal die Gerüchte durch die Presse. Apple, das Unternehmen aus dem südlich von San Francisco gelegenen Cupertino, hatte seit 2017 verschiedene Kreative an sich gebunden, um Serien zu entwickeln. Wie üblich machte die geheimniskrämerische Firma, die im Jahr 2003 zum ersten Mal Filme auf seiner iTunes-Plattform zum Verkauf und zur Vermietung angeboten hatte, keine Angaben zu ihren Plänen. Aber in Hollywood pfiffen es die Spatzen von den Studiodächern, dass der Konzern schon bald Netflix Konkurrenz machen will. Am 25. März 2019 war es dann so weit. Konzernchef Tim Cook trat auf jene Bühne, auf der er sonst die neuesten iPhones und iPads präsentiert, und verkündete den Start von Apple TV+. Im Herbst, gab er bekannt, soll der Streamingdienst in über hundert Ländern die Bildschirme erobern. Zum ersten Mal betritt damit ein branchenfremdes Unternehmen den Markt. Apple hat bisher hauptsächlich Hardware hergestellt und war erst vor Kurzem mit seinem Musikstreamingdienst Apple Music gestartet, der allerdings wie der iTunes-Store mit fremdem Content gefüllt wird.

Nach Tim Cook trat Steven Spielberg auf die Bühne und stellte die Wiederauflage der erfolgreichen Serie *Amazing Stories* aus den 60er Jahren vor, und die amerikanische Talkshow-Ikone Oprah Winfrey machte Werbung für mehrere Projekte ihrer Produktionsfirma. »Großartige Geschichten können die Welt verändern« hieß das Motto, das der Hardwarekonzern seiner Präsentation voranstellte. Und der Slogan »die kreativsten Köpfe in Fernsehen und Film erzählen Geschichten, wie nur sie es können« sollte dabei deutlich machen, dass die bereits etablierten Anbieter es nun mit einem echten Konkurrenten zu tun bekommen. Allerdings wurde die aufwendige Vorführung allgemein als wenig aussagekräftig kritisiert, denn von den Serien selbst war kaum etwas zu sehen, und auch die Preisgestaltung blieb ein Geheimnis.

Apple will jedoch nicht nur mit Eigenproduktionen den Markt aufmischen, sondern insgesamt das Fernseherlebnis der Zukunft bestimmen, indem es eine »Apple TV«-App einführt, die verschiedene Channels in sich bündelt – ein ähnliches Prinzip also, wie Amazon es bereits seit einigen Jahren anbietet. Doch Apple wäre nicht Apple, wenn es die Bedienung nicht möglichst einfach gestalten und gleichzeitig alles in der eigenen Hand behalten wollte. Für die Zuschauer ist das einerseits ein Nutzen, finden sie doch einen leicht zu nutzenden Eingang in ihre Fernsehwelt, andererseits steigert es die Abhängigkeit von dem Konzern.

Der Vorteil des Unternehmens aus Cupertino ist, dass es bereits über einen treuen Kundenstamm verfügt, der mit seinen Daten bei dem Unternehmen angemeldet ist. Ihnen allen wird das Abonnement mit einem Klick ermöglicht, ein Plus, das schon bei der Einführung vom Musikstreamingdienst Apple Music eine wichtige Rolle spielte. Auch hier war Apple längst nicht der Erste. Spotify aus Schweden hatte sich in den Jahren zuvor als einziger nennenswerter Anbieter eine große Nutzerzahl erarbeitet. Als der Service von dem Erfinder des iPods auf den Markt kam, hatte Spotify bereits über 20 Millionen zahlende Kunden. Aber Ende 2018 hatte Apple in der Heimat das europäische Unternehmen überholt und kam erstmals auf höhere Abozahlen.

Die in den USA berühmte und geliebte Moderation Oprah Winfrey begründete ihre Zusammenarbeit mit dem iPhone Konzern kurz und knapp: »They're in a billion pockets, y'all. A billion pockets." (»Sie sind in einer Milliarde Taschen. Eine Milliarde Taschen.«)

Wer die auf der Präsentation von Tim Cook angekündigten geplanten Eigenproduktionen näher betrachtet, stellt wenig überrascht fest, dass der Konzern an seiner Politik der Familienfreundlichkeit festhält. Auch im Appstore oder in dem digitalen Zeitungskiosk Apple News werden explizite Darstellungen von Sex und Gewalt nicht erlaubt. Darum wundert es also nicht, dass bei dem Unternehmen aus dem Silicon Valley kein neues *Game of Thrones* oder eine Zombieserie wie *Walking Dead* zu finden ist. Apple TV+ wird damit eher nicht mit Netflix in Konkurrenz treten, denn der Anbieter aus dem nur wenige Kilometer vom Apple Hauptquartier entfernten Los Gatos, hat sich schon in der Vergangenheit vor allem durch radikale Serien einen Namen gemacht. *Narcos*, *Orange is the new black* oder auch *Santa Clara Diet* sind nur einige wenige, die den Markenkern von Netflix bilden.

Der eigentliche Konkurrent für Apple sitzt eher im weiter südlich gelegenen Hollywood und produziert schon seit mehr als 80 Jahren Filme: Disney. Die Firma geht im November 2019 gleichfalls mit einer eigenen Streamingplattform an den Start, deren Name ironischerweise ebenfalls mit einem »+« versehen ist. Wie es Disneys Geschichte entspricht, wollen sie mit einem ausschließlich familienfreundlichen Programm reüssieren. Es ist anzunehmen, dass die angesprochene Zielgruppe ihr Abonnement bei Mickey Mouse Konzern eher mit einem Anbieter wie Netflix kombiniert als mit Apple TV+.

Obwohl das von Steve Jobs gegründete Unternehmen seit Einführung des iPods einen Erfolg an den nächsten reihte, musste es in seiner Geschichte auch einige Flops einstecken, und Hardware oder Software nach kurzer Zeit wieder einstellen. So wollte sich die Hardwarefirma einst auf dem Markt der sozialen Netzwerke etablieren, und startete 2010 ihre Präsentation mit iTunes Ping. Das musikorientierte Angebot wurde von Steve Jobs als »eine Art von

Facebook und Twitter treffen auf iTunes« angekündigt. Der Dienst ermöglichte es den Benutzern, Künstlern zu folgen und Beiträge mit Freunden zu teilen. Obwohl Apple auf diesem Gebiet eine unübertroffene Marktmacht besaß, erwies sich Ping dennoch bereits nach kurzer Zeit als Rohrkrepierer. Zwei Jahre später wurde er sang- und klanglos eingestellt.

Steht Apple TV+ ein ähnliches Schicksal bevor?

Es bleibt abzuwarten, ob sich die Online-Videothek durchsetzt. So oder so verfügt die Firma über genügend Geld, um auf Jahre hinaus einen defizitären Dienst aufrechtzuerhalten und den durch das iPhone angesammelten Reichtum in ambitionierte wie kostspielige Produktionen zu stecken.

Für die Europäer wird dabei interessant sein, ob Apple auf dem europäischen Markt produzieren wird. Zumindest baut der Konzern aus Cupertino in Europa eine Dependance auf, die für Apple TV+ zuständig ist, doch wird anzunehmen sein, dass sich der finanzielle Einsatz zunächst auf die USA konzentriert, denn hier entscheidet sich der Kampf der Giganten letztendlich.

Disney+: Das Haus von Mickey Mouse

Im Jahr 2017 sickerten die ersten Informationen durch, dass Disney einen eigenen Streamingdienst aufbauen wird. Das Mickey Mouse-Unternehmen, das 1923 gegründet wurde, ist heute ein Konzern, der neben dem klassischen Filmstudio auch die bekannten Erlebnisparks besitzt. Seit 1996 ist Disney mit ABC zudem im Besitz einer der drei großen Fernsehsender in den USA.

Der Konzernchef Bob Iger kündigte im Frühjahr 2019 öffentlich an, dass Disney seine lang erwartete Streamingplattform am 12. November starten wird. Das Angebot wird Disney+ heißen. Im ersten Quartal 2020, so der Plan, will Disney in Europa an den Markt gehen.

Das Unternehmen hat 2018 einen Umsatz von fast 60 Milliarden Dollar erwirtschaftet. Zehn Jahre zuvor waren es »nur« 37 Milliarden. Der Zuwachs steht auch damit im Zusammenhang, dass Bob Iger in den letzten Jahrzehnten immer mehr andere Studios und Filmfirmen aufgekauft hat. Einer der wichtigen Zukäufe war das Animationsstudio Pixar. Disney hatte seit dem ersten Film der damals noch unbekannten Produktionsfirma den Vertrieb der Werke übernommen. Die überraschenden Erfolge der computeranimierten Filme von Pixar und die ebenso erstaunlichen Misserfolge der alten Zeichentrickfilme vom Studio, das Welterfolge wie *Bambi* und *Dschungelbuch* produziert hatte, führten dazu, dass Disney 2005 seine eigene traditionsreiche Abteilung schloss. Der Grund lag nicht in der veralteten Technik, sondern in der wenig originellen Art und Weise, wie die Filme von Disney erzählt wurden. Das über Jahre erfolgreiche Muster, Geschichten zu erfinden, wurde durch die Originalität des Konkurrenten mit der frechen Lampe als Markenzeichen zu verstaubter Langeweile.

Schon bald kam es zwischen den beiden Partner allerdings zu Streitigkeiten. Das Hollywood Studio wollte einerseits ohne Pixar weitere Filme mit deren Figuren produzieren, wozu sie auch das Recht gehabt hätten, und war aber andererseits nicht bereit, Pixar stärker an den Gewinnen zu beteiligen. Steve Jobs, der Eigentümer des Studios und Apple-Gründer, kündigte daraufhin den Vertrag mit seinem Vertriebspartner.

Erst nach einem Führungswechsel in der Chefetage Disneys wurden die Gespräche mit Pixar wieder aufgenommen, und der neue Chef Bob Iger ging in die Offensive, indem er 2006 das Pixar Studio kaufte. Mit einem Schlag verfügte Disney damit über die Rechte an Blockbusterfilmen wie *Toy Story*, *Findet Nemo*, *Monster AG* und *Die Unglaublichen*.

Drei Jahre später übernahm Bob Iger auch Marvel Entertainment. Das Unternehmen besaß die Rechte an allen Figuren und Geschichten der Marvel Comics. Schon in den 30er Jahren gegründet, hatte sich der Verlag auf Superheldengeschichten fokussiert. Die Blütezeit kam allerdings erst in den 60ern. Mit *X-Men*, *Spider-Man*, *Deadpool* und *The Avengers* erwarb der Mickey-Mouse Konzern eine vollkommen neue Welt, die er seitdem sehr erfolgreich ausschlachtet. Die Serien *Agents of S.H.I.E.L.D.*, *Jessica Jones* und *The Defenders* wurden auf den unterschiedlichen Fernsehsendern ausgestrahlt. Dabei hatte sich auch Netflix die Rechte an einigen der Serien gesichert. Bisher – denn Disney hatte in Vorbereitung auf sein eigenes Angebot die Lizenzen für Netflix nicht mehr verlängert.

Weitere drei Jahre nach der Übernahme von Marvel war dem Konzern aus Hollywood ein erneuter Coup gelungen. Für mehr als 4 Milliarden Dollar kaufte er die Filmproduktion Lucasfilm. Die Firma war 1971 von George Lucas in San Francisco gegründet worden und hatte seitdem alle *Star Wars* Filme produziert. Im Zuge dessen steht Disney auch die gesamte Welt des Imperiums zur Verfügung. Daneben die Abenteuer von Indiana Jones und viele weitere, die der Filmemacher Lucas besaß.

Aber die Einkaufstour von Iger war noch nicht zu Ende. 2017 kündigte er an, das amerikanische Medienunternehmen 21st Century Fox in New York City übernehmen zu wollen. Dem Konzern gehörte unter anderem ein renommiertes Hollywood-Studio, das über die Rechte an Filmen wie *Titanic*, *Avatar*, *Slumdog Millionär* verfügt, und darüber hinaus der Bezahlsender Sky, der auch in Deutschland zu abonnieren ist. Fox hatte im Jahr 2018 einen Umsatz von mehr als 30 Milliarden Dollar erwirtschaftet. Das Vorhaben stand für Disney ganz im Zeichen des geplanten Streamingdienstes, denn neben den vielen Filmen besaß das Hollywood-Studios auch Serien wie *Die Simpsons* und *Family Guy*. Für eine Summe von 52,4 Milliarden Dollar wollte Bob Iger einen Großteil der Fox-Firmen übernehmen. Alles schien auf einen perfekten Deal hinzudeuten, bis ein neuer Käufer erschien. Die Comcast Corporation, der größte Kabelnetzbetreiber in den USA, erklärte ebenfalls Interesse an dem Unternehmen zu haben. Es zeichnete sich bereits länger ab, dass immer mehr Kunden in den USA zu »Cordcutters« wurden. Comcast sah die schwindende Einnahmequelle mit Besorgnis und wollte sich mit Filmen und Serien versorgen, damit sie im Markt der Zukunft Inhalte anbieten konnten. Doch schon bald verabschiedete es sich aus dem Rennen um Fox, angeblich aus Verantwortung seinen eigenen

Aktionären gegenüber. Dem Verkauf an Disney schien nichts mehr im Wege zu stehen.

Obwohl Comcast sich scheinbar aus dem Bieterkrieg zurückgezogen hatte, traf sich der Konzern im Mai 2018 mit Investmentbanken, um das Angebot von Disneys übertreffen zu können. Dabei lag das besondere Interesse darin, den europäischen Pay-TV Anbieter Sky zu kaufen. Comcast bot den Aktionären von 21st Century Fox nun 60 Milliarden Dollar. Im Gegensatz zu Disney sollte dies nicht durch einen Aktientausch geschehen, sondern direkt in bar. Als durch ein wichtiges Gerichtsurteil Comcast sicher sein konnte, dass die staatlichen Stellen den Ankauf nicht unterbinden würden, erhöhten sie am nächsten Tag noch einmal ihr Angebot auf 65 Milliarden Dollar.

Bob Iger war mit seiner Offerte abgehängt. Mit Comcast, das sich Fox einverleibte, würde ein neuer mächtiger Konkurrent entstehen, denn das Unternehmen aus New York war der zweitgrößte Internetanbieter in den USA.

Eine Woche später erhöhte Iger, der seinen Rücktritt für 2021 schon vor langer Zeit angekündigt hat, sein Angebot auf 71,3 Milliarden Dollar. Gleichzeitig wurde den Aktionären die Option präsentiert, anstelle von Aktien Geld zu erhalten. Der 67-jährige Iger erklärte die höhere Offerte (immerhin von ungefähr 20 Milliarden) damit, dass in den Monaten seit seinem ersten Preisvorschlag, noch deutlicher geworden sei, dass das Streamen die Zukunft darstellen würde.

In den nächsten Wochen verging kein Tag, an dem der erbitterte Kampf nicht fortgesetzt wurde – vor Gericht und bei den Aktionären.

Einen Monat später, am 19. Juli 2018, gab Comcast offiziell bekannt, dass es seine Offerte für Fox eingestellt habe. Es wolle sich allein auf sein Angebot für Sky konzentrieren. Und so kam es, dass Disney Fox übernahm und den Pay-TV-Sender Sky an Comcast verkaufte. Die Akquisition wurde 2019 vollzogen, und mehr als 4000 Angestellte verloren bei Fox ihren Arbeitsplatz.

Der Verkauf des erfolgreichen Hollywood Studios 21st Century Fox verweist auf den Wandel der Filmlandschaft. Warum trennte sich der äußerst gewiefte Medienmogul Rupert Murdoch von seinem Filmstudio und dem Fernsehsender Fox? Die Antwort fällt ernüchternd wie menschlich aus: Er hatte Angst vor der zukünftigen Entwicklung. Dem in Australien geborenen Geschäftsmann, der mit Boulevardzeitungen groß wurde, war schon seit einiger Zeit klar, dass die bisherigen Vertriebswege dem Ende entgegengehen. Überleben kann nur derjenige, der sich einen eigenen Vertriebskanal verschafft. Die damit verbundene Investition, der Kampf gegen die Konkurrenz und das Risiko wollte der 88-jährige Murdoch nicht mehr auf sich nehmen.

Stattdessen konzentrierte er sich auf seinen politisch erzkonservativen Fernsehsender FOX News, der vom Verkauf ausgeschlossen war. Auf diesem Weg konnte er einerseits durch die Fernsehstation weiter Einfluss auf die amerikanische Politik nehmen. (Es ist bekannt, dass Präsident Trump seine Entscheidungen oft nach den Äußerungen seines Lieblingssenders ausrichtet.) Auf der anderen Seite hatte keiner der Käufer aus politischen Gründen Interesse mit dem Sender in Verbindung gebracht zu werden.

Die Einkäufe, die Iger in den letzten Jahren getätigt hat, haben den Konzern aus Hollywood mit einem riesigen wie einmaligen Rechtekatalog an Filmen und Serien versorgt. Er kündigte bei der Präsentation seiner Streamingplattform an, dass Disney+ eigene Produktionen sowie die von 21st Century Fox, Pixar, National Geographic und den Marken Star Wars und Marvel enthalten wird. Für die Hollywood Studios wird es in Zukunft unabdinglich sein, dass sie ihren eigenen Vertriebsweg aufbauen, denn in der sogenannten »Direct-to-Cunsumer«-Beziehung ist der Produzent von Filmen und Serien nicht mehr auf einen Partner angewiesen, sondern offeriert seine Produkte direkt dem Kunden. Hiermit kann er das Verhältnis steuern und ist vor allen Dingen im Besitz der Informationen, wer seine Produktionen kauft bzw. anschaut.

Dabei waren die Ankäufe von Iger ein sehr geschickter Schachzug, denn er hat nicht nur alte Filme erworben – Disney hat sich darüber hinaus »Storyworlds« eingekauft. Das Unternehmen hat sich vor allem Welten gesichert, in denen sich unendlich viele Geschichten erzählen lassen. Für einen Streamingdienst besonders wichtig, dass in diesen »Storyworlds« Serien erzählt werden können. Das Universum von *Star Wars* bietet die Möglichkeit, immer wieder neue Erzählungen zu erfinden. Auch Indiana Jones und sämtliche Figuren von Marvel können auf diese Weise ausgeschlachtet werden.

So spielt die erste Serie, die auf Disney+ online gestellt wird, *The Mandalorian*, im Star Wars Universum. Disney hatte schon Anfang 2018 bekanntgegeben, dass die beiden Autoren von *Game of Thrones* eine neue Serie produzieren. Das Werk wird sich dabei von der eigentlichen Saga von Luke Skywalker lösen und eine eigene Geschichte erzählen, denn die Serie ist drei Jahre nach den Ereignissen von *Die Rückkehr der Jedi-Ritter* angesiedelt und spielt somit zwei Jahre vor dem offiziellen Ende des Imperiums.

Disney hat schon lange daran gearbeitet, weniger einzelne Filme zu kreieren und vielmehr Welten zu erschaffen, die dann als Erlebniswelt in einem ihrer Freizeitparks die Zuschauer anlocken können. Mit einem Streamingdienst kann dieses Businessmodell zur Perfektion gebracht werden.

Zu den Besonderheiten von Disney+ werden jedoch nicht nur die neuen Serien gehören, sondern die alten Filme, die bisher im sogenannten »Disney Vault«, der Schatzkammer des Unternehmens, schlummerten. Das Studio aus Hollywood hatte seine Klassiker immer nur sporadisch wieder in die Kinos gebracht und nur wenige Lizenzen an Fernsehsender vergeben. Nun hat Bob Iger das Schatzkästchen geöffnet und diese beliebten Filme zum Streamen bereitgestellt.

Für die anderen Anbieter hat die neue Konkurrenz den zusätzlichen Nachteil, dass das Unternehmen seine bisher an Netflix und Co vergebenen Rechte zurückziehen wird, um sie selbst zu nutzen. Für Disney wird dadurch der Gewinn um jährlich 150 Millionen Dollar sinken. Zwar soll dieser Verlust durch die Einnahmen aus der

Streamingplattform ausgeglichen werden, ob das gelingt, steht allerdings in den Sternen.

Der Konzern rechnet eher konservativ und im Jahr 2025 mit 60 bis 90 Millionen Abonnenten. Damit würde das Unternehmen weit hinter dem Rivalen Netflix zurückliegen, der zuletzt mehr als 140 Millionen zahlende Kunden hatte.

Hulu: Der Außenseiter

Fast zeitgleich mit dem Einstieg von Netflix in das Streaminggeschäft ging auch ein weiterer Akteur online. Hulu, die speziell für den Streamingmarkt von mehreren Unternehmen aus dem Medien- und Internetsegment gegründete Plattform, startete 2007 mit seinem Programm. Die Online-Videothek bot allerdings seine Sendungen, die Fernsehsender aus ihren Beständen beisteuerten, kostenfrei und werbefinanziert an. Eine elegante Art und Weise alte Produktionen noch einmal gewinnbringend zu verwerten. Aber das Geschäftsmodell war nicht sehr erfolgreich, und Hulu führte ein Bezahlmodell ein und beendete schließlich den Service seines kostenlosen Angebots.

Neben den schon auf den frei empfangbaren Sendern gelaufenen Serien bot die Plattform aber wenig eigenproduziertes Material an. Während Reed Hastings sein Geschäftsmodell mit den Premiumserien *House of Cards* und *Orange is the new Black* aufbaute, versuchte Hulu, Zuschauer mit erfolgreiche alten Produktionen zu gewinnen. Zudem bot die Plattform viele klassische lineare Fernsehsender an, die die Kunden in ihr Abonnement integrieren können. Dadurch hatten Zuschauer in den USA die Möglichkeit, auf einen der teuren Kabelverträge zu verzichten, in dem sie die Sender nun per Internet empfangen – ein Modell, das nicht wirklich aufging.

Darum stieg Hulu auch in die Produktion von hochwertigen Originals ein. Sie erwarben die Rechte an Magret Atwoods düsterem Roman *Handmaid's Tale*, der bereits wenig erfolgreich von Volker Schlöndorff verfilmt worden war. Die Serie kam bei den Zuschauern an und wurde bis zu einer vierten Staffel verlängert. Sie entsprach den Standards, die die Serien der anderen Streamingplattformen gewährleisten: aufwendig produziert mit komplexen Geschichten.

Durch die Übernahme von 21st Century Fox und dem Rückzug von weiteren Teilhabern von Hulu gelangte gleichzeitig mit dem Start seines eigenen Streamingdienstes Disney in den Besitz der Mehrheit an der Streamingplattform.

Bis 2019 stand die Plattform nur in den USA und Japan zur Verfügung. Da allerdings die Online-Videothek im Land der aufgehenden Sonne verkauft wurde, ist an eine Ausweitung in den Rest der Welt wahrscheinlich nicht gedacht, denn es ist anzunehmen, dass der Mickey-Mouse-Konzern seinem international agierendem Dienst Disney+ keine interne Konkurrenz machen will.

Disney wird in den USA drei Streamingplattformen anbieten. Disney+, das mit hochwertigen Filmen und eigenproduzierten Serien punkten will, Hulu und der auf Sport ausgerichtete Streamingdienst ESPN+. Wahrscheinlich wird der Konzern mit Hulu auch die Gelegenheit nutzen, Serien zu produzieren, die nicht in das Portfolio von Disney+ passen. Zumindest hat Hulu im Jahr 2019 noch eine weitere Staffel von *Handmaid's Tale* und weitere Serien in Auftrag gegeben, u.a. *The Hitchhiker's Guide to the Galaxy*, die Adaption des berühmten Romans von Douglas Adams. Im August 2019 kündigte Disney an, dass der Konzern ein Paket mit allen drei Streamingplattformen für 12,99 Doller anbieten wird, also genau für den Preis, den Kunden auch für Netflix zahlen müssen.

HBO Max: Harry Potter gegen den Rest der Welt

Kurz nachdem die Gebrüder Skladonowsky und in Paris die Lumières die ersten Kinovorführungen der Welt präsentiert hatten, überzeugten die vier aus Polen stammenden Brüder Albert, Harry, Samuel und Jack Warner ihren Vater, sein Pferd und eine goldene

Uhr zu verkaufen, um einen Filmprojektor zu erstehen. Mit dem Apparat zeigten sie auf dem Jahrmarkt die unterschiedlichsten Streifen. Mit den Erfahrungen, was beim Publikum ankam, drehten sie schon bald die ersten Filme und gründeten 1918 in Hollywood ihr eigenes Studio.

Nach vielen Stummfilmen produzierte Warner Brothers 1927 mit *The Jazz Singer* den ersten Tonfilm der Kinogeschichte. Der große Erfolg des Films katapultierte die Firma in die führende Liga der Hollywoodstudios. Die kommenden Jahrzehnte unter der Leitung von Jack Warner behielt das Studio einen Platz als einer der wichtigsten Namen für das amerikanische Kino. Zu den größten Erfolgen gehörte das Musical *My Fair Lady* im Jahr 1962. Aber Warner gelang auch der Abschied vom alten Studiosystem zum New Hollywood, indem es Stanley Kubricks *A Clockwork Orange* und Martin Scorseses erste Filme produzierte.

Der Konzern fusionierte nach mehreren Übernahmen 1989 mit dem Zeitschriftenhaus Time zu Time Warner. Damit gehörte der von Ted Turner gegründete Nachrichtensender CNN und etliche andere Kanäle zu dem Unternehmen.

Als der Konzern im Sommer 2018 wiederum für 84,5 Milliarden Dollar vom Telefonriesen AT&T übernommen wurde und sich in WarnerMedia umbenannte, gab das Unternehmen bekannt, im Jahr 2020 eine eigene Streamingplattform an den Start zu bringen. Der Anbieter wird HBO Max heißen. Dies deutet darauf hin, dass WarnerMedia den sehr guten Ruf des Kabelsenders für sein neues Angebot nutzen will.

Die Planung sieht vor, dass der Dienst zuerst einmal nur in den USA gestartet wird. In Europa will WarnerMedia weiterhin seine Filme und Serien anderen Anbietern zur Verfügung stellen. Eine internationale Ausweitung ist erst für später geplant. Allerdings werden Akteure, die sich nur auf den amerikanischen Markt konzentrieren, eingeschränkte Wachstumschancen haben. Es bleibt abzuwarten, wie lange der Schritt auf sich warten lässt.

Neben Disney ist WarnerMedia das einzige Unternehmen, das eine jahrzehntelange Erfahrung als Film- und Fernsehproduzent besitzt und hierdurch auf eine große Bibliothek an Produktionen zurückgreifen und dieses schon am ersten Tag in das Angebot einbringen kann. Der Konkurrent Amazon konnte früher noch damit werben, alle Harry-Potter-Filme anzubieten. Nun hat WarnerMedia die Lizenzen nicht verlängert, wahrscheinlich, weil sie die gesamte Reihe exklusiv auf ihrer neuen Streamingplattform präsentieren wollen. Auch Netflix wird zumindest in den USA auf die beliebten und wichtige Serien wie *Friends*, *The Office* oder *The Big Bang Theory* verzichten müssen. Mit den Produktionen von HBO verfügt die Plattform auch über die neueren Fernseherfolge wie *Sex and the City*, *The Sopranos* und *Game of Thrones*.

Eigenproduktionen, die speziell für den Streamingdienst entwickelt werden, soll es erst 2021 geben. Angekündigt wurden mehrere Serien, darunter auch *Circe*, eine moderne Adaption der griechischen Mythologie. Die achtteilige Serie beruht auf dem gleichnamigen Bestseller von Madeline Miller und erzählt aus feministischen Perspektive das Schicksal der Göttin Circe.

Laut CEO John Stankey will WarnerMedia mit seinem neuen Streamingdienst eine breitere Zielgruppe ansprechen als dies bei seinen bisherigen Anbietern HBO, Turner und Warner der Fall ist. »Wir wollen die relevante demographische Basis erweitern«[11], erklärte er. Das bedeutet, dass das Unternehmen keine andere Wahl hat, als sich selbst in dem Markt der Zukunft zu positionieren.

Darum wird das Jahr 2019 wohl als der Beginn des Kampfs um die Marktanteile in die Geschichte eingehen. Die bisherige Offenheit der Rechteinhaber wie Disney und Warner, ihre Filme und Serien Netflix und Amazon zur Verfügung zu stellen wird zunehmend abgelöst durch den Wunsch eigene Werke exklusiv anzubieten, um sich ein Alleinstellungsmerkmal zu sichern.

Die Zukunft wird zeigen, ob dies im Rennen um die Gunst der Kunden ein Vorteil ist oder, ob sich doch die noch neuen Anbieter ohne die entsprechenden Rechte an alten Filmen und Serien durchsetzen. Gerade in Zeiten von großen Veränderungen ist es oftmals von Vorteil, nicht mit den Altlasten der Vergangenheit an den Start zu gehen.

NBCUniversal: This is Us

Neben ABC (Disney), CBS (gehört dem Unternehmer Sumner Redstone), Fox (als Fernsehsender im Besitz von Rupert Murdoch geblieben) zählt NBC zu den vier großen Fernsehsendern in den USA. Das Medienunternehmen, zu dem auch das Filmstudio Universal gehört, wurde 2011 aufgekauft vom Kabelanbieter Comcast.

Und auch NBCUniversal plant, einen eigenen Streamingdienst im April 2020 zu starten. Die Plattform soll, so die öffentlichen Verlautbarungen, in den USA und anderen wichtigen Märkten angeboten werden. Es ist also damit zu rechnen, dass der Dienst auch in Europa an den Start geht. Bekannt geworden ist NBCUniversal vor allem durch Sitcoms wie *Alf, Seinfeld, Frasier, Friends* und *Golden Girls*. In den letzten Jahren entwickelte sich die Dramaserie *This Is Us* zu einem großen Erfolg.

Im Gegensatz zum Konkurrenten Disney will NBCUniversal die Inhalte aber nicht von den Konkurrenzangeboten entfernen. Die Strategie sieht eine möglichst weite Verbreitung der eigenen Filme und Serien vor. Dies wird es allerdings der noch aufzubauenden Plattform schwer machen, die Kunden von dem Angebot zu überzeugen. Warum sollten die Zuschauer auch diesen Dienst abonnieren, wenn sie doch die beliebte Serie *Friends* bei einem ihrer Anbieter im Programm vorfinden?

Während die anderen Streamingplattformen in Amerika immer mehr Kunden die Gelegenheit geben, ihre teuren Kabelverträge mit denen sie bisher ihre Fernsehsender empfangen haben, zu kündigen, ist NBCUniversal Teil eines solchen Kabelanbieters. Comcast als Mutterfirma hat dementsprechend kein Interesse dem Verbraucher eine Alternative zu seinem Kabelangebot zu bieten.

Allerdings plant das Unternehmen aus New York ein sehr eigenes Geschäftsmodell, denn das Angebot soll in den USA kostenfrei den Abonnenten der Pay-TV-Sender von NBCUniversal (immerhin 52 Millionen Kunden) zur Verfügung gestellt werden. Dafür wird jedoch auch Werbung gezeigt. Nur wer sich ein zusätzliches Abonnement kauft, wird sich davon befreien können.

Im Gegensatz den den anderen Online-Videotheken will der Konzern also sein Gewinn nicht mit Geld der Kunden verdienen, sondern mit Werbeeinnahmen. Ob die Strategie aufgeht, wird sich schnell zeigen. Wenn NBCUniversal allerdings erfolgreich ist, dann könnten die konkurrierenden Anbieter dieses Modell aufgreifen.

Quibi: Der kleine Imbiss

Maximal zehn Minuten will der für Frühjahr 2020 geplante Streamingdienst Quibi seinen Zuschauern gönnen. Der Name steht für ‚Quick bites‘, also schnelle Happen, die überall genossen werden können. Das Angebot zielt exklusiv auf das Smartphone. Aus der Taufe gehoben von Jeffrey Katzenberg, dem Gründer des Filmstudios DreamWorks, das er gemeinsam mit Steven Spielberg 1994 aufgebaut hatte. Zusammen mit der ehemaligen Chefin von Ebay und Hewlett-Packard Meg Whitman ist es 2019 gelungen, bevor Quibi überhaupt einen Film produziert hatte, 2 Milliarden Dollar Kapital einzusammeln. Es haben sich dabei viele Hollywoodstudios an dem Unternehmen beteiligt. Mit dem Geld soll eine Bibliothek mit Sendungen, darunter Nachrichten und Shows, entstehen. Auch darin wird sich die Online-Videothek von den anderen unterscheiden, die sich bisher aus diesen Bereichen zurückgehalten haben. Mit dem Konzept soll die Lücke zwischen YouTube und Netflix geschlossen werden. Nutzer zahlen dafür, so ist zumindest eingeplant, einen monatlichen Preis von 4,99 Dollar mit Werbung und 7,99 Dollar ohne Unterbrechung. Zuerst startet die Streamingplattform am 6. April 2020 in den USA und später ist auch an ein Angebot in Europa geplant. Beim Start will das Unternehmen acht Produktionen anbieten und einmal die Woche weitere Sendungen bereitstellen.

Allerdings sollen die meisten davon Serien sein, die aus 7- bis 10-minütigen Clips bestehen. Dabei bezeichnet Quibi seine Folgen als Kapitel und versucht damit, eine Brücke zum Roman zu schlagen.

Bisher, so hat das Unternehmen bekannt geben, hat es Regisseur Guillermo del Toro (*The Shape of Water*) und Sam Raimi (*Spider-Man*) unter Vertrag genommen, neue Inhalte zu produzieren. Ein besonderer Coup ist Quibi mit der Verpflichtung von Steven Spielberg geglückt. Der Filmemacher, der auch schon für Apple TV+ arbeitet, wird eine Horrorserie drehen, die Zuschauer erst nach Anbruch der Dunkelheit sehen können.

Dies ist nicht das erste Angebot, das sich auf den sogenannten »snackable Content« beschränkt. Damit werden im Gegensatz zum »long Content« Sendungen bezeichnet, die in kurzer Zeit konsumierbar sind. Allerdings waren die bisherigen Versuche in den USA wenig erfolgreich. Der Mobilfunkgigant Verizon hatte ein ähnliches Geschäftsmodell und musste es nach drei Jahren wegen Erfolglosigkeit mit 1,2 Milliarden Dollar Abschreibung einstellen. Mit Quibi, das durch Katzenberg über ausgezeichnete Kontakte zur Filmbranche und gleichzeitig die nötige finanzielle Ausstattung besitzt, könnte das Vorhaben zum ersten Mal gelingen.

Europa hinkt hinterher

In Deutschland und einigen anderen Ländern gibt es seit geraumer Zeit den Ruf nach einer gemeinsamen europäischen Plattform für Medien und Kultur. Diese Idee verfolgt der Intendant des bayrischen Rundfunks Ulrich Wilhelm seit Beginn seiner Amtszeit als ARD-Vorsitzender. Er schrieb zusammen mit dem ZDF-Chef Thomas Bellut im Mai 2019 in einem Gastbeitrag in der ZEIT: »Jeder, der heute eine große Zielgruppe im Netz erreichen will, kommt um Google, Facebook oder YouTube nicht herum. Bei allem Respekt vor dem technischen und unternehmerischen Können dieser Firmen – warum sollten europäische Länder nicht eine Alternative entwickeln, eine eigene Infrastruktur für Plattformen in Europa? Sie könnte unterschiedlichste Anbieter von Inhalten, öffentlich-rechtliche und private Sender, Verlage, Institutionen aus Kultur und Wissenschaft etwa, zusammenführen.«[12]

Als Beispiele wird der Erfolg des europäischen Flugzeugbauers Airbus genannt, der in den 70er Jahren als Gegengewicht zu dem amerikanischen Quasimonopol Boeing, von deutschen, französischen, spanischen und britischen Unternehmen gegründet worden war.

Wer um die schwierigen Entscheidungswege in einem solch komplizierten Konstrukt weiß, wird ahnen, dass es mindestens zehn Jahre dauern kann, bevor die Vision Realität wird – wenn es überhaupt zu so einer Gründung kommen sollte. Ein sehr langer Zeitraum in einer Branche, die sich gerade im einen gewaltigen Umbruch befindet und in der innerhalb eines Jahres drei große amerikanische Akteure den Markt betreten. Zwar könnte es mit dem Fernsehsender Arte eine Grundlage für solch eine Plattform geben, aber der damit gewonnen Vorsprung ist vergleichsweise klein. Der als deutsch-französisches Projekt gegründete Kanal ist über ein sehr überschaubares Publikum nie hinausgekommen und hatte sich deshalb stark für den Aufbau einer Streamingplattform engagiert. Parallel sind mehrere Partner aus anderen europäischen Ländern hinzugekommen, sodass die Basis für die Inhalte ständig erweitert wurde.

Die Idee hinter der Vision ist, den amerikanischen Unternehmen nicht das Feld zu überlassen. Aber so ein Konzept ist schon einmal gescheitert. Auch Versuche, eine eigenständige europäische Suchmaschine aufzubauen, sind mehr oder weniger fehlgeschlagen und konnten sich gegen Google nicht durchsetzen.

Die privatwirtschaftliche RTL Group, Europas größtes Fernsehunternehmen, hat bereits gehandelt und wird von 2019 bis 2021 mehr als 400 Millionen Dollar investieren, um Streamingplattformen aufzubauen. Ja, bei RTL ist von einer Mehrzahl die Rede, denn der Plan sieht vor, dass nicht eine große internationale Plattform mit ihrem Angebot in Konkurrenz zu den Amerikaner tritt, sondern in jedem Land eine eigene Online-Videothek aufgebaut wird. »Unsere Strategie ist lokal, lokal, lokal«[13], sagt Thomas Rabe, der CEO von Bertelsmann, dem Besitzer der RTL Group. In Deutschland ist das Unternehmen aus Gütersloh mit TVNow am Markt. Allerdings wird das Geschäftsmodell sicherlich darauf basieren, hauptsächlich die Serien und Sendungen der klassischen, linearen Sender (u. a. RTL, RTL II und Vox) weiter zu verwerten. Die Kosten für Produktionen, die exklusiv und auf Dauer nur auf TVNow zu sehen werden, sind dem Unternehmen wahrscheinlich zu hoch. Und am Beispiel der ersten Serie wird deutlich, was die Verwertungskette der »Originals« sein wird. Denn *M – Eine Stadt sucht einen Mörder* wird nach TV Now auf dem Pay-TV-Kanal RTL Crime laufen. Es steht zu erwarten, dass die Serie – wenn die Zitrone erst einmal ausgequetscht ist – auch auf dem frei empfangbaren RTL zu sehen sein wird.

Einzig der Pay-TV-Kanal Sky, der in einigen europäischen Ländern angeboten wird, hat ein internationales Portfolio an Filmen vorrätig und investiert dabei in die Produktion eigener Serien. Neben einer dritten Staffel von *Babylon Berlin* arbeitet der Sender an mehreren neuen Projekten, u. a. *Souls*, die das Thema Seelenwanderung erzählerisch aufgreift.

In Großbritannien kündigten die britische BBC und der private Sender ITV Pläne für eine gemeinsame Streamingplattform mit dem Namen BritBox an. Die neue Online-Videothek solle eine breite Palette an Programmen anbieten und so den amerikanischen Konzernen Paroli bieten.

Bisher sieht es aber nicht danach aus, dass der Vormachtstellung der großen US-amerikanischen Plattformen in Europa etwas entgegengesetzt werden kann.

Dabeisein ist alles: Sport

In Deutschland prägte lange *Die Sportschau* das Wochenende deutscher Haushalte. Pünktlich um 18 Uhr am Samstag erklang die Erkennungsmelodie, und die (zumeist) Männer saßen gebannt vor dem Fernsehgerät, um mehr über den Spieltag der Fußballbundesliga zu erfahren, vor allem wie sich der Lieblingsverein geschlagen hatte. Wer um diese Zeit anrief oder anderweitig störte, wurde verärgert abgebügelt.

Es war ein geschickter Schachzug, dass 1988 der Privatsender RTL die Rechte an der Bundesligaübertragung erwarb, und der ARD so eines ihrer Markenzeichen beraubte. Vier Jahre später gingen die immer teurer werdenden Lizenzen an den Konkurrenten Sat1.

Nach wie vor gehören die Übertragungen der Spiele der deutschen Fußballnationalmannschaft – vor allem während einer Weltmeisterschaft – zu den Straßenfegern.

Andere Sportarten führen im Vergleich dazu eher ein Schattendasein, können aber immer noch genügend Zuschauer anziehen, um das Programm für die Sender attraktiv zu machen. Insbesondere die Olympischen Spiele sind ein Fernsehereignis, das ähnlich wie die Weltmeisterschaften im Vorfeld den Verkauf von neuen Geräten in die Höhe schnellen lassen.

Liveübertragungen gehören ganz klar auch heute noch zu jenen Feldern, wo das lineare Fernsehen seine Stärken ausspielen kann. Die Zuschauer waren buchstäblich dabei, als die deutsche Nationalmannschaft 2014 im Finale der Fußballweltmeisterschaft in der Verlängerung das erste Tor der Partie schoss.

Natürlich hatte es schon lange vorher Sportübertragen im Radio gegeben, aber das gesprochene Wort der Reporter konnte den Eindruck nicht ersetzen, den die Bilder zu vermitteln im Stande sind.

Genau aus diesem Grund etablierte sich Anfang der 80er Jahre in den USA mit ESPN ein Kabelsender, der sich allein auf die Übertragung von Sportereignissen konzentrierte. Im Laufe der Jahre gab dies weniger massentauglichen Sportarten die Chance, sich ebenfalls im Fernsehen zu präsentieren.

In Deutschland galt wie oben beschrieben bis Ende der 80er Jahre quasi das Naturgesetz, dass der Sport ARD und ZDF vorbehalten war, auch weil die privaten Sender noch nicht genügend Reichweite hatten, um für die Veranstalter attraktiv zu sein. Erst danach wurde durch die mit harten Bandagen und viel Geld geführten Schlachten um die Übertragungsrechte deutlich, welche Attraktion für einen Sender darin besteht, Sport exklusiv vermarkten zu können.

So gestaltete Premiere daraus als erster deutscher Pay-TV-Sender sein Geschäftsmodell. Der Anfang der 90er Jahre gegründete Kanal übertrug live ein gesamtes Bundesligaspiel. Aus technischen Gründen wurden lange Zeit nur ein Sender und ein Spiel ausgestrahlt, und erst mit der Digitalisierung vor der Jahrtausendwende kamen mehrere Kanäle hinzu. Ab 2000 sendete Premiere dann alle Bundesligaspiele und versuchte sich als *der* Fußballanbieter in Deutschland zu positionieren. Ein wichtiger Aspekt dabei war, dass Kneipen, das Recht kauften, Premiere zu senden und das Angebot mit einer auffälligen Neonreklame im Straßenbild kommunizierten. Ergänzt wurde das Portfolio durch weitere Sportarten, deren Rechte der Anbieter erwarb.

Im Jahr 2015 ging ein Beben durch die Sportwelt, denn der amerikanische Konzern Discovery kaufte ab 2018 für 1,3 Milliarden Euro die europäischen Senderechte an zwei olympischen Sommer- und Winterspielen. In Deutschland reagierten ARD und ZDF, die leer ausgegangen waren, mit Entsetzen auf die Entscheidung des Internationalen Olympischen Komitees (IOC). Dabei markierte der Rechteverkauf an einen großen amerikanischen Konzern nur den Wendepunkt, der die neue Ära des Fernsehens einleitete. Langfristig werden die Zuschauer für ihre Sportbegeisterung bezahlen müssen, und sich aus dem Portfolio diejenigen Sportarten und -ereignisse heraussuchen können, die sie sehen wollen. In Deutschland hat hierdurch eine Diskussion begonnen, die von den öffentlich-rechtlichen Sendern bis dahin gerne vermieden wurde. Warum werden Millionen der Beitragseinnahmen von allen Bürgern dazu verwendet Sport einzukaufen, der viel besser und sinnvoller von privaten Sendern angeboten werden kann?

Aber nach der ersten Entrüstung aufseiten der klassischen Sender kam es dann doch zu Verhandlungen, denn die wirtschaftliche Kalkulation von Discovery beruhte nicht darauf, dass sie exklusiv

alle Inhalte auf ihrem noch sehr kleinen Sender Eurosport ausstrahlen wollten. Auf diesem Weg wurde und wird gewährleistet,
dass die wichtigen Veranstaltungen auf ARD und ZDF zu sehen
sein werden. Das wird allerdings nicht immer so bleiben.

Es ist nur eine Frage der Zeit, bis Streamingdienste diesen Bereich für sich erobern. Allerdings ist die Lage komplizierter als im
Bereich von Filmen und Serien, denn Sportübertragungen haben
eine geringe Halbwertzeit. Das Bundesligaspiel zwischen Bayern
München und Borussia Dortmund ist live ausgestrahlt spannend
und informativ, noch Stunden danach kann es für den Fan von Interesse sein, aber spätestens am nächsten Spieltag wird es (bis auf
sehr wenige Ausnahmen) auf den Servern der Streamingdienste
ungenutzt herumgammeln. Mit erfolgreichen Filme oder Serien
kann ein Anbieter eine Bibliothek aufbauen, die auch Jahre später
nutzbar ist.

Auf der anderen Seite gibt es für die Streaminganbieter ein
ähnliches Problem, das die privaten Sender in Deutschland schon
in ihren Anfangsjahren mit dem Kauf von attraktiven Sportrechten
hatten. Für die Bundesliga war es nicht interessant, die Rechte an
eine Fernsehanstalt zu verkaufen, die erst wenige Zuschauer erreicht. Die Herausforderung konnte RTL damals nur mit einem finanziell unwiderstehlichen Angebot lösen. Der Sender zahlte viel
Geld, hatte zu Beginn aber noch nicht genügend Publikum, um die
Investition wieder zu amortisieren.

Bei einem Kabelanbieter wie Premiere war diese Rechnung sehr
deutlich zu bemerken. Wer Millionen für die Rechte ausgibt, muss
dadurch ausreichend neue Abonnenten gewinnen. Das Unternehmen aus München hat dies nie wirklich geschafft, darum war es
über Jahre defizitär.

Ein weiteres Problem stellen die technischen Herausforderungen dar. Während beim Streamen von Filmen und Serien sich die
Ausnutzung auf tausende von unterschiedlichen Angeboten verteilt, wollen bei einer Liveübertragung alle gleichzeitig auf das Programm zugreifen. Und im Gegensatz zum Abrufen eines Films
kann auch kein Puffer auf dem Gerät des Kunden angelegt werden.

Die Server könnten also schnell an ihre Grenzen stoßen, so wie es bei erfolgreichen Serien jetzt von Zeit zu Zeit schon passiert.

All diese Fragen stellen sich die neuen Streamingdienste von Netflix bis Apple. Lohnt es sich in Sportrechte zu investieren, wenn wir erst einmal genügend Geld in die technische Infrastruktur und für die Filme und Serien aufwenden müssen? Die Antwort fällt derzeit meist negativ aus. Nur Amazon Prime bietet seit einiger Zeit ein kostenpflichtiges Angebot des Senders Eurosport an. Aber Netflix-Konzernchef Reed Hastings erklärte 2017 kategorisch und wiederholte dies später noch einmal: »Wir haben jetzt und auch in den kommenden Jahren kein Interesse an Live-Sport.«[14]

Lediglich HBO Max hat angekündigt, in naher Zukunft auch Sport in das Angebot zu integrieren. So erklärte Randall Stephenson, der CEO von AT&T, dem Besitzer der in den Startlöchern stehenden Streamingplattform, dass schon bald Live-Sport zu sehen sein wird.

In den USA spielt dabei eine große Rolle, dass der bisherige Platzhirsch ESPN (Entertainment and Sports Programming Network) im Besitz von Disney ist. Der Fernsehsender, der rund um die Uhr ausschließlich Sportprogramme ausstrahlt, wurde 1979 gegründet. Er erreicht heute mehr als 90 Millionen Haushalte in den USA. Bereits jetzt bietet der Sender ein ausgewähltes Angebot auf einer Streamingplattform an. So wäre es also durchaus möglich, zumindest ausgesuchte Ereignisse auch auf Disney+ zur Verfügung zu stellen, dies ist aber bisher nicht geplant. Es steht zu vermuten, dass ESPN seine Eigenständigkeit behält und es für Konkurrenten schwer sein wird, sich zu behaupten.

In Europa versucht seit einigen Jahren, der Anbieter DAZN sich auf dem Markt zu etablieren. Das britische Unternehmen, das die Aussprache seines etwas unglücklichen Namens extra im Video erläutern muss (»Dasoun«), hat sich Streamingrechte an den unterschiedlichsten Sportarten gesichert. Die Eigenwerbung verspricht »UEFA Champions League, UEFA Europa League, Bundesliga Highlights, US-Sport, Kampfsport, Darts, Tennis und vieles mehr«.

Möglich ist das riskante Unternehmen, das in den ersten Jahren mit großen Verlusten rechnet, weil der US-amerikanische Multi-Milliardär Leonard Blavatnik hinter dieser langfristigen Investition steckt. Das Konzept ähnelt Netflix, das ebenfalls mit Schulden sein Programm finanziert: Solange expandieren, bis alle andern vom Markt verschwunden sind oder es gar nicht erst wagen, anzutreten. Wer übrig bleibt, hat gewonnen und kann von da an die Bedingungen bestimmen.

Denkbar ist aber auch, dass die Veranstalter das Heft selbst in die Hand nehmen. Die amerikanische Football League (NFL) hat eine App, die auf unterschiedlichen Plattformen nutzbar ist. Die Nutzer kaufen über ein Abonnement alle Spiele einer Saison. Während eines Spieltags haben die Zuschauer die Gelegenheit, ihr Programm zu bestimmen. Sie können von Spiel zu Spiel springen, sich zwei Partien parallel anschauen oder sich jederzeit Zusatzinformationen einblenden lassen.

Gerüchte verweisen darauf, dass das IOC die Olympischen Spiele gerne selbst vermarkten will. Wird es also demnächst einen eigenen Streamingdienst für die alle vier Jahre stattfindenden Wettkämpfe geben?

Für uns Zuschauer wird die Zukunft auf jeden Fall unübersichtlicher. Die Zeiten der samstäglichen Zusammenfassung der Bundesligaspiele sind schon lange vorbei. Zwar kann sich wahrscheinlich bald jedermann alles live und vollständig anschauen (z.B. Beachvolleyball bei der Olympiade), doch wird dies zusätzliche Kosten bedeuten und darauf hinauslaufen, dass nicht mehr nur ein Anbieter das gesamte Portfolio bereithält.

Jenseits des Mainstreams

Die großen Streamingplattformen beherrschen den Markt und verdrängen dadurch das Bewusstsein der Nutzer, dass es durchaus noch Nischenanbieter mit sehr attraktiven einzigartigen Angeboten existieren.

Der älteste unter den kleinen Streaming-Diensten, 2008 im Silicon Valley unter der sperrigen Bezeichnung The Auteurs gegründet, sitzt inzwischen in London: Mubi stellt jeden Tag einen Independent-Film aus aller Welt ins Netz, der nach einem Monat wieder aus dem Sortiment verschwindet. Ungefähr 30 Filme werden auf diese Weise »laufend« zur Verfügung gestellt. Das Modell, sich auf eine kleine, kuratierte Auswahl zu beschränken, ist derzeit einmalig und adressiert den Kenner. Denn Mubi bietet neben vielen Hintergrundinformationen auch Interviews und Essays zu den jeweiligen Filmen an.

Aus Deutschland kommt realeyz, der mehr als 1900 Filme mit Schwerpunkt europäisches Arthouse bereitstellt. Das Unternehmen ist von Anfang an mit Fördergeldern der EU unterstützt worden; realeyz erwirtschaftet einen Teil seines Umsatzes mit dem Verkauf von Dienstleistungen auf dem Gebiet des Videovertriebs.

Eine andere Nische besetzt Hans W. Geißendörfer, der zu den Vätern des Neuen deutschen Films gehört. 2013 hat der Regisseur und Produzent, der 30 Jahre lang die Fernsehzuschauer mit der *Lindenstraße* belieferte, alleskino auf den Markt gebracht, eine Plattform mit ausschließlich deutschen Kinofilmen. Sein Ziel: der Aufbau einer lückenlosen Videothek des heimischen Films, vom ersten Werk aus dem Kaiserreich bis zum jüngsten Streifen der Berliner Schule, insgesamt mehr als 12.000 Titel. Bis dahin ist allerdings noch ein weiter Weg, und Beobachter zweifeln, dass es gelingen kann.

Der Impuls für alleskino war der Wunsch der Filmemacher, ihre alten Werke wieder zugänglich zu machen. Während die meisten Anbieter inzwischen Abonnements setzen, bietet alleskino optional Filme im Einzelabruf an.

Ein solches Bezahlmodell favorisiert auch Pantaflix, ein Ableger der Filmproduktion des Schauspielers Matthias Schweighöfer. Pantaflix setzt auf deutsche und internationale Independent-Filme und hat zudem anspruchsvolle US-Hits wie Christopher Nolans *Memento* im Angebot. Pantaflix bietet Produzenten an, ihre Filme für drei bis fünf Euro ins System einzuspeisen und mit 75 Prozent an den Erlösen beteiligt zu werden.

Ein besonderes Nischenangebot stellt auch die Digital Concert Hall der Berliner Philharmoniker dar. Bei ihnen können die User ausgesuchte Konzerte des weltberühmten Orchesters abrufen. Mehr als 500 Veranstaltungen aus den vergangenen Jahren stehen für die Abonnenten bereits online, darüber hinaus Interviews und Einblicke hinter die Kulissen.

Unsere Zukunft

Es ist klar, der Wettkampf der Streamingplattformen hat bereits begonnen und wird sich ab 2020 weiter zuspitzen. Es geht darum, die Kunden davon zu überzeugen, das Geld für das eigene Angebot auszugeben. Der Markt hat ungeheures Potenzial, und wer jetzt nicht einsteigt, wird es schwer haben, später noch eine wichtige Rolle zu spielen. Was dieser Kampf bedeutet, wurde deutlich, als Bob Iger Disney+ zum ersten Mal auf der Bühne des eigenen Studios in Los Angeles vorstellte. Es ging ein Raunen durch das Publikum, als er den Preis für den neuen Service nannte. Für nur 6,99 Dollar im Monat haben die Kunden Zugang zur Plattform. Eine eindeutige Kampfansage an Netflix, deren Online-Videothek zu diesem Zeitpunkt für 13 Dollar zu abonnieren war.

Für uns Zuschauer bedeutet diese Konkurrenz sicherlich erst einmal, dass sich das Angebot nicht nur größer wird, sondern dass auch die Qualität weiter zunehmen wird, denn in diesem Bereich ist weniger die Quantität der Filme und Serien ausschlaggebend. Jede Streamingplattform braucht »Originals«, die sie besonders macht und von den anderen absetzt. Wir Kunden werden dabei durch unser Sehverhalten bestimmen, wer die Nase vorn hat.

Der Kampf wird aber auch Verlierer kennen. Wer nicht flexibel genug ist und nicht schnell auf die sich verändernden Anforderungen reagiert, wird wirtschaftlich nicht überleben. So einfach es ist, ein Abonnement abzuschließen, so bequem ist es, den Vertrag wieder zu kündigen. Es gibt jetzt schon etliche Streaming-Surfer, die ihre Kontrakt nur für einen Monat abschließen und in dieser Zeit alle Serien und Filme anschauen, die sie interessieren, um dann weiterzuziehen. Hier gilt es, die Zuschauer mit immer neuem Content bei der Stange zu halten, was für ein Unternehmen wiederum höhere Investitionen bedeutet und damit eine Steigerung des wirtschaftlichen Risikos.

Die Gefahr für die Online-Videotheken lauert jedoch nicht nur in dem eingeschränkten Budget, dass die Kunden für diese Dienste ausgeben wollen und können, sondern dass sie auf eine beschränkte Ressource abzielen: Die Zeit von uns Zuschauern. Gerade Serien verbrauchen viel von diesem wertvollen Gut, das auch von anderen Medien heiß umworben wird. Kino, Games, Bücher und Musik buhlen um die Zeitressourcen der Menschen. Da muss das Versprechen schon groß sein, dass wir uns für die neueste Serie auf Netflix oder Disney+ entscheiden.

Wie lange der »Krieg der Plattformen« dauern wird, ist schwer abzuschätzen. Die Dynamik in diesem Bereich ist erheblich, und es ist anzunehmen, dass es keinen Stillstand geben wird. Stattdessen werden sich die Geschäftsmodelle der Akteure stetig ändern, und wir Kunden müssen mit immer neuen Anpassungen rechnen.

Für die linearen Sender zeichnet sich schon jetzt ab, dass sie gezwungen sind, um ihre Legitimation und um ihre Existenz zu kämpfen. Die Zuschauerzahlen brechen sichtbar ein und machen das Geschäftsmodell zunehmend obsolet. Sicher ist, dass Streamen das klassische Fernsehen als Leitmedium ablösen wird. Die Frage ist nur, was wird sich dadurch ändern, für uns und für unsere Welt.

Es gilt das schöne Bonmot: »Prognosen sind schwierig, vor allem wenn sie die Zukunft betreffen.«

KAPITEL 6

EIN NEUES KAPITEL

Gregor lag gemütlich mit einem Glas Whisky auf dem Sofa, das iPad auf dem Schoß. Er hatte gestern Nacht todmüde nach der vierten Folge von **Global Brain** *aufgehört und wollte unbedingt noch die erste Staffel zu Ende schauen. Die Dokuserie erzählte über die neurowissenschaftliche Vision eines Informationsnetzwerks, das alle Menschen miteinander verbindet. In diesem Moment kam seine 17-jährige Tochter Anna ins Wohnzimmer und warf sich neben ihn auf die Couch. Gebannt starrte sie auf den Screen. »Was ist das?«, fragte sie neugierig. »Geht um Neurowissenschaften«, erklärte Gregor. Anna lächelte. »Genau das richtige für Dich.«*

»Yep.« Gregor nahm einen Schluck aus seinem Glas. Anna stand auf und holte sich eine Flasche Mineralwasser in der Küche. Sie steckte sich ihre AirPods ins Ohr und setzte sich ihrem Vater gegenüber auf das Sofa. Auf ihrem Smartphone öffnete sie die YouTube-App und schaute sich die neuesten Berichte über die Freitagsdemonstrationen an. Natürlich interessierte sie besonders die Veranstaltung, bei der sie selbst mit dabei gewesen war. Zuerst musste sie allerdings die Werbung überstehen. Zwar war die genau auf sie zugeschnitten, aber trotzdem konnte Anna nicht viel damit anfangen. Sie weigerte

sich, Geld für Schminke oder die neueste Mode auszugeben. Dann endlich kam der Bericht von Lisa, die mit ihrem Kanal über 2 Millionen Follower hatte. Anna war eine von ihnen, auch deshalb weil sie mit ihr zusammen zur Schule ging. In diesem Augenblick erschien eine Nachricht von ihrer kleinen Schwester, die ihren aktuellsten Clip geschickt hatte. Sie hatte lippensynchron zu einem Song einen wilden Tanz aufgeführt. Anna antwortete ihr mit einem Emoji.

Gregor verfolgte währenddessen weiter gespannt die Serie, die interaktive Elemente enthielt. So wurde er immer wieder gefragt, ob er an mehr Informationen zu dem Thema interessiert sei. Wenn er mit »Ja« antwortete, ging die Sendung mit einer ausführlichen Erklärung weiter, wenn er hingegen ablehnte, widmete sich die Dokumentation einem anderen Aspekt des Themas. Auch diesmal bestätigte er, dass er gerne zusätzliche Fakten erhalten würde. Die Materie war einfach zu interessant, und die Serie war spannend aufgezogen.

Wer erfahren will, was die Netflix-Revolution mit unseren uralten Vorfahren zu tun hat, wird in dem Bestseller *Eine kurze Geschichte der Menschheit* von Yuval Noah Harari fündig. »Das Einmalige ist, dass wir (Menschen) uns über Dinge austauschen können, die es gar nicht gibt. Soweit wir wissen, kann nur der Sapiens über Möglichkeiten spekulieren und Dinge erfinden. Legenden, Mythen, Götter und Religionen tauchen erstmals mit der kognitiven Revolution auf.«[15] Hariri erklärt, dass die Sprache das ist, was uns Menschen von den anderen Tieren unterscheidet. Die Fähigkeit, über Objekte und Geschehnisse zu sprechen, die nicht existieren, hat uns gestattet, Geschichten zu erfinden und uns so weiterzuentwickeln. So ist das Geschichtenerzählen zu einem wichtigen Bestandteil unseres Lebens geworden: zuerst mündlich am Lagerfeuer, später in Form von gedruckten Büchern und vierhundert Jahre danach als Filme. Während die Sprache immer und überall zur Verfügung steht, und Literatur auch äußerst mobil und zeitunabhängig gelesen werden können, waren Filme bisher angekettet. In den ersten Jahrzehnten mussten die Zuschauer dunkle Räume aufsuchen und sich dabei an einen festgelegt Zeitplan halten. Das Fernsehen hat uns die Geschichten zwar ins Wohnzimmer gebracht, aber immer noch hatten wir uns zu einem vorgegebenen Zeitpunkt vor einer Holzkiste zu versammeln.

Das hat sich in den letzten Jahren grundsätzlich geändert.

Obwohl wir erst am Anfang der neuen Zeitrechnung stehen, haben die Akteure aus den USA bereits angedeutet, was sich in Zukunft ändern wird, denn neben der Frage, wer sich in der kommenden Zeit durchsetzen wird, erleben wir eine äußerst kreative Phase, in der vieles in Bewegung gerät. Die überholten Geschichten haben ausgesorgt und neue Erzählungen erobern die Bildschirme. Klassische Muster werden hinterfragt und durch innovative Dramaturgien ersetzt, die alten Zöpfe abgeschnitten. Und die Entwicklung ist noch lange nicht zu Ende.

Geschichten in Serie

Als die amerikanischen Leser des Zeitschriftenromans *Der Raritätenladen* von Charles Dickens im Jahr 1841 das finale Schicksal des jungen Waisenkinds Nell erfahren wollten, warteten sie sehnsüchtig auf das Schiff, das die Zeitung mit der letzten Folge von London nach New York brachte. Tage nach der Veröffentlichung stürmten sie den Pier, um die Ausgabe in die Hände zu bekommen. Es kam zu tumultartigen Szenen, und ohne es zu wissen, waren die begeisterten Leser bei der Entstehung des seriellen Erzählens dabei, denn Dickens verstand es mit dem, was wir heute Cliffhanger nennen, zu arbeiten. Er beendete jede Folge mit einer Frage, die die Leser zwang auf den Fortgang zu warten. Charles Dickens hat seine Anhänger nicht nur mit der Geschichte des jungen Waisenkinds Nell, sondern über zwei Jahre Woche für Woche auch mit dem Schicksal von Oliver Twist unterhalten. Das Format der Fortsetzungsgeschichte war in dieser Zeit allgemein sehr populär und hatte schon damals einen wirtschaftlichen Hintergrund. Die Zeitungen veröffentlichten diese Romane, um damit eine Bindung der Leser aufzubauen und den Absatz anzukurbeln.

Das Kino griff in seinen Kindertagen das Format auf, und es entstanden unzählige sogenannte Serials, in denen in mehreren kurzen Folgen eine ganze Geschichte erzählt wurde. Woche für Woche wurden diese Streifen vor dem Hauptfilm eingesetzt und motivierten die Zuschauer für die Fortsetzung wiederzukommen. Es waren meist billig hergestellte Filme, die künstlerisch nicht besonders wertvoll waren, sondern auf Effekte setzten und den Cliffhanger für den Film etablierten. Jede Folge wurde mit einer spannenden Szene (wie z. B. ein brennendes Haus) abgeschlossen, die – um Kosten zu sparen – oft in unterschiedlichen Serials eingebaut wurde. Die kurzen Filme waren in erster Linie in den USA populär und wurden bis in die 50er Jahre hinein produziert. Die meisten dieser Produktionen entstanden in den Jahren 1936 bis 1945, darunter viele Genrefilme wie Western oder Verfilmungen von Comicvorlagen. In Europa konnte sich die Serials nicht wirklich durchsetzen und verschwanden bald aus den Kinos.

Das Fernsehen hat früh das serielle Erzählen für sich entdeckt, denn bei diesem Format spielt es seine Stärken aus. Es kann die Zuschauer Woche für Woche zu der gleichen Geschichte einladen. Es entführt sie in eine immer vertrauter werdende Welt. Die Zuschauer folgen den Schicksalen von Figuren, die sie kennen. Die Fernsehserie lässt sie über Monate oder manchmal über Jahre (in der *Lindenstraße* 30 Jahre) Teil einer Familie sein.

Der Vorteil für den Sender besteht ähnlich wie für die Zeitungen darin, dass er eine starke Kundenbindung erreicht. Ein einzelnes Fernsehspiel wird an einem Tag ausgestrahlt und ist wenig nachhaltig. Ein qualitativ hochwertiges Stück wirkt sich auf das Image des Senders aus, aber darüber hinaus stellt sich keine Bindung ein. Eine Serie, die unser Interesse weckt, führt dazu, dass wir auch in den kommenden Wochen einschalten. Das US-amerikanische Fernsehen war immer schon stark von Serienformaten geprägt. Das Einzelstück hat es nur sehr selten gegeben. In Deutschland, Österreich und der Schweiz hingegen genießt das Fernsehspiel neben der Serie eine lange Tradition. Die »Neunzigminüter« gehören für die öffentlich-rechtlichen Sender zu den Aushängeschildern. Und während in Amerika seit Jahrzehnten die Serien auf Plakaten und in den Zeitschriften beworben werden, kannten die Deutschen meist nur Werbung für herausragende Fernsehfilme.

Den Effekt der Kundenbindung machen sich die Streamingdienste zu nutzen und produzieren deshalb vor allen Dingen Serien. Für Streaminganbieter ist es sinnvoller, wie auch für klassische Fernsehsender, die finanziellen Ressourcen in eine Serie zu investieren. Die Kunden, die sich für eine Serie begeistern, werden durch die Ankündigung, dass es eine zweite oder dritte Staffel geben wird, motiviert ihr Abonnement weiter laufen zu lassen.

Jede Folge auf Abruf bereit zu halten, überwindet den Nachteil, den die linearen Sender bei dem Format notwendigerweise in Kauf nehmen müssen. Denn eine Serie bei einem klassischen Fernsehen wird im Allgemeinen einmal die Woche zu einem festen Termin ausgestrahlt. Der Geburtstag der Großmutter oder das sensationelle Konzert des Lieblingskünstlers verhindert, dass die Zuschauer sich auch die nächste Folge anschauen können. Die Serien des linearen Fernsehens sind deshalb bis auf wenige Ausnahmen nach der sogenannten Fallstruktur aufgebaut. Jede Woche müssen die Kommissare einen neuen Fall lösen oder die Krankenhausärzte einen anderen Patienten heilen. Wer also eine Folge verpasst, kann ohne große Fragezeichen in der kommenden Woche wieder einsteigen.

Die Video- und Festplattenrekorder hatten ermöglicht, diesen Nachteil zu umgehen. Da die Sender nicht davon ausgehen konnten, dass die Zuschauer dies nutzen, waren sie weiterhin gezwungen, jede Woche eine neue Geschichte zu erzählen.

Und zudem bleibt der Umstand bestehen, dass im klassischen Fernsehen zwischen der ersten und der letzten Folge einer Staffel durchaus drei Monate vergehen. Streamingdienste stellen ihre Serien heutzutage an einem Tag mit allen Folgen online. Die Zuschauer verpassen keine Episode, und sie können selbst bestimmen, wann sie die Geschichte weiter verfolgen wollen.

Und tatsächlich schauen sich die meisten Zuschauer die Staffeln innerhalb von einer Woche an. Deshalb können diese Serien anders aufgebaut werden als die der linearen Sender. In den sogenannten horizontal erzählten Serien wird von der ersten bis zur letzten Folge eine durchgehende Geschichte erzählt, manchmal sogar über mehr als 60 Stunden. Im linearen Fernsehen würde eine so aufgebaute Serie von den Zuschauern verlangen, dass sie sich in der letzten Episode genau daran erinnern, was drei Monate vorher passiert ist. Deshalb gehörte in der Vergangenheit die Fallstruktur zur Regel und nur in einigen Ausnahmefällen wurde bei den klassischen Sendern horizontal erzählt. So hat Rainer Werner Fassbinder in dreizehn Folgen in seiner Adaption von Alfred Döblins *Berlin Alexanderplatz* das Schicksal von Franz Biberkopf dargestellt. Auch die amerikanische Serie des Spielfilmregisseurs David Lynch *Twin Peaks* entfaltete seine Geschichte fortlaufend in zwei Staffeln. Das uralte Format der Soap Operas beruht immer schon auf der horizontalen Erzählweise. Zu den bekanntesten Vertretern gehört z.B *Dallas* oder auch die Vorabendserie *Gute Zeiten, Schlechte Zeiten*.

Im Gegensatz zu den klassischen Sendern haben die Streamingdienste auch viele Freiheiten, was die Gestaltung der Serien betrifft. Die Serienformate im linearen Fernsehen sind gezwungen, sich in ein festes Sendeschema zu fügen. Jede Folge muss auf die Sekunde genau die gleiche Länge haben. Dies führt oft dramaturgisch und erzählerisch zu künstlichen Filmen. Manchmal gilt es, die Erzählung etwas auszudehnen und mit eigentlich Unwichtigem auf die richtige Dauer zu bringen und mitunter ist es notwendig, zu kürzen und Elemente zu streichen. So sagt der TV-Produzent Chuck Lorre (*Two and a Half Men*, *The Big Bang Theory*): »Ich kann gar nicht mehr aufzählen wie oft ich in den vergangenen Jahren gutes Material rausschneiden musste, weil eine Folge zu lang war.«[16]

Serien, die abgerufen werden, müssen sich nicht an dieses strikte Schema halten. Einzelne Episoden von *House of Cards* haben eine Länge von 49, andere von 59 Minuten. Es ist nicht entscheidend, ein vorgegebenes Format zu erfüllen, sondern der Geschichte gerecht zu werden.

Während im Spielfilm nur etwa 120 Minuten zur Verfügung stehen, sind es in den neuen Serien oft mehr als 20 Stunden. Dies ermöglicht komplexe Erzählungen, ein großes Figurenensemble und eine Vielzahl von Handlungssträngen. Dadurch bleibt viel mehr Zeit, den Figuren zu folgen und sich ihrem Schicksal zu widmen. Die Zuschauer können intensiver in die Welt einsteigen. Und die konsekutiv erzählten Serien besitzen ein Gedächtnis, d.h. Ereignisse aus einer späteren Folge beziehen sich auf früheres Geschehen.

Darum werden die neuen Serien oft als »große Romane« bezeichnet. Der Vergleich mit den *Buddenbrooks* oder *Auf der Suche nach der verlorenen Zeit* von Marcel Proust mag vermessen klingen, entbehrt aber nicht einer gewissen Logik, denn auch in diesen Romanen erzählen die Autoren von vielen Figuren und entfalten das Panorama einer Zeit ähnlich wie in *The Crown* oder *Mad Men*.

Nach der zeitlichen Limitierung des filmischen Erzählens auf ungefähr 100 Minuten im Kino hat sich jetzt eine neue Welt eröffnet. Natürlich liegt in der Kürze auch eine Stärke, wenn es darum geht, sich auf das Wesentliche zu konzentrieren, aber wir haben nun die Chance auf komplexere Geschichten. Was wäre uns entgangen, wenn es eine Beschränkung des Romans auf 200 Seiten gegeben hätte? Marcel Proust oder James Joyce hätten wahrscheinlich nie zur Feder gegriffen.

Film erobert zum ersten Mal eine Form, die in der Literatur seit langer Zeit existiert. Auch die Rezeption nähert sich zunehmend an, denn ähnlich wie in einem Buch können wir zurückspringen, um eine Szene oder eine ganze Folge noch einmal zu sehen.

Dadurch dass wir uns mit diesen ausführlichen und komplexen filmischen Erzählungen befassen, werden sie unser Denken und die Art der Wahrnehmung beeinflussen. Wir verbessern unsere kognitiven Fähigkeiten, weil wir lernen, diese vielschichtigen Handlungsstränge nachzuvollziehen.

Wir sind mit den vielen horizontal erzählten Serien in ein neues Zeitalter eingetreten, was das filmische Erzählen betrifft. Wie auch zu Beginn der Filmgeschichte werden die Grenzen immer weiter erkundet und durchbrochen.

Bereits jetzt ist die Serie auch in den Feuilletons angekommen. Selbst in anspruchsvollen Zeitschriften werden nicht mehr nur die neuesten literarischen Werke oder Filme besprochen, sondern genauso *Stranger Things* von Netflix. Viele Filmfestivals haben eine eigene Sektion eingerichtet, und es wachsen die Veranstaltungen, die sich ausschließlich damit beschäftigen, wie Pilze aus dem Boden. Filmhochschulen richten spezielle Studiengänge ein, und wenn ich heutzutage die Studenten befrage, dann erhalte ich fast durchgehend die Antwort, dass sie ihre berufliche Zukunft in der Serie sehen.

Vor zwanzig Jahren eine unvorstellbare Reaktion, galt doch das Format als das Schmuddelkind der Branche.

Die Serie gilt derzeit als die populärste und einflussreichste Kulturform der Gegenwart.

Dokumentarfilm

Die Streamingplattformen haben in den letzten Jahren ein Genre populär gemacht, das bisher wenig beachtet worden war: die Dokumentarserie.

Während sich in Deutschland viele Filmemacher darüber beklagen, dass die öffentlich-rechtlichen Sender kaum noch Sendeplätze für den anspruchsvollen Dokumentarfilm bereit halten, feiert das Genre bei den Streamingplattformen große Erfolge.

Exemplarisch dafür steht die sechsteilige Serie *Wild Wild Country* aus dem Jahr 2018. Sie beschreibt die Konflikte als in den 70er Jahren, der in Deutschland sehr bekannte indische Guru Bhagwan in die USA auswanderte und in einer verlassenen Gegend in Oregon ein neues Zentrum aufbaute. Hierbei konzentriert sich die Serie ausschließlich auf Originalvideomaterial und Interviews mit den Beteiligten.

Dabei stehen die Spannungen im Vordergrund, die sich zwischen den Anhängern und dem nahegelegenen Städtchen im Laufe der Zeit entwickelten und auch die Zerwürfnisse innerhalb der Gemeinschaft.

In dem die Serie die Geschehnisse anhand der Konflikte erzählt, nähert sich die Dokumentarserie der Spielfilmdramaturgie an. Es gelingt, eine Neugier aufzubauen, wer als Sieger aus dem Kampf herausgeht. Mit diesem einfachen Mittel wird die Serie emotional packend und nie belehrend. Die Resonanz in den Medien und bei den Zuschauern war äußerst positiv.

Eine andere Methode, den Dokumentarfilm für eine größere Zuschauerschaft attraktiv zu machen, wird bei *Chef's Table* deutlich. Die mehrfach preisgekrönte Serie porträtiert in jeder Folge einen Chefkoch. Die zweite Originalproduktion aus dem Hause Netflix beschreibt nicht nur deren Werdegang und die Leidenschaft für den Beruf, sondern nähert sich den jeweiligen Protagonisten auch menschlich. Insofern setzt sie sich von den üblichen Kochsendungen ab. Während in den im deutschen Fernsehen gesendeten Formaten die Gerichte und mehr oder weniger lustige Wettbewerbe im Vordergrund stehen, rückt *Chef's Table* die Menschen in den Fokus. Ein geschickter Schachzug, um diejenigen Zuschauer anzusprechen, die nicht unbedingt lernen wollen, ein indisches Lammcurry zu kochen. Denn oft erzählen die Lebensgeschichten den Weg vom Tellerwäscher bis zum Starkoch. Widerstände überwinden, Hindernisse aus dem Weg räumen ist das Leitmotiv der Serie. Und damit packt sie die Zuschauer, die vielleicht nie in ihrem Leben ein Sternerestaurant besuchen werden.

Die Besonderheit liegt aber in dem hohen Production Value, das die Serie kennzeichnet. Aufwendige Kamerafahrten, ruhige opulente Bilder und die perfekte Lichtsetzung prägen jede einzelne Folge. Aufgrund der großen Nachfrage wurden inzwischen sechs Staffeln produziert.

Netflix hat es geschafft, das Genre aus der Nische herauszuholen. Die Streamingplattform nutzt Dokumentarfilme und -serien zur Markenbildung und Imagepflege, in dem sie den klassischen

Sendern zeigen: So geht es auch. Während ARD und ZDF ihre Dokumentationen eher verstecken (indem sie sie zu nachtschlafener
Zeit versenden), hat Netflix ein großes Angebot, und wenn der Algorithmus erkannt hat, dass der Abonnent dieses Format schaut,
wird es sehr prominent platziert. Aus diesem Grund liegt es in der
Natur der Sache, dass sich weder Filmemacher noch Zuschauer bei
einem Streamingdienst über die schlechte Positionierung einer
Sendung beschweren können. Wichtig für eine Online-Videothek
ist allein, dass sie Dokumentarfilme im Portfolio haben. Und auch
hier gilt, dass es entscheidend ist, die Liebhaber dieses Genres zu
überzeugen. Darum legt Netflix Wert darauf, außergewöhnliche
Dokumentationen einzukaufen und zu produzieren.

Nachrichten

Bisher haben sich Netflix und die anderen Streaminganbieter aus
einem wichtigen Bereich des klassischen Fernsehens vollständig
herausgehalten. Während die linearen Sender schon immer auf
Nachrichten und aktuelles Tagesgeschehen setzen, ist dies nicht
im Angebot der neuen Streamingdienste zu finden. Technisch wäre
es kein Problem, könnte doch eine Plattform wie Netflix neben den
Filmen und Serien auch tagesaktuelle Informationssendungen anbieten. Nachrichtensender wie CNN stellen bereits zusätzlich zu
ihrem linearen Programm eine App zur Verfügung, auf der die aktuellen Beiträge abrufbar sind. Auch die deutschen Nachrichten
(wie z.B. *Tagesschau*) sind inzwischen nonlinear zugänglich. Der
Vorteil liegt darin, dass die Zuschauer sich auf diesem Wege ihre
eigenen Informationen zusammenstellen. Wer keine Lust hat, über
Sandburgen auf Rügen informiert zu werden, wählt den Beitrag
einfach nicht aus.

Wird es in naher Zukunft dazu kommen, dass bei den neuen
Anbietern eine Konkurrenz zur *Tagesschau* zu finden ist? Es wäre
für die Streamingplattformen sicher verführerisch, dies in ihr Portfolio zu integrieren. Ihre Abonnenten könnten so alle bisher vom

klassischen Fernsehen angebotenen Formate auch mit ihrem Streamingdienst nutzen. Einer der entscheidenden Pluspunkte für die Zuschauer bestände darin, dass sie sich nicht mehr pünktlich um 20 Uhr (oder zu einer anderen Zeit) vor dem Fernseher einfinden müssen, um sich über das Tagesgeschehen zu informieren.

Allerdings steht der Realisierung einiges im Weg. Ein Anbieter wie Netflix oder Amazon müsste in fast jedem Land eine Redaktion und in der ganzen Welt ein eigenes Netz an Korrespondenten bereitstellen. Es ist kaum zu erwarten, dass einer der neuen Streamingdienste sich diese finanzielle Herausforderung aufbürdet. Darum ist in öffentlichen Verlautbarungen immer wieder zu hören, dass Netflix auf keinen Fall Nachrichten anbieten wird. Immerhin hat HBO Max angekündigt, dass sie auch Nachrichten in das Angebot integrieren werden. Da auch CNN zum Konzern von WarnerMedia gehört, wird die Plattform auf die Ressourcen des altbewährten Newssenders zurückgreifen können. Das ist fast ein Alleinstellungsmerkmal, das nur noch Disney+ mit dem angeschlossenen Sender ABC aufweist.

Die Zukunft verspricht damit eine klare Aufgabenverteilung. Das klassische, lineare Fernsehen spielt seine Stärken in der Tagesaktualität aus. Dazu gehören nicht nur die Nachrichtensendungen, sondern auch Talkshows mit aktuellen Themen oder Sondersendungen zu speziellen Ereignissen. Diese Aufgabe übernehmen in den USA die Nachrichtensender (wie CNN). In Deutschland, Österreich und der Schweiz werden wahrscheinlich die Nachrichten-Apps der klassischen öffentlich-rechtlichen Sender die Funktion erfüllen. Für ARD und ZDF, die in ihrem gesetzlichen Programmauftrag verpflichtet sind, der Information, Bildung und Unterhaltung gleichermaßen zu dienen, wäre damit ein wichtiger Bereich erfüllt. Für die Zuschauer sind diese Angebote kostenfrei (bzw. durch den Rundfunkbeitrag abgedeckt) und ohne Werbung. Der Vorteil in Europa ist dabei, dass die öffentlich-rechtlichen Sender hierzulande zur Neutralität verpflichtet sind, anders als die US-amerikanischen privatwirtschaftlich organisierten Anbieter. So ist etwa Fox News ziemlich rechts angesiedelt und verbreitet dementsprechendes Gedankengut.

Die Diskussion über den Rundfunkbeitrag wird in den nächsten Jahren nicht aufhören, und eventuell wird ein Vorschlag darauf hinauslaufen, dass ARD und ZDF sich vor allen Dingen um das Infotainment kümmern sollen. Die Sender werden zu Nachrichtenzentralen, die sowohl linear ausstrahlen als auch online auf allen Geräte vertreten sind. Sie könnten mit den unterschiedlichsten Formaten über Geschichte und Gegenwart informieren.

So wichtig dieser Bereich ist, sollte aber das fiktionale Erzählen weiterhin zum Programmauftrag gehören.

Wir unterbrechen für die Werbung

Ein weiterer entscheidender Aspekt für die Streamingdienste wird die Frage des Geschäftsmodells in Bezug auf Werbung werden. Den klassischen öffentlich-rechtlichen Sendern in Deutschland sind maximal 20 Minuten Reklame vor dem Hauptabendprogramm erlaubt. Die Werbe- und Sponsoringumsätze der ARD belaufen sich auf sieben Prozent der Gesamterträge[17] – eine vergleichsweise kleine Summe gegenüber der Haushaltsabgabe der Bürger, die 86 Prozent erbringt. Die privaten Sender haben sich immer schon ausschließlich durch Werbung finanziert, zwar sind auch sie an gesetzliche Vorgaben, was die Dauer der Werbesendungen betrifft, gebunden, aber sie können durch diese Einnahmen ihr gesamtes Unternehmen finanzieren. Etwas überspitzt lässt sich behaupten, dass das Programm der privaten Sender nur gemacht wird, damit die Minuten zwischen der Werbung gefüllt werden.

Die Streamingdienste, deren Geschäftsmodell auf einer monatlichen Gebühr beruht, haben bisher keine Werbung ausgestrahlt und dies als einen der Vorteile für die Zuschauer verkauft. Je größer der Konkurrenzkampf in den nächsten Jahren wird, desto wahrscheinlicher wird allerdings, dass sich dies in naher Zukunft ändern wird. Der Musikstreamingdienst Spotify hat bereits zwei Angebote im Programm. Einen Service können die Hörer kostenlos nutzen, wird aber beim Einschalten und in Abständen immer wieder mit Werbung beschallt. Der kostenpflichtige Dienst ist werbefrei und mit weiteren Funktionen ausgestattet. Apple Music hingegen bietet seine Plattform nur gegen monatliche Gebühr an.

NBCUniversal startet ab 2020 in den USA das Experiment, dass es das Spotify Modell für Videostreaming anbietet, und YouTube lässt sich schon jetzt durch die Zahlung des Premiumdienstes von der Werbung befreien.

Die Erwartungen der Branche deuten darauf hin, dass sich diese Vorgehensweise über kurz oder lang auch im audiovisuellen Streamen durchsetzt. Voraussichtlich wird Netflix der Erste sein, der eine werbefinanzierte Abo-Variante anbietet. Wer Filme und Serien ohne Unterbrechung genießen will, muss dann mehr zahlen. Bei Apple TV+ und Disney+ ist es hingegen sehr wahrscheinlich, dass auf längere Sicht erst einmal keine Werbung gesendet wird.

Der Sportstreamingdienst DAZN hat bereits angekündigt, künftig Reklame einzublenden. Dabei sollen die Kunden nicht immer wieder von den gleichen Clips gestört werden, sondern gesponserte Inhalte und Product Placement werden in das Programm eingebunden.

Den Streamingdiensten steht eine neuartige technische Möglichkeit zur Verfügung, um ihre Werbung noch präziser zu platzieren. Der Pay-TV-Sender Sky bietet schon jetzt den Werbetreibenden an, die Zielgruppe genau zu adressieren. Zuschauer werden während des gleichen TV-Programms mit unterschiedlichen Werbeclips bespielt. Sky hat mehr als 1.200 Zuschauersegmente geschaffen, die sich nach demografischen Faktoren, dem Standort, den Einkaufsgewohnheiten und den Verhaltensattributen richten. Auf diese Weise können zum Beispiel die Werbetreibenden auf »Sportwagenfans« und »Luxusreisende« abzielen. Der Sender kann die Preise für seine Werbung dadurch stark erhöhen, denn es gibt nicht den gefürchteten Streuverlust. Was wir aus dem Internet kennen, dass die Werbung auf uns zugeschnitten ist (oder es zumindest versucht), wird dann auch in der Fernsehwerbung Einzug halten. Wer also häufiger die Food-Serie *Chef's Table* auf Netflix geschaut hat, kann wahrscheinlich mit der Werbung für Lebensmittel oder Kochgeräte rechnen. Der Vorteil liegt auf der Hand, wer als junger Mensch einmal Werbung im ZDF gesehen hat und mit Hörgeräten und Herzmedikamenten berieselt wurde, weiß aus eigener Erfahrung, was Streuverlust bedeutet.

Allerdings bedeutet dies auch eine verstärkte »Überwachung« sowie eingeschränktes Werbeangebot (von kuriosen Fehlern des Algorithmus einmal abgesehen). Den überraschenden Zufallsfund wird es dann hier nicht mehr geben.

Die amerikanischen Online-Videotheken haben aber noch eine andere Möglichkeit, Geld durch Werbung zu verdienen. Product Placement integriert Produkte von Firmen in die Filmhandlung. Die Unternehmen zahlen viel für die Platzierung, besonders, wenn sie aktiv positiv bespielt werden. In Deutschland ist diese Art der Finanzierung bei den öffentlich-rechtlichen Sendern nach einem Skandal im Jahr 2005 verboten und führt dazu, dass die Etiketten von Bierflaschen nicht mehr zu sehen sind und der leuchtende Apfel von Computern immer mit netten Aufklebern versehen ist. Zwar hat auch in den USA kein Produzent Interesse, Produktnamen offensiv zu kommunizieren, aber es ist durchaus ein Weg der Finanzierung. So isst eine der Hauptfiguren der Netflix-Serie *Stranger Things* mit Vorliebe die Waffeln einer bekannten US-amerikanischen Firma. Diese ist dementsprechend häufig im Bild zu sehen und wird sogar wichtiger Teil der Handlung. Der Verkauf des süßen Gebäcks soll dadurch um vierzehn Prozent zugenommen haben.[18]

Ähnlich wie bei den YouTube-Influencern geht es darum, dass das Vertrauen, das die Zuschauer den fiktiven Figuren entgegenbringen, in Werbung umgemünzt wird. Die Firmen wollen von der positiven Beziehung, die den Protagonisten entgegengebracht wird, profitieren und hoffen, dass sie auf ihre Marke abfärbt.

Die klassische Werbeform, die ihre Zuschauer zu mehrminütigen Pausen mitten in der Spielhandlung zwingt, wird in absehbarer Zeit keine Akzeptanz mehr beim Publikum finden. Die Firmen, die für ihre Produkte werben wollen, werden damit gezwungen, sich neue Konzepte zu überlegen. Am Ende könnten also alle Beteiligten davon profitieren: die Unternehmen, indem sie weiter ihre Erzeugnisse promoten können, die Streamingplattformen durch zusätzliche Geldeinnahmen und die Zuschauer, weil sie nicht ständig zum Kühlschrank gehen müssen, um den Werbeblock sinnvoll zu überbrücken. Allerdings ist schon jetzt spürbar, dass die Geschichten dann hier und da nicht nur der Handlungslogik gehorchen, sondern auch den Aufträgen der Werbeindustrie. Und die Zuschauer werden manipuliert, ohne es zu wissen.

In Deutschland wird deshalb der Ruf nach dem Gesetzgeber bzw. den Landesmedienanstalten laut. Es ist aber anzunehmen, dass dies ein Kampf gegen Windmühlen wird.

Wünsch dir was

Nach 1969 wurden in der ZDF-Show *Wünsch Dir was* Zuschauer vor dem Bildschirm an der Entscheidung über die Kandidaten beteiligt. Das Publikum in ausgewählten Regionen in Westdeutschland wurde aufgefordert, ab einem bestimmten Zeitpunkt alle Stromgeräte im Haushalt einzuschalten, wenn sie für einen Kandidaten stimmen wollten. Der gesteigerte Verbrauch wurde bei den Stromversorgern gemessen und ins Studio übermittelt. Der Mitspieler, der die größte Steigerung für sich verbuchen konnte, erhielt die meisten Punkte.

Die Show versuchte mit diesem Experiment, einen der entschiedenen Nachteile des klassischen Fernsehens zu überlisten. Lineares Programm besitzt keinen Rückkanal, der es den Zuschauern ermöglichen würde, aktiv in das Geschehen einzugreifen. Dies wurde damals allerdings nicht unbedingt als Mangel wahrgenommen, weil Interaktion auch in anderen Medien kaum möglich waren – außer vielleicht im Theater, in dem die Zuschauer früher theoretisch die Option hatten, Tomaten oder faule Eier auf die Bühne zu werfen.

Ab den 80er Jahren boten Computerspiele den Anwendern die Gelegenheit, aktiv in das Geschehen einzugreifen. Dadurch entstanden zwei neue Formen des audiovisuellen Erzählers: das Fernsehen, das den Zuschauer zur passiven Nutzung zwang, und die Games, die den Spielern die Interaktivität ermöglichten. Dabei blieb es bis heute, ohne dass sich diese Welten näher gekommen wären.

Streaming bietet allerdings die Gelegenheit zu einer Interaktion, vor allem, wenn die Ausgabe nicht auf dem heimischen Fernseher, sondern auf einem Smartphone oder Tablet passiert. Per Toucheingabe kann der Nutzer hier den Ablauf einer Sendung steuern.

Im Jahr 2017 präsentierte der Autor und Regisseur Steven Soderbergh mit *Mosaic* eine Serie, die den Zuschauer die Chronologie bestimmen ließ. Der Filmemacher, der sich schon immer zwischen dem Mainstream Hollywoods (*Ocean's Eleven*, *Magic Mike*) und kleinen unabhängigen Produktionen bewegt hat, wollte sich die neue Technik zunutzemachen, um Geschichten anders zu erzählen.

Die Nutzer der App (für das Tablet) konnten die Reihenfolge bestimmen, in der sie verschiedene Sequenzen anschauten, während Wochen später auf dem Kabelsender HBO eine von Soderbergh gestaltete sechsstündige Miniserie lief. In der App kann der Zuschauer nach der Einstiegssequenz zwischen zwei Alternativen zu wählen, welchen Strang und welcher Figur er weiter folgen will. Immer wieder muss nach einer Sequenz diese Entscheidung getroffen werden, sodass jeder Zuschauer seine eigene Serie zu sehen bekommt. Dabei handelt es sich um eine Krimigeschichte, denn es stellt sich die Frage, wer die erfolgreiche Kinderbuchautorin Olivia Lake getötet hat. Der Zuschauer macht sich durch seine Auswahl auf die Suche nach dem Mörder.

Allerdings bewirken die Entscheidungen nichts und verändern nicht die Handlung, anders also als in einem Computerspiel, in dem die Spieler auch den Hergang (natürlich aus vorher festgelegten Wegen) variieren können.

Dies ermöglichte Netflix im Jahr 2018 mit einer Folge der Serie *Black Mirror*. Die sehr erfolgreiche britische Produktion beschäftigt sich mit den Auswirkungen von Technik und Medien auf unsere Zukunft. Jede Episode erzählt eine in sich abgeschlossene Handlung mit immer wieder neuen Figuren. In *Bandersnatch* trifft der Zuschauer Entscheidungen für die Hauptfigur, den jungen Programmierer Butler, der 1984 einen bekannten Fantasy-Roman in ein Videospiel adaptiert. Nach jeder Sequenz hat der Zuschauer (oder wäre »Spieler« der bessere Begriff?) für zehn Sekunden die Wahl zwischen zwei Alternativen. Währenddessen pausiert die Handlung, und die Figuren warten auf die Eingabe. Die getroffene Auswahl entscheidet über den weiteren Fortgang der Geschichte. Wer für die Hauptfigur das Angebot einer Spielefirma den Fantasy-Roman als Videospiel zu adaptieren, akzeptiert, der endet in einer Sackgasse, denn das Spiel wird zwar veröffentlicht, wird aber ein großer Flop. Manche Entscheidungen sind auf den ersten Blick allerdings banaler Natur, wie zum Beispiel die zwischen zwei Frühstücksvarianten.

Im weiteren Verlauf bemerkt Butler, dass seine Handlungen von einer fremden Macht beeinflusst werden. Sein PC bestätigt seine Ahnungen und erklärt ihm, wer ihn da so massiv kontrolliert. Es sei der Zuschauer auf Netflix. Auf die Frage des Computernerds, um was es sich dabei handele, verdeutlicht der PC, dass dies eine »Streaming Entertainment Platform from the early 21st century« sei.

Insgesamt steht mehr als fünf Stunden Material zur Verfügung. Wer allerdings die falschen Entscheidungen trifft, hat seine Folge schon nach wenigen Minuten beendet.

Der Film funktioniert technisch herausragend, denn sofort nach der Auswahl durch die Zuschauer geht die Handlung ohne Unterbrechung weiter.

Durch diese Form des interaktiven Geschichtenerzählens können sich Streaming-Plattformen noch stärker vom klassischen Fernsehen absetzen.

Es stellt sich die Frage, ob aus diesen Experimenten ein wichtiger Teil der Streamingerfahrung werden könnte. Nach *Mosaic* postulierte die renommierte amerikanische Zeitschrift Wired 2017: »Steven Soderberghs neue App wird die Art verändern, wie Sie Fernsehen schauen«.[19]

In der ersten Euphorie über diese Versuche wird gerne vergessen, dass wir Nutzer seit mehr als 40 Jahren interaktiven Geschichten folgen können. Nur waren Computerspiele in ihrer Frühzeit noch an einen Bildschirm geknüpft, der nicht das Fernsehgerät war. Lange Zeit haben wir Nutzer Fernsehen auf dem Gerät im Wohnzimmer geschaut und Spiele auf dem Monitor, der meist auf dem Schreibtisch stand. Aber schon seit geraumer Zeit ist diese Unterscheidung vollkommen aufgehoben. Fernsehen und Streaming läuft ebenso auf allen Apparaten, wie Spiele auch auf dem Flachbildschirm an der Wand im Wohnzimmer gespielt werden können.

Die Art der Interaktionen bei *Mosaic* und *Bandersnatch* sind weitaus weniger vielschichtig und spannend im Vergleich zu den heutigen Computerspielen. Warum sollte sich ein Zuschauer für einen interaktiven Film auf Netflix entscheiden, wenn er doch *Fortnite* oder *Grand Theft Auto* spielen kann.

Film hat uns schon immer gezeigt, wie die Figuren auf Konflikte reagieren, wie sie mit den Hindernissen ihres (fiktiven) Lebens umgehen. Dies stellt einen Teil des Vergnügens dar, dass wir uns in den Sessel zurücklehnen und anderen dabei zusehen, wie sie die Schwierigkeiten meistern. Wir können ihre Entschlüsse kritisieren oder sie gutheißen. Vor allem lernen die Zuschauer von den Figuren im Film, weil sie eventuell ganz andere Entscheidungen treffen als sie selbst. Die Zuschauer haben auch die Gelegenheit, die Konsequenzen der Handlungen der Figuren zu erfahren. Dies alles macht den Reiz von Filmen aus. Die Wirkung ist eine vollkommen andere, wenn wir selbst aktiv werden, denn unser Verhaltensmuster ken-

nen wir. Aber noch viel bedenklicher, wir müssen mit den Auswirkungen unserer Entscheidungen umgehen – also wie im wirk-
lichen Leben. Aus diesem Grund haben Filme, die uns ja zu einem
unbeteiligten Beobachter machen, so großen Reiz.

Seitdem Computerspiele die Wohnzimmer und später auch die
Smartphones und Tablets eroberten, haben wir die Wahl zwischen
der Erzählung, die uns eine Geschichte vorgibt, und der eigenen
Beteiligung. Beide Formen sprechen unterschiedliche Bedürfnisse
an. Die Entscheidung, ob wir Fernsehen schauen oder ein Game
spielen wollen, wird von der Situation abhängig sein.

All unsere Geräte bieten uns sowohl den Zugang zu Spielen als
auch zu erzählten Geschichten. So ist z. B. Apple mit zwei verschiedenartigen Angeboten auf dem Markt. Neben Apple TV+ hat das
Unternehmen gleichzeitig die neue Plattform Apple Arcade angekündigt. Der Abodienst bietet zu Beginn mehr als hundert Spiele,
die auf allen Geräten des iPhone-Herstellers laufen. Auch Google
wird Ende 2019 mit seiner Spieleplattform Stadia an den Markt gehen. Reed Hastings hat allerdings bereits ausgeschlossen, dass sich
Netflix in den Spielebereich bewegt.

Die Nutzer können also in Zukunft sowohl ein Abonnement bei
einen Streamingdienst als auch bei einer Gamesplattform abschließen. Für uns wird dadurch der Fakt, dass wir unser beschränk-
tes »Entertainment-Budget« zwischen den unterschiedlichen Anbietern aufteilen müssen, nur noch verschärft.

Erzählerische Experimente

Experimente werden deshalb als solche bezeichnet, weil sie schei-
tern können. Für klassische Sender ist dieses Risiko etwas, das sie
möglichst vermeiden wollen. Für die Privaten ist eine gescheiterte
Sendung ein Verlust, nicht nur an Image, sondern an realen Ein-
künften. Die öffentlich-rechtlichen Sender, die sich schon seit Jahren der Quote verschrieben haben, wollen zumindest im Hauptabendprogramm ebenfalls kein Wagnis eingehen. Darum

verschieben sie Experimente, wenn sie denn überhaupt eingegangen werden, entweder auf das Nachtprogramm (wie z. B. im Kleinen Fernsehspiel des ZDF) oder auf Nischensender wie ZDFneo.

Streamingdienste können es sich leisten, mit neuen Formaten oder riskanten Erzählungen zu experimentieren, weil die Produktion keiner anderen den Platz wegnimmt. Ja, sie suchen sogar bewusst danach, um innovative Alleinstellungsmerkmale zu schaffen und publizistische Aufmerksamkeit zu erzielen.

Aus diesem Grund sind in den letzten Jahren einige Serien zu sehen gewesen, die mit neuen Formen, ungewöhnlichen Dramaturgien oder gar interaktiven Elementen gespielt haben, was zu einer deutlichen Erweiterung des Erzählens geführt hat, selbst wenn es ein einmaliger Versuch blieb.

Im Jahr 2008 strahlte der Kabelsender HBO die Adaption einer israelischen Serie aus. Das Besondere war nicht nur der Inhalt, sondern auch die Platzierung. *In Treatment* erzählt in jeder Folge à 25 Minuten von einer Sitzung eines Psychotherapeuten mit einem seiner Patienten. Die gesamte Episode dreht sich um das Gespräch zwischen Paul Weston (gespielt von Gabriel Byrne) mit einer Klientin oder einem Klienten. Ein radikaler Ansatz. HBO strahlte die erste Folge, in der der Therapeut an einem Montag mit der jungen Laura seine Sitzung abhält, auch an einem Montag aus. Die nächste Folge, deren Therapiestunde an einem Dienstag lag, wurde am Dienstag ausgestrahlt. Dieses Prinzip hielten die Macher der Serie bis zum Freitag durch. Zum Abschluss der Woche sucht Weston selbst eine Therapeutin auf, um sich supervisieren zu lassen und noch einmal über Patienten und seine eigenen Probleme zu sprechen. Dieser Aufbau setzte sich über die gesamte Staffel fort. *In Treatment* war ein konsequentes Experiment, das Inhalt und Form in Beziehung brachte.

Die Autoren dieses Formats schufen im Jahr 2014 eine weitere Serie, die ebenfalls spielerisch mit den Möglichkeiten des Erzählens umging. In *The Affair* geht es um einen Familienvater, der während eines Urlaubs auf der unweit von New York gelegenen Halbinsel Hamptons eine Affäre mit der Kellnerin eines Diners eingeht.

Der Zuschauer erlebt in der ersten Hälfte jeder einstündigen Folge die aufregende neue Beziehung aus der Perspektive von Noah, der aus seiner anstrengenden und beklemmenden Lebenssituation ausbrechen will, in der zweiten Hälfte wird das Erlebnis aus dem Blickwinkel von Alison, der Geliebten, erzählt.

Über zehn Folgen hinweg verfolgt der Zuschauer zwei Sichtweisen, die immer vollkommen unterschiedlich sind. Während in Noahs Erzählung er der Verführte ist, stellt es sich aus Alisons Blickwinkel ganz anders dar. Hier ist sie die Verführte. Auch ist sie in ihrer Perspektive schüchtern und gar nicht mehr die Selbstsichere, wie Noah sie wahrnimmt.

Ein packender formaler Ansatz, der zu einer komplexen Erzählung führt.

Virtual Reality

Im Jahr 2014 kaufte sich Facebook für zwei Milliarden US-Dollar den Hersteller der Virtual-Reality-Brille Oculus Rift. »Virtual Reality wird verändern, wie wir arbeiten, spielen und kommunizieren«, sagte damals der Facebook-CEO Mark Zuckerberg[20]. Ist dies ein vollmundiges Versprechen, das – wie einige technische Entwicklungen – nur ein Hype bleiben wird, oder hat Zuckerberg recht? Und wenn dem so ist, wird Virtual Reality auch den Film beeinflussen?

Eine der wichtigen Erfahrungen, die mit dem neuen Format im Film gemacht worden sind, ist die Möglichkeit, Blickkontakt zwischen dem Zuschauer (ist das Wort noch treffend?) und den Figuren herzustellen.

Die dabei entscheidende Erkenntnis ist das Fehlen der sogenannten »vierten Wand«, die das klassische Filmerlebnis bestimmt. Das Theater geht traditionell von einer unsichtbaren Wand aus, die die Bühne vom Zuschauerraum trennt. Die Schauspieler, obwohl sie sich natürlich bewusst sind, dass ihnen Hunderte zuschauen, tun so, als gebe es das Publikum nicht. Der Film hat diese Konvention übernommen. Es gibt nur wenige Beispiele, in denen mit diesem Übereinkommen gebrochen wird. Eines der bekanntesten Beispiele ist *House of Cards*. Dort spricht die Hauptfigur Francis Underwood immer wieder mit den Zuschauern und bezieht sie in seine Gedankenwelt ein. Auch in der englischen Serie *Fleabag* wird dieses stilistische Mittel verwendet. Im Film hat dieses Stilmittel allerdings seine Grenzen, insofern die fiktiven Protagonisten nicht auf die Zuschauer reagieren können. In Virtual Reality-Filmen ist dies anders. Hier kann die Figur die Anwesenheit und die Aktionen des Betrachters in ihr Spiel miteinbeziehen, denn die Technik registriert, dass der Nutzer mit der Brille auf die handelnde Figur schaut. Sie kann in dem Augenblick näher kommen, lachen oder anderweitig deutlich machen, dass sie mit dem Nutzer interagiert.

Es stellt sich aber die Frage nach der Fokussierung der Aufmerksamkeit. Es ist eine der großen Stärken des Mediums Film (das hat es dem Theater voraus), dass es die Konzentration des Publikums auf das wichtige Geschehen bündelt. Die Filmemacher entscheiden für den Zuschauer, was relevant für die Geschichte ist. Sie können z. B. durch ein Close-up, also eine Nahaufnahme, die Hand der Hauptfigur, die sich an einem Felsen festkrallt, in den Fokus setzen, während tief unter ihr das Meer tobt. In einem Virtual Reality-Film kann der Nutzer in einem solchen Moment durch das Drehen des Kopfes währenddessen eine schöne Blume betrachten, die nur wenige Meter entfernt auf der Wiese blüht. Erste Versuche, die Aufmerksamkeit mit akustischen oder visuellen Reizen zu lenken, haben sich als kontraproduktiv herausgestellt, denn letztendlich würde der Virtual Reality-Film sich damit wieder in Richtung des traditionellen Films bewegen.

Derzeit stellen sich noch viele technische und logistische Fragen auf dem Weg zu einem sinnvollen Einsatz im Filmbereich. Zwar werden Virtual Reality-Brillen heutzutage mit niedriger Bildqualität kabellos angeboten, aber da die Filme im eigenen Wohnzimmer konsumiert werden, ist es nicht einfach, den notwendigen Raum zu schaffen. Die Spielekonsolen, auf denen wie bei der Wii mit Bewegung agiert werden kann, stellten schon eine Herausforderung dar, obwohl der Spieler lediglich im Raum steht.

Doch was passiert erst, wenn der Zuschauer, der eine Brille trägt, blind in seiner guten Stube umher tappt? Es wird eine viel höhere Verletzungsgefahr bestehen, und es können Dinge ungewollt zu Bruch gehen.

Marktforscher sagten Virtual Reality bei ihrem Erscheinen eine große Zukunft voraus. Hinter diesen Prognosen steht aber eine Industrie, die sich ein neues großes Feld für Einnahmen verspricht. Eine ähnliche Situation hat es schon einmal vor etwa zehn Jahren mit der Einführung von 3D-Filmen gegeben. Die Elektronikindustrie erhoffte sich einen Markt für neue Geräte. Heute haben sich die Versprechungen und damaligen Vorhersagen als falsch herausgestellt. 3 D Brillen verstauben in den Schubladen, weil wenig Filme die dritte Dimension sinnvoll ausgenutzt haben.

Einen Hinweis auf das Schicksal von Virtual Reality gibt die Schließung des Filmstudios, das Facebook kurz nach dem Kauf von Oculus aufgebaut hatte. Es wurde 2017 wieder geschlossen. Derzeit gibt es keine relevanten Ansätze Filme oder Serien in diesem Bereich zu produzieren.

Virtual Reality wird hier keine entscheidende Rolle spielen. Anders in der Industrie, Wirtschaft und kulturellen Bildung, wo die Technik hilft, ihren Benutzern eine Vorstellungskraft für spezifische Umgebungen zu geben, ohne dass sie vor Ort sein müssen. Ebenso wie die Möglichkeit, Blicke in eine fremde Welt zu werfen – so zum Beispiel in die Tiefen des Ozeans.

KAPITEL 7

EINE NEUE EPOCHE

*Schon als Jugendlicher hingen bei ihm die Poster von Darth Vader an der Wand. Und natürlich war Tom im letzten Jahr in Disneyland mit dem Millennium Falcon geflogen. Er hatte sogar Veronika davon überzeugen können. Spätestens als sie auf dem Planeten Batuu gewesen waren, war sie wie er zum Fan geworden. Darum konnten sie es beide nicht erwarten, dass endlich auf Disney+ die neue **Star Wars** Serie begann. Eine Woche mussten sie bis zu diesem Tag warten. In der Zwischenzeit sah er die Empfehlung auf Apple TV+ für **For all Mankind**. Obwohl die Serie schon lange online stand, hatte er sie noch nicht gesehen, im Gegensatz zu Veronika, die sie in einer Nacht konsumiert hatte, als er aus beruflichen Gründen nicht in der Stadt war. Begeistert hatte sie ihm davon berichtet. Mitten in der ersten Folge ertönte die **Star Wars**-Musik neben ihm. Auf dem Display seines Smartphones erschien »Mama«. Er stoppte die Serie und nahm ab. Aufgeregt erzählte sie ihm, dass er unbedingt den Fernseher einschalten solle, denn in der neuen Castingshow hätte gerade Ben einen Auftritt. »Ben?«, fragte er etwas begriffsstutzig. Er konnte es fast sehen, wie seine Mutter am anderen Ende der Leitung den Kopf schüttelte. Ben, dein Schulkamerad. Tom musste schmunzeln, hatte*

er seinen Sitznachbarn in der Klasse doch immer schon für einen klei-
nen Aufschneider gehalten. Er suchte lange nach der App des Senders
auf dem Screen. Als er sie gefunden hatte, wechselte er das Pro-
gramm. Tatsächlich sang sein alter Kumpel Ben gerade ein Lied, et-
was falsch und wenig überzeugend. Als der nächste Kandidat er-
schien, schaltete Tom wieder um.

Das 20. Jahrhundert begann mit der Erfindung des Kinos. Es war
einer der wichtigsten Meilensteine in der kulturellen Entwicklung
der Menschheit. Natürlich war dies eine Zeit, in der auch andere
bedeutsame und zum Teil sogar viel entscheidendere Veränderungen vollzogen wurden. So der Übergang von der Pferdekutsche
zum Automobil, den der deutsche Kaiser Wilhelm II. übrigens mit
nur einem Satz kommentiere: »Ich glaube an das Pferd. Das Automobil ist eine vorübergehende Erscheinung.«

Mitte des Jahrhunderts begann die Verbreitung des Fernsehens. Alle weiteren geschichtlichen Entwicklungen wurden von
dem neuen Medium begleitet und manche dadurch ausgelöst. Der
Widerstand gegen den Vietnamkrieg ist zum großen Teil auch den
Bildern zu verdanken, die im US-amerikanischen Fernsehen zu sehen waren, denn es war der erste Krieg, dessen brutale Wirklichkeit
in die Wohnzimmer übertragen wurde.

Und nun am Anfang des 21. Jahrhunderts erleben wir erneut
einen extremen Wandel in der Menschheitsgeschichte. Das Internet verändert die Welt und wird die weitere Zukunft bestimmen.
Ein Teil dieser Veränderung ist der Umstand, dass uns das Wissen,
die Bilder und Töne auf Abruf zur Verfügung stehen.

Aber welche Auswirkung wird das Streamen auf uns persönlich, unsere Gesellschaft und Sicht auf die Welt haben?

Filmgeschichte

In meiner Jugend gab es im ZDF am Freitagabend die Reihe *Väter der Klamotte*, in der die Filme der Frühzeit des Kinos in kurzen Ausschnitten vorgestellt wurden. Charlie Chaplin, Buster Keaton, Stan Laurel und Oliver Hardy gehörten zum Kanon der Sendung. Für mich war es ein Teil meiner Filmerziehung. Auf unterhaltsame Art und Weise wurden mir die mehr als 50 Jahre alten Streifen präsentiert. Ich habe sie mir auch deshalb angeschaut, weil es bei der Konkurrenz nichts Besseres zu sehen gab.

Die Zuschauer in dem Zeitalter des linearen Fernsehens wurden an die Hand genommen und schauten sich Stummfilme oder auch Werke aus den 40er Jahren aus Hollywood an.

Heutzutage wählen wir selbst und niemand motiviert uns (wie früher durch die Entscheidung der Programmmacher), sich noch einmal Buster Keatons *Der General* anzuschauen. Ist es ein Verlust, wenn die jungen Zuschauer nicht mehr unbedingt die Filmgeschichte, und dazu gehören natürlich nicht nur die Stummfilme, kennenlernen?

Bücher waren schon immer »on demand«, und niemand hat sich darüber beschwert, dass kaum jemand Thomas Manns *Mario und der Zauberer* liest. Im Gegensatz zum Film sind sie aber Bestandteil des Schulunterrichts und jede Generation wird stets wieder aufs Neue mit Goethe und Schiller konfrontiert. Warum werden heutzutage diese Werke in der Schule gelesen? Weil kein Jugendlicher freiwillig auf die Lektüre eines aktuellen Romans (wie die spannenden Erlebnisse von Harry Potter) verzichten würde, zugunsten der Abenteuer eines Johann Faust mit seinem Kompagnon Mephisto. Wenn die freie Wahl besteht, geht der Griff zu einem Lesestoff, der in Form und Inhalt an die Lebenswirklichkeit des Lesers angelehnt ist. Auch wenn Harry Potter in einer Fantasiewelt spielt, sind die Figuren moderne Jugendliche mit den Erfahrungen, die junge Menschen heutzutage haben. Darum ist es notwendig, in der Schule ein Verständnis für Literatur und seine Geschichte aufzubauen, damit eine kritische Auseinandersetzung stattfinden kann.

Wenn also auch im Filmbereich die freie Wahl besteht, werden wir bald die gleiche Situation haben, wie wir sie in der Welt der Bücher schon lange vorfinden. Die Zuschauer (vor allem die jungen) werden lieber die Serie *13 Reasons Why* schauen als einen Film von Rainer Werner Fassbinder. Und vermutlich werden sie sogar das YouTube-Video mit einem interessanten Influencer *Taxi Driver* vorziehen.

Wahrscheinlich ist genau jetzt der richtige Zeitpunkt, noch einmal intensiver über das Schulfach »Medienerziehung« nachzudenken. In einer Welt, in der mehr und mehr Filme und Serien zur Verfügung stehen und konsumiert werden, ist eine ausgereifte Medienkompetenz wichtiger denn je. Das heißt auch immer, die Historie zu betrachten, sich mit maßgeblichen Werken der Vergangenheit auseinanderzusetzen und diese nicht zu vergessen. In der Schule müssen ja nicht unbedingt die alten Stummfilme unterrichtet werden, aber schon jetzt zeigt sich, dass Jugendlichen Filme der 60er Jahre vollkommen unbekannt sind.

In Frankreich gehört Film bereits seit Langem zum Unterrichtsstoff, was den Stellenwert deutlich macht, den die Kinokultur im Land besitzt. Die Franzosen wissen, dass in einer Zeit, in der es ein Überangebot geben wird, Kenntnis über Filmgeschichte umso wichtiger ist, um die Zuschauer für eine bewusste Auswahl fit zu machen.

In Deutschland wird im Rahmen dieses Themas die Beantwortung der Frage notwendig sein, wer die Filmgeschichte online zur Verfügung stellt, denn für private Anbieter ist es nicht sehr lukrativ, etwa das weniger bekannte Werk des deutschen Regisseurs Friedrich Wilhelm Murnau *Tabu* von 1930 auf ihrem Server bereitzuhalten. Während die Filme der letzten Jahre schon digital produziert wurden, sind ältere Werke noch auf Zelluloid gedreht. Zuerst einmal muss das Material in ein digitales Format umgewandelt werden, damit es danach in das System eingebunden wird. Eine teure Angelegenheit, die auch mit der Frage verbunden ist, wer die Rechte an den Filmen besitzt und eine Veröffentlichung eventuell genehmigen muss.

Die Digitalisierung des Filmerbes ist notwendig, denn das abgenutzte Filmmaterial ist in seiner Haltbarkeit beschränkt. Es droht zu zerfallen und muss aufwendig restauriert werden. Das verhindert bei vielen Filmen schon jetzt, dass es öffentliche Aufführungen gibt. Diese Aufgabe kann nur der Staat übernehmen. Warum sollten die alten Werke in den Archiven der Kinematheken verschwinden, wenn es doch möglich ist, sie allen Menschen in der Welt zur Verfügung zu stellen. Eine Mammutaufgabe, die mit erheblichen finanziellen Aufwendungen verbunden ist, aber wenig im Vergleich zu den Subventionen für die Museen und die Theater. Tatsächlich besteht bereits eine Initiative, die diese Arbeit in den kommenden Jahren unterstützt.

Die Möglichkeit, Filme per Stream zu präsentieren, gibt der Frage nach einer historischen Aufarbeitung der nationalen Filmkultur eine ganz neue Richtung. Wenn sich die Filminteressierten etwas wünschen könnten, wäre es sicher, dass nicht nur *Game of Thrones* bequem online abgerufen werden kann, sondern ebenso der Stummfilm *Nosferatu* aus dem Jahr 1922 von Friedrich Wilhelm Murnau.

Womöglich wird im Zuge dessen die Präsentation des Filmerbes im Internet von staatlichen Stellen übernommen. Ähnlich wie die bildende Kunst durch die Museen könnte damit die Filmkultur wach gehalten werden. Auch hier ist eine öffentliche Debatte notwendig.

Showrunner

Als die Bilder laufen lernten, entwarfen die Erfinder der technischen Apparate ihre Geschichten selbst und viele Projekte der ersten Jahre kamen ohne eine schriftliche Grundlage aus. Später, als die Erzählungen komplexer wurden, griffen die Filmemacher auf die Autoren zurück, die sich schon lange mit der darstellenden

Kunst beschäftigten. Theaterautoren schrieben die Vorlagen, und besonders in Deutschland wurden die ersten Bücher veröffentlicht, die sich mit dem Handwerk des Schreibens für das neue Medium auseinandersetzten. Doch sehr bald wurde deutlich, dass Bühnendichter nicht unbedingt die besten Erfinder von filmischen Geschichten waren und es einer neuen Generation von spezialisierten Geschichtenerfindern bedurfte.

Carl Meyer und Thea von Harbou waren die ersten in Deutschland, die sich mit Meisterwerken wie *Der letzte Mann* oder *Metropolis* einen Namen machten.

Auch das Fernsehen griff in Deutschland zunächst auf Autoren zurück, die vorher für das Theater geschrieben hatten. Es handelte sich bei den eigenen Produktionen der Anfangstage oft um abgefilmte Theaterstücke. Die Technik ließ kaum einen Film zu, wie wir ihn heute kennen. Denn es war teuer und umständlich das gefilmte Material aufzuzeichnen, zu schneiden und dann erst auszustrahlen. Fernsehspiele entstanden gleich einem Schauspiel auf einer Bühne, und eine Kamera nahm das Geschehen live auf. Aus dieser Tradition heraus kündigten die Sender die Fernsehspiele im Vorspann prominent mit dem Namen ihres Autors an.

Als die Filme später in der Produktion aufwendiger wurden und sich dem anglichen, was für das Kino produziert wurde, galt eine Sendung dennoch als das Werk eines Autors und weniger als das eines sogenannten Spielleiters. Das änderte sich Ende der 60er Jahre. Der Neue deutsche Film stellte die Regisseure als Filmemacher in den Vordergrund, und die Autoren verloren nach und nach ihre starke Position. Zum Abschluss der 70er Jahre hatte die Branche die Drehbuchautoren so weit marginalisiert, dass sie weder in der Öffentlichkeit noch in der Filmwelt wahrgenommen wurden.

In Nordamerika stellte sich die Geschichte der Drehbuchautoren ähnlich dar. Auch hier verloren die schreibenden Urheber, die am Anfang von allem standen, im Kino wie im Fernsehen an Sichtbarkeit. Nur wenige von ihnen waren der Öffentlichkeit bekannt.

Dies änderte sich in Ansätzen, als in den 80er Jahren das erste »Goldene Zeitalter« des Fernsehens begann. NBC, einer der drei großen Sender, lag seit Jahren abgehängt auf dem dritten Platz in der Zuschauergunst. Da sich das US-amerikanische Fernsehen ausschließlich über Werbung finanziert, bedeutete dies magere Einnahmen. Der Sender entschloss sich darauf, nicht mehr mit ähnlichen Programmen gegen die Konkurrenten anzutreten, was sie bisher erfolglos versucht hatten, sondern luden die Drehbuchautoren ein, Ideen und Konzepte ohne Sendervorgaben für sie zu entwickeln. Auf diese Weise wurde den Kreativen weitgehende Autonomie eingeräumt, und sie schrieben Serien, die sich von den seit Jahrzehnten erprobten Formaten unterschieden. Es entstanden zumeist realitätsnahe Stoffe, die weniger als bisher darauf achteten, keine Kontroversen auszulösen. Es dauerte nicht lange, da wurden diese Serien bei der Kritik gefeiert und nach und nach auch von den Zuschauern angenommen. NBC konnte sich so zu einem der beliebtesten Sender in dieser Zeit entwickeln. Schnell war sich die Branche einig, dass der Erfolg vor allem in der gewährten künstlerischen Freiheit der Autorinnen und Autoren lag.

Als HBO Anfang des Jahrhunderts in die Produktion von Serien einstieg, lehnten sie sich an dem Modell von NBC an. Sie überließen ab sofort einem sogenannten Showrunner die Verantwortung. Der hatte die Idee für die Serie gehabt und traf fast alle Entscheidungen. Dabei werden die Stoffe in einem Writer's Room entwickelt. In diesem Raum erfinden mehrere Autoren unter der Anleitung des Showrunners die Handlungsstränge. Es sind diese Autoren, die die einzelnen Folgen schreiben. Der Showrunner verfasst meist nur eine oder zwei der wichtigen Episoden.

Oft ist ein Regisseur verantwortlich, zusammen mit dem Showrunner die erste Folge (den Piloten) zu drehen und dadurch den Stil der Inszenierung festzulegen. Alle folgenden Regisseure, die nur für wenige Episoden engagiert werden, müssen sich an diesen vorgegebenen Stil halten.

Der Showrunner überwacht dabei, ob die Leitlinien eingehalten werden und korrigiert gegebenenfalls die Entscheidungen der Regie. Der Erfinder und Showrunner von *Mad Men*, David Weiner, beschrieb es 2008 so: »Ich überprüfe jedes einzelne Wort, das in die

Serie kommt. Nichts wird ohne meine Beteiligung gedreht. Die Drehbücher werden mehrmals überarbeitet, und ich arbeite mit den Autoren in jeder Phase. Ich bin sehr in den Schreibprozess eingebunden. Ich nehme auch an jedem Casting teil. Selbst wenn die Figur nur ein Wort spricht, bin ich beim Vorsprechen dabei. Ich kümmere mich auch um Requisiten, viele werden ja schon in die Skripte reingeschrieben. Ich beteilige mich an der Auswahl der Kostüme. Viele dieser Details werden schon in das Drehbuch hineingeschrieben. Die Bücher sind sehr detailliert: welche Getränke die Leute trinken, wo sie sitzen und so weiter. Dann arbeite ich mit dem Regisseur zusammen. Wir treffen uns, und ich erkläre ihm das Drehbuch Seite für Seite und Wort für Wort. Oft spiele ich es ihm sogar vor – das ist peinlich, aber wahr. Dann auf dem Set komme ich zu den Proben dazu. Es ist immer ein Autor dort. Außerdem bin ich in die Post-Production involviert, beteilige mich intensiv am Schnitt, an der Tonmischung und Farbkorrektur.«[21]

Entscheidend ist in diesem Arbeitsprozess, dass eine Vision von der Idee bis zur Ausführung die Serie bestimmt. Dadurch entstehen künstlerische Qualitätsserien, die nicht dem Kompromiss unterliegen, der entsteht, wenn zu viele Köche den Brei verderben.

Da die Arbeit der Showrunner und ihrer Writer's Rooms sich als äußerst erfolgreich herausgestellt hatte, übernahmen die Streaminganbieter dieses Arbeitsprinzip. In Amerika werden heutzutage die meisten Serien auf diese Art und Weise entwickelt, und die Showrunner gehören zu den neuen Stars, die in der Öffentlichkeit für ihre Serien stehen. Die bisher nicht gekannte Freiheit macht für viele Autoren die Arbeit für das Fernsehen bzw. die Streaminganbieter mit einem Mal wieder extrem attraktiv und so werden auch große Talente angezogen, was natürlich den Serien nutzt. Häufig haben die Showrunner zuvor über Jahre selbst als Teil einer Gruppe im Writer's Rooms gearbeitet, bevor sie mit einem eigenen Konzept an den Start gingen und überzeugen konnten. Denn eine Idee allein reicht nicht. Die Verantwortlichen brauchen das Vertrauen, dass der Showrunner einen Raum voller Autoren leiten kann und die Fähigkeit besitzt die gesamte Produktion zu organisieren.

In Deutschland ist der Ruf der neuen Art, Serien zu schreiben, seit einigen Jahren über den Atlantik gehallt. So arbeiten hierzulande viele Produktionen inzwischen mit einem Writer's Room. Dabei wird aber vergessen, dass das Konzept darauf beruht, dass der Showrunner die Verantwortung trägt. In Deutschland ist es allerdings unmöglich, dass nicht die Regisseure und Redakteure der Sender den Hut aufhaben. Die Strukturen haben sich in den letzten Jahrzehnten so weit verfestigt, dass eine Änderung nur sehr schwer durchzusetzen ist. Darum wird die neue Arbeitsweise in Wirklichkeit bei uns nur halbherzig durchgesetzt. Es bleibt abzuwarten, ob sich das bei den Streamingplattformen, die in Deutschland produzieren, ändern wird. Es würde den heimischen Serien helfen, wenn auch sie von dem amerikanischen Prinzip »One Vision« geprägt werden, wenn also eine einzige Vorstellung die Arbeit von der Idee bis zur Endfertigung prägt.

Können Dinosaurier sterben?

Wenn das Streamen immer mehr zum Alltag gehört und sich bei der Mehrheit der Bevölkerung durchgesetzt hat, was wird dann aus dem alten, dem linearen Fernsehen? Wird es verschwinden wie die Pferdekutsche oder das Faxgerät?

Sicherlich wird es uns auch noch die nächsten Jahrzehnte begleiten, aber die Nutzung wird sich radikal wandeln. Es ist gut möglich, dass etwa ab 2025 das klassische Fernsehen fast vollständig ein Nebenbei-Medium darstellen wird. Eine ähnliche Entwicklung hat es schon einmal gegeben: Radio konnte, weil es nur einen Sinneskanal beansprucht, zwar immer gut neben anderen Tätigkeiten gehört werden, aber bis in die 70er sendeten die (öffentlich-rechtlichen) Sender sehr viele anspruchsvolle Hörspiele und Features, denen die Hörer abends aufmerksam folgten. Diese gibt es auch heute noch (z. B. im Deutschlandfunk), allerdings konsumiert die Mehrzahl Radio im Auto, beim Kochen oder bei sonstigen Beschäftigungen. Musik und die kurzen Beiträge laufen nebenbei, und der

Hörfunk wird nicht mehr als eigenständiges Nutzungsobjekt wahrgenommen.

Ein ähnliches Schicksal wird dem linearen Fernsehen nicht erspart bleiben. Dies tritt schon heute in den Sendungen zutage, die vor 18 Uhr ausgestrahlt werden. Das sogenannte Bügelfernsehen, das seinen Namen erhalten hat, weil der Zuschauer der Handlung allein über den Dialog folgen und nebenbei etwas anderes erledigen kann (z. B. bügeln), bestimmt den Tagesablauf bis in den Abend hinein. Dieser Umstand hat erzählerische Konsequenzen. Die Sendungen müssen auch ohne Bilder verstanden werden. Es gilt also, alle wichtigen Informationen auf der Sprachebene zu vermitteln. Und da naturgegeben die Konzentration und Aufmerksamkeit nicht besonders hoch sind, werden keine komplexen Figuren und Erzählungen mehr gezeigt. Da auf der anderen Seite nicht sehr viele Zuschauer das Gerät überhaupt angeschaltet haben, werden die Sendungen billig produziert. Auch das Abendprogramm wird in den kommenden Jahren kostengünstiger hergestellt werden müssen, da der Druck weiter zunehmen wird. Dies wird sich auf die Qualität des Erzählens und der Produktion auswirken. Der Teufelskreis beginnt, denn wo das Niveau sinkt, werden die Zuschauer noch weniger Aufmerksamkeit für das Programm aufbringen.

Dabei wird in Zukunft sicherlich kaum gebügelt, sondern vielmehr werden die Zuschauer (können sie noch so genannt werden?) nebenher ihre E-Mails checken, mit ihren Freunden chatten oder einfach die neuesten Nachrichten auf Facebook lesen. Schon seit einiger Zeit geistert der Begriff »Second Screen« durch die Beschreibungen der heutigen Medienwirklichkeit. Damit wird im Allgemeinen der Umstand beschrieben, dass die Zuschauer neben dem Fernsehen einen zweiten Bildschirm nutzen. Meist ist hiermit das Smartphone oder das Tablet gemeint. In ein paar Jahren aber wird das lineare Programm zum Second Screen.

Die Schere zwischen dem klassischen Fernsehen und dem Streamen wird sich immer weiter öffnen. Heutzutage finden anspruchsvolle (d.h. komplexe) Erzählungen im linearen TV durchaus noch ihre Zuschauer. Dies hat viel mit Gewohnheiten zu tun, denn es schauen hauptsächlich die über 50-Jährigen, die mehr als 40 Jahre mit dem Medium vertraut sind. Die jüngere Generation hat sich bereits anders entschieden. Sie schaut Filme non-linear. Es ist kein Zufall, dass Funk, der Jugendkanal von ARD und ZDF, seine Sendungen nur im Internet anbietet. Die Online-Videothek ist seit 2016 online und hat den Auftrag der beiden öffentlich-rechtlichen Sender, die Zuschauer im Alter von 14 bis 29 Jahren anzusprechen. Die Verantwortlichen haben erkannt, wie diese Zielgruppe zu erreichen ist und wie nicht.

Die Entwicklung des linearen Programms bedeutet aber nicht, dass die Sender und Sendeanstalten unbedingt verschwinden. Sowohl die Privaten als auch die Öffentlich-Rechtlichen verfügen über eigene Mediatheken. In Deutschland steht ARD und ZDF allerdings der Gesetzgeber im Weg, der bisher das Bereitstellen von Sendungen nur für einen bestimmten Zeitraum erlaubt. Zwar haben ARD und ZDF die Frist soweit ausgedehnt, dass sie ihre Filme und Serien inzwischen doch über Monate in ihrer Online-Videothek anbieten, aber sie können keine Mediathek aufbauen, die ständig präsent ist. Ein weiterer Ansatz ist, dass sie ihre Produktionen schon Wochen vor der offiziellen Ausstrahlung online stellen. ARD und ZDF verzeichnen durch ihre Mediatheken eindeutig steigende Zuschauerzahlen. Einige Formate werden bereits über zwei Millionen mal abgerufen.

So fahren die klassischen Sender sicher noch mehrere Jahre zweigleisig und schalten das lineare Programm nicht ab, sondern setzen es als Grundlage für ihre Mediatheken ein.

Zudem werden die Anbieter die Bereiche ausbauen, in denen sie gegenüber den Streaminganbietern ihre Stärken haben und klar im Vorteil sind, immer dann nämlich, wenn der Livecharakter einer Sendung von entscheidender Bedeutung ist. Sport, politische und gesellschaftlich relevante Ereignisse oder auch Veranstaltungen wie der Eurovision Song Contest (ESC) werden in den kommenden Jahren noch wichtiger für die klassischen Sender. Allerdings sind attraktive Sportveranstaltungen teuer und bedeutsame Geschehnisse selten und oft nicht planbar, wie etwa ein Großbrand in einem historischen Baudenkmal (z. B. im April 2019 in Paris).

Deshalb suchen die Sender in Zukunft verstärkt nach eigenen Formaten, die ihre Sinnhaftigkeit in der Aktualität haben bzw. dem Livecharakter entsprechen. Von *Deutschland sucht den Superstar* bis *Germany's Next Topmodel* reicht die Palette der immer gleichen Abläufe. Diese Shows werden auch morgen linear ausgestrahlt werden, denn nur so entfalten sie ihre emotionale Wirkung. Wer wird am Ende gewinnen? Wenn ein Teil der Zuschauer das Ergebnis schon kennt und es sich herumspricht, wird der Sendung der wichtigste Faktor genommen. Dabei ist anzunehmen, dass die Welle von Castingshows zwar noch anhalten wird, aber über kurz oder lang von einem anderen Konzept abgelöst wird (vielleicht nach »Deutschland sucht den Superpförtner«). Entscheidend wird sein, dass diese Sendungen wie auch die Shows kompetitiv sind, denn nur der Wettbewerb erzeugt die notwendige Spannung.

Im Gegensatz zu den Privaten haben sich die öffentlich-rechtlichen Sender weniger der Talentsuche verschrieben, sondern eher den Talkshows. Diese sind letztendlich eine Art Wettkampf, doch werden zum Schluss keine Sieger gekürt. Dabei erfüllen sie oberflächlich betrachtet ihren Informationsauftrag. Dadurch können ARD und ZDF kostengünstig politische Sendungen produzieren, die auf aktuellen Konflikten beruhen. Auch dieses Format wird sicher die nächsten Jahre überstehen, jedoch ist anzunehmen, dass es ebenso wie die Castingshows eine Halbwertzeit besitzt. Es bleibt abzuwarten, was folgen wird.

Für die Sender wird es unmöglich den Niedergang des linearen Fernsehens aufzuhalten. Zwar wird die Tendenz irgendwann wieder abflachen und die Zuschauerzahlen werden sich auf niedrigem Niveau eingependelt haben, aber das duale System, bestehend aus dem klassische Fernsehen und den Streamingplattformen, ist ab jetzt Realität. Und – das ist das entscheidende – die Hauptnutzung wird in der Onlinewelt stattfinden. Sämtliche Sender, vor allem die öffentlich-rechtlichen, müssen sich dieser Zukunft stellen und verstehen, dass sie nicht mehr mit jeder Sendung auf die Quote schielen. Es ist nicht so sehr die Frage, wie viel Zuschauer die Serie am Dienstag hatte, sondern: Ist die Mediathek des Senders attraktiv und weckt sie bei den Menschen den Wunsch, sie zu besuchen? Findet der Liebhaber von Mysterythrillern ein Angebot auf der Plattform, bietet die Online-Videothek etwas für Fans des anspruchsvollen Dokumentarfilms und wird der Bedarf derjenigen gedeckt, die gerne eine Serie über ein homosexuelles Paar sehen? Es braucht neue Konzepte, die die Bedürfnisse der modernen Gesellschaft aufgreifen.

Das Kino wird sich verändern

Wenn sich die Streamingdienste durchgesetzt haben, was passiert dann mit dem mehr als hundert Jahre alten Kino? Wird es ebenso verschwinden wie die Pferdekutsche?

Hat Martin Scorsese, der Meister der Leinwand, recht, wenn er (2018) sagt: »Das Kino, wie ich es kenne und liebe, ist am Ende seines Weges angekommen.«[22] Er vergleicht das Schicksal seines Metiers mit der italienischen Oper, die eine 200 Jahre lange Hochphase erlebte und seit geraumer Zeit am Subventionstropf hängt. Auch das Kino, so postuliert der Regisseur von Filmen wie *Taxi Driver* und *The Wolf of Wall Street*, stehe vor Herausforderungen, die es in einer nicht geahnten Weise verändern würden.

Bisher hat noch keine neue Medientechnologie eine alte vollständig verdrängt. Das Kino hat das Theater nicht obsolet werden lassen, das Fernsehen weder das Kino noch Bücher oder Radio.

Aber immer haben sich die alten Medien reformieren müssen und einen neuen Platz gefunden. Die große Leinwand wird also sehr wahrscheinlich überleben, aber die Veränderungen sind schon heute spürbar. In Hollywood dominieren die monumentalen (und teuren) Filme, die mit einem enormen technischen Aufwand hergestellt werden. Der Einsatz von Computern hat die Möglichkeiten innerhalb der letzten zwei Jahrzehnte radikal erweitert. Diese Anstrengungen sind nur realisierbar, wenn die gesamte Verwertungskette mit ihren Einnahmen auch die Chance verspricht, die Kosten wieder einzuspielen. Eine Serie für eine Plattform findet nur eine Verwertung – auf der eigenen Online-Videothek. Ein Kinofilm kann viel Geld an der Kasse abwerfen und an Streamingdienste sowie an klassische Fernsehsender verkauft werden. Weil diese Filme aber ihre immensen Kosten nicht mehr nur in den USA einspielen, müssen sie auch international verwertbar sein. Und dabei spielt besonders ein Markt eine Rolle, der mit einem Schlag theoretisch bis zu 1,4 Milliarden Menschen als Zuschauer bereithält: China. 2016 verdienten Filme aus Hollywood dort 2,7 Milliarden Dollar.[23] Obwohl der drohende Handelskrieg auch diese Branche erschüttern könnte, werden US-amerikanische Filme in Zukunft noch stärker für gerade diesen Markt hergestellt. Dies bedeutet, dass es universelle Geschichten sein müssen, deren Verständnis nicht auf eine bestimmte Kultur angewiesen ist. Bisher haben sich da Comicverfilmungen als gute Grundlage herausgestellt. Auch wenn diese Welle später einmal wieder abebbt, wird sich nichts an dem Prinzip ändern, dass ein Großteil der Kinoproduktionen mit großem Aufwand gemacht und kompatibel für den internationalen Markt sein werden.

Was aber den sogenannten Independent-Film betrifft, wird die Veränderung durchaus radikal sein, denn wer bisher einen kostengünstigen, unabhängigen Film produziert hatte, war darauf angewiesen, erst einmal auf dem heimischen Markt einen Verleih zu finden. Wer den Film in andere Länder verkaufen und damit die notwendigen Einnahmen generieren wollte, brauchte einen sogenannten Weltvertrieb, der den Film in jedes Land einzeln verkaufen musste. Meist passierte das auf einem der internationalen Filmfestivals (z. B. Cannes oder auch Berlin). Ein mühsames Unterfangen, das zeitraubend und anstrengend ist. Und oft waren die Zahlen der Zuschauer im Ausland nicht besonders hoch, denn einen Film in die Kinos zu bringen bedeutet einen immensen Aufwand an Werbung und PR, um ein Bewusstsein beim Publikum aufzubauen, dass es diesen Film gibt und dass es sinnvoll ist, ihn im Kino anzuschauen.

Heute besteht hierfür eine attraktive Alternative: Ein Filmemacher verkauft seinen Film an einen Streaminganbieter, der ihm die weltweiten Rechte mit einem einzigen Vertrag abnimmt. Und die Online-Videothek hat die Werbung kostenlos in der eigenen Hand. Denn sie steuert selbst, an welcher Stelle das Werk auf den Bildschirmen der Kunden präsentiert wird.

Was bedeutet dies für die unabhängigen Produzenten? Ein Film kann schon in der Herstellung von Netflix, Apple oder Amazon finanziert oder erst einmal gedreht und dann an den Meistbietenden verkauft werden.

Ein Beispiel für diesen Film der Zukunft ist *Bird Box*. Die dänische Filmemacherin Susanne Bier hatte die gleichnamige Romanvorlage nach einem Drehbuch von Eric Heisserer 2018 verfilmt. Noch vor zehn Jahren wäre der Film auf ein paar Festivals gelaufen und dann mit viel Glück an einen Verleih in Deutschland verkauft worden. Im Kino hätte das Werk, das mit Horrorelementen arbeitet, nur schwer sein Publikum gefunden. Und für uns Zuschauer wäre es auch nicht einfach gewesen, den Film aufzuspüren, denn nur wenige Kinos hätten ihn in ihr Programm aufgenommen und dann womöglich auch nur für eine Woche. Wer *Bird Box* unbedingt wollte und den Zeitpunkt verpasst hätte, wäre auf die DVD ein halbes Jahr später angewiesen.

Heute und in Zukunft ist die Verwertung aber eine vollkommen andere. Netflix hatte sich die Rechte schon vor der Produktion gesichert und den Film Ende 2018 weltweit herausgebracht. Im Gegensatz zu den sonstigen Gepflogenheiten gab die Streamingplattform sogar die Abrufzahlen bekannt. Mehr als 45 Millionen Streams innerhalb einer Woche konnte der Film verzeichnen. Für die Zuschauer steht *Bird Box* seitdem jederzeit zur Verfügung.

In den Vorteilen dieser neuen Art der Verwertung steckt für die Filmemacher gleichzeitig eine Herausforderung, denn da es im Vergleich zu den klassischen Verleihern weit weniger Online-Videotheken gibt, können diese die Bedingungen bestimmen. Wer nicht den sehr erfolgversprechenden Film in der Tasche hat, muss sich dem Angebot des Streaminganbieters beugen. Es kommt hinzu, dass der Film nicht auf der großen Leinwand gespielt wird, sondern im besten Fall auf einem heimischen Fernseher oder sogar einem Smartphone. Darum sind viele Filmemacher bisher eher zurückhaltend, was diese neue Art der Verbreitung betrifft. Sollte es doch jemand tun, erzeugt es derzeit noch Furore, wie im Fall *Roma*.

Der Coup gelang Reed Hastings von Netflix, als er den Arthousefilm des unabhängigen Filmemachers Alfonso Cuarón aufkaufte. Der Film hatte im August 2018 im Rahmen der Filmfestspiele von Venedig Premiere und wurde mit dem Goldenen Löwen ausgezeichnet. Um sich auch für den Oscar zu qualifizieren, zeigte Netflix das Werk exklusiv für drei Wochen in 200 Kinos in den USA. Nach den Regularien der Academy of Motion Picture Arts and Sciences, die den renommierten Preis vergibt, muss ein Film mindestens sieben Tage im Kino gelaufen sein, damit er eingereicht werden kann.

Es folgte eine kostenintensive Werbekampagne für die Verleihung. Die Mühen wurden belohnt. Zwar konnte *Roma* nicht den Hauptpreis gewinnen, aber er holte sich die goldene Trophäe für *beste Regie, bester fremdsprachiger Film* und *beste Kamera*.

Seine Entscheidung, den Film von einem Streaminganbieter veröffentlichen zu lassen, begründete Cuarón so: »Wir müssen uns in heutiger Zeit Gedanken über die Langlebigkeit unserer Filme machen. Die hängt natürlich zuallererst von der Qualität ab, klar. Aber es gibt einen anderen, fundamentalen Aspekt, und der hat mit der Langzeitwirkung zu tun. Man muss darauf achten, dass ein Film nicht nach zu kurzer Zeit seinen Einfluss und seine Wirkung verliert. Denn die Spielzeit eines Films im Kino ist immer sehr begrenzt, egal wie erfolgreich er ist.«[24]

Amazon hält eine weitere Verwertung für unabhängige Filmemacher bereit. So bietet der ehemalige Buchversand die Möglichkeit, den eigenen Film selbst auf die Plattform zu stellen. Die Produzenten wurden dabei zu Beginn nach der Anzahl der Streams bezahlt. Zwar hat sich das Geschäftsmodell inzwischen geändert, aber das Prinzip stellt weiterhin eine einmalige Chance dar, weltweite Wahrnehmung zu erlangen.

Natürlich ruft dieser Weg bei den Kinobesitzern Widerstand hervor. Sie wehren sich gegen den neuen Gegner, der mit gefüllten Taschen die interessantesten Filme aufkaufen kann. So weigerten sich die großen amerikanischen Kinoketten, den Film *The Highwaymen* mit Woody Harrelson und Kevin Costner in ihr Programm zu nehmen. Nur wenige kleine Kinos zeigten ihn, bevor er schon bald danach auf Netflix zu sehen war. Und auch bei den Filmfestivals ist eine heiße Diskussion entbrannt, wie mit den neuen Akteuren umzugehen ist. Das reicht von vollkommener Abwehr, wie in Cannes, wo keine Netflix-Filme erlaubt sind, bis hin zu einem lockeren Umgang wie beim Filmfestival in Venedig. An diesen Kämpfen, die vielleicht etwas von Rückzugsgefechten haben, wird deutlich, wie sehr sich die Kinomacher durch die neuen Akteure bedroht fühlen.

Aber auch ein Altmeister wie Scorsese reiht sich mit einem Mal in die Liste jener Filmemacher ein, die jetzt exklusiv für Netflix arbeiten. Seit 2008 hatte er versucht, den Roman *The Irishman* zu verfilmen. Schon früh stand fest, dass er wieder mit Robert De Niro zusammenarbeiten würde. Allerdings erwies sich die Finanzierung des Projekts als schwierig. Zwar waren die Dreharbeiten für 2016 geplant, wurden dann aber kurzfristig abgesagt, weil das produzierende große Hollywoodstudio die Gelder nicht zusammen bekommen hatte. Dann sprang Netflix ein und finanzierte die Produktion.

Der Film feierte Premiere auf dem Filmfestival in Venedig 2019 und soll wenig später auch für kurze Zeit in den US-amerikanischen Kinos gezeigt werden. Dass er überhaupt den Weg auf die Leinwände findet, hat ebenfalls damit zu tun, dass er für den Oscar eingereicht werden soll (noch keinem Werk von Scorsese ist es bisher gelungen, die begehrte Trophäe als bester Film zu gewinnen).

Eine Studie des englischen Markforschungsunternehmens Ampere Analysis sagt voraus, dass die weltweiten Einnahmen aus Streaming-Abonnements 2019 in Höhe von 46 Milliarden Dollar erstmals die Einspielergebnisse der Kinos überflügeln, die laut Prognose bei knapp unter 40 Milliarden Dollar liegen werden. Es steht also zu vermuten, dass zumindest wirtschaftlich die Streamingdienste gewinnen werden.

Aus lokal wird global

Außer in Hollywood waren bis zum Erscheinen der Streamingplattformen die Fernsehproduktionen jedes Landes zum größten Teil national orientiert. Europäische Produktionen wurden seit dem Zweiten Weltkrieg für den heimischen Markt hergestellt. Deutsche Fernsehspiele und Serien liefen auf den Bildschirmen von Flensburg bis Konstanz, aber nicht in Lyon. Niemand dachte daran, dass eine deutsche Serie im Ausland Zuschauer anziehen könnte. Ausnahmen geschahen eher zufällig, wie z. B. ausgerechnet die biedere Krimiserie *Derrick*, die sich in den 70er Jahren sogar in Asien gut verkaufte.

Zwar waren die Kinofilme und Regisseure des Neuen deutschen Films wie Rainer Werner Fassbinder, Wim Wenders und Volker Schlöndorff auch im Ausland gefragt, aber trotzdem nicht gerade große Verkaufsschlager. Auf das Fernsehen hat sich dieses Interesse für deutsche Produktionen nicht übertragen. Danach ebbte die Neugier auf die Werke ohnedies wieder ab, und lediglich einige Festivalerfolge konnten zumindest das Feuilleton erfreuen.

Der Ministerrat der EU fasste 2017 den Beschluss, dass Streamingdienste in der EU künftig ähnlich wie TV-Sender eine feste Quote an europäischen Produktionen im Programm haben müssen. Die Novellierung soll Online-Videotheken dazu verpflichten, ihren Abonnenten in Europa mindestens 30 Prozent aller Serien und Filme auf der Plattform aus der Heimatregion anzubieten. Obwohl die Streamingdienste diese Quote zum Teil schon erreichen, läuft das gut gemeinte Konzept doch ins Leere. Eine US-amerikanische Online-Videothek könnte das leicht umgehen, indem sie sich massenhaft kostengünstige Dokumentationen über europäische

Braunbären einkauft und auf den Server stellt, ohne dass die Zuschauer gezwungen wären, sich diese anzuschauen.

Die bereits existierenden Plattformen Amazon und Netflix sind
schon seit einigen Jahren ohne Druck durch den Gesetzgeber dazu
übergegangen in Ländern außerhalb der USA eigene Filme und Serien zu drehen. Dies geschah freiwillig, weil es dem Geschäftsmodell entsprach, die Abonnentenzahl auch durch verstärkten Zuwachs im Ausland zu steigern.

Die Frage ist, ob die neuen Anbieter wie Apple und Disney schon
bald in Europa selbst produzieren oder ob sie lediglich alte Filme
und Serien einkaufen. Wahrscheinlich wählen die Plattformen diesen Weg, um nicht gezwungen zu sein, eigene Produktionen auf
den Weg zu bringen. Sie werden sich kostengünstig mit Erfolgen
der öffentlich-rechtlichen Sender eindecken, die diese nach bishe-
riger Gesetzgebung nicht in ihren Mediatheken verwerten dürfen.

Wie auch immer sich die neuen Akteure entscheiden, es ist anzunehmen, dass sich das Volumen der deutschen Produktionen für
alle Streamingplattformen in den nächsten Jahren weiter erhöhen
wird. Und dies wird die europäische Film- und Fernsehlandschaft
massiv verändern, denn die Serien, die die US-amerikanischen
Streamingdienste hierzulande in Auftrag geben, werden auf der
ganzen Welt in das System der Anbieter eingespeist. Zwar produzieren die Online-Videotheken lokal und mit heimischen Drehbuchautoren und Regisseuren, aber grundsätzlich wenden sich die
Produkte nicht mehr nur an die 80 Millionen Deutschen, sondern
an Zuschauer in mehr als 190 Ländern. Die erste deutsche Netflix
Serie *Dark* war deshalb nicht nur auf das Publikum in Tübingen
oder Berlin zugeschnitten. Sie sollte gleichermaßen in San Francisco und Buenos Aires verstanden werden. Dies wird auch an den
Titeln der deutschen Serien deutlich: *You are Wanted, Beat, Dogs of
Berlin* und *How to Sell Drugs Online (Fast)*. Dies bedeutet aber nicht,
dass die Streamingplattformen Konzepte suchen, deren Herkunft
nicht erkennbar ist. Bisher ist zumindest das Gegenteil der Fall: lokale Geschichten, die einem breiten, internationalen Publikum zugänglich sind.

Der Ansatz wird in den kommenden Jahren zu einer Professionalisierung und Internationalisierung der hiesigen Fernsehproduktionen führen. Deutsche Regisseure übernehmen jetzt schon bei großen US-amerikanischen Serien das Zepter und bringen ihre Erfahrungen wieder mit zurück in die heimische Filmlandschaft. Für Drehbuchautoren ist der Sprung in die USA naturgemäß schwieriger, denn ihr Handwerkszeug ist die Sprache, und für manche ist es schwer vorstellbar, ein Drehbuch in der knappen Zeit nicht in der eigenen Muttersprache zu verfassen. Aber Schauspieler, die ebenfalls mit der Sprachbarriere konfrontiert sind, profitieren von der neuen Ausrichtung. Wenn ihre auf Deutsch gedrehten Serien auch vermehrt im Ausland laufen, entstehen mehr Möglichkeiten, dass Filmemacher aus anderen Ländern auf sie aufmerksam werden.

Es wird einige Zeit dauern, bis sich das Bewusstsein der Profis verändert hat, dass sie ihre Geschichten nicht mehr nur für den deutschen Markt produzieren. Autoren, die erleben, dass ihre Werke auch in den sozialen Medien in Brasilien oder in Australien diskutiert werden, schreiben vermutlich anders bei ihren nächsten Projekten.

Für die Zuschauer bedeutet dies, dass unsere eigenen Produktionen professioneller werden und, dass sie die bisherigen Grenzen des heimischen Narrativs überwinden können. Gerade das deutsche Fernsehen hat sich in den letzten Jahren hauptsächlich auf ein Genre, den Krimi, konzentriert. Daneben gab es Arztserien und historische Stoffe (häufig in der Nazizeit angesiedelt), die die Bildschirme dominierten. Die Streamingdienste werden diese Einschränkung hinter sich lassen und mit neuen, frischen Genres und Formaten an den Markt gehen. Dies wird die Gewohnheiten der Zuschauer durchbrechen und zu spannenden Herausforderungen führen. Das heißt, wir sind in Zukunft nicht mehr auf eine amerikanische Horrorserie angewiesen, da die Untoten oder Vampire demnächst auch durch deutsche Städte marodieren.

Die linearen Anbieter haben die Wahl, dem Druck nachzugeben oder noch mehr Zuschauer zu verlieren. Erste Ansätze gibt es schon (*Bad Banks*), und es bleibt zu hoffen, dass dies häufiger geschieht.

Das ZDF hat im Frühjahr 2019 eine Serienoffensive angekündigt. Darunter sind viele Koproduktionen mit anderen europäischen Fernsehanstalten.

Kritiker der Entwicklung sprechen aber vom US-amerikanischen Kulturimperialismus[25]. Die Gefahr besteht in der Tat, ist allerdings nichts Neues, denn im Kino werden in Deutschland ebenfalls überwiegend Werke aus Hollywood gespielt. 2018 haben lediglich 23,5 Prozent aller Besucher einen deutschen Film geschaut. Die heimischen Produktionen sind dabei nur möglich, da sie vom Staat mit Fördergeldern unterstützt werden.

Trotzdem ist es natürlich richtig, dass alle Serien der Online-Videotheken von Hollywood oder dem Silicon Valley in Auftrag gegeben und von dort aus inhaltlich kontrolliert werden. Die Produzenten lassen die deutschen Drehbücher übersetzen und legen sie der Streamingplattform vor. Drehbuchbesprechungen finden oft spät in der Nacht statt, wenn in Los Angeles die Produzenten gerade vom Lunch zurückkommen. Obwohl es sich um lokale Geschichten handelt, entsprechen sie dadurch der Dramaturgie, die in den USA vorherrscht. Die Plattformen entwickeln ihre Marke, ihren »Brand«, die sie von den anderen unterscheidet. Unter dem Strich droht, dass alle Produktionen somit ähnlichen Mustern folgen. Bisher waren aber die Serien von Netflix und Amazon so divers, dass zu hoffen bleibt, dass dies auch weiterhin so sein wird.

Die Kritik moniert nicht nur die inhaltliche Dominanz der USA, sondern auch die Auswirkungen auf die deutsche Filmbranche, denn schon jetzt gibt es einen Wettkampf um die besten Talente. Deutsche Kino- und Fernsehproduktionen ziehen gegenüber Netflix und Co meist den Kürzeren, da die Streamingdienste für die Kreativen eine hohe Anziehungskraft ausüben. Die Kritiker befürchten, dass die Anbieter aus Hollywood und dem Silicon Valley nicht nur den Abspielmarkt dominieren, sondern auch die europäischen Produktionen, sodass kleine lokale Stoffe bald keine Chance mehr haben. Einige Filmemacher binden sich für mehrere Jahre an die amerikanischen Plattformen (so z. B. der deutsche Regisseur Baran Bo Odar und die Autorin Jantje Friese von *Dark*).

Exklusive Zusammenarbeiten von Künstlern mit Fernsehanstalten oder Produktionsfirmen gab es in Deutschland im Gegensatz zu den USA bisher nicht. Jeder Film war ein oft jahrelanger
Kampf. Wer vertraglich mit einem Studio verbunden ist, hat kurze
Wege und ist sich bewusst, dass ihm Vertrauen entgegen gebracht
wird. Es ist sinnvoll, dieses Instrument auch hierzulande einzufüh-
ren – und tatsächlich gibt es erste Ansätze in die Richtung). Es wird
die Qualität der Filme und Serien erhöhen, was wiederum für die
Zuschauer positiv ist.

Die fünfte Generation

Die Zukunft des Mobilfunks steht mit dem neuen sogenannten
Standard 5G vor der Tür. In Deutschland wurden die dafür notwendigen Frequenzen im Sommer 2019 versteigert, sodass der Aufbau
der Infrastruktur 2020 beginnt. In den USA und in der Schweiz sind
in einzelnen Regionen die Netze schon darauf ausgerichtet, es wird
aber auch dort noch mehrere Jahre dauern, bis sich dies weitestge-
hend überall durchgesetzt hat. In der Eidgenossenschaft will die
Swisscom allerdings schon bis Ende 2019 90 Prozent der Bevölkerung mit 5G versorgen.

Was verbirgt sich hinter dem Kürzel, und was hat dies mit dem
Streamen von Filmen oder Serien zu tun? Der Begriff steht für die
fünfte Generation der Mobilfunkübertragung. Sie bietet in späteren Ausbaustufen eine weit höhere Datenrate als die bisherigen
Standards und ermöglicht es, dass mehr Geräten gleichzeitig auf
eine Station zuzugreifen als es heute der Fall ist. Und auch die zukünftigen Fernsehformate mit einer Auflösung von 4K oder gar 8K
lassen sich auf diesem Weg drahtlos auf allen Geräte streamen. Ein
hochauflösender Film lässt sich damit in rund einer Minute herunterladen.

Sollte sich 5 G durchsetzen, wird sich für uns Nutzer die heute
noch gültige Unterscheidung zwischen einem Kabel- oder Satelli-
tenanschluss, einem mit dem Kabel verbundenen Computer oder

einem WLAN-Anschluss erübrigen. Alle Geräte sind in der gleichen Art und Weise zu einem schnellen Datentransfer fähig. Öffentliche Hotspots (in Cafés, Hotels oder auf der Straße) werden überflüssig. Dies wird den Zugang zu audiovisuellen Inhalten noch einmal erleichtern und neue Technologien, wie die Übertragung von Virtual Reality erst ermöglichen. 5G wird für uns Nutzer den Unterschied zwischen der eigenen Wohnung, in der wir bisher in den meisten Fällen per Kabel oder WLAN bei dem schnellen Internetzugang angeschlossen sind, und dem Gang aus dem Haus, bei dem wir uns mit den alten Standards begnügen müssen, aufheben. Wir werden gar nicht mehr wissen, wie unser Smartphone mit dem Internet verbunden ist. Und letztendlich wird 5G nicht nur eine Technik für Mobiltelefone. Ende 2019 kommt der erste Fernseher auf den Markt, der Filme in 8K ausstrahlen kann und durch 5G seine Daten erhält. Er benötigt keinen der klassischen Fernsehanschlüsse mehr und ist fähig, alle Geräte im Haushalt mit dem Internet zu versorgen.

Im Gegensatz zu den bisherigen großen Sendemasten, die meist auf Dächern oder in anderen erhöhten Positionen stehen, sind die 5G Sender klein und ähneln eher Schuhschachteln. Allerdings haben sie auch eine geringere Reichweite und müssen so viel dezentraler aufgestellt werden. Dabei werden sie sicherlich in die schon vorhandene Infrastruktur integriert. Stromkästen oder Laternenpfähle werden so auch zu Mobilfunkstationen. Kritiker befürchten durch die neue Technologie eine Gesundheitsgefährdung. Einzelne Schweizer Kantonsparlamente haben ihre Regierungen im April 2019 dazu gezwungen, ein Moratorium für die Installation von 5G-Antennen zu erlassen oder dies zumindest zu prüfen.

Und noch eine andere wichtige Funktion wird 5G von seinen Vorgängern unterscheiden. Während Streamingdienste beim Herunterladen dem aktuellen Bild immer etwas voraus sind und ein paar Sekunden im Speicher halten, um eventuelle Ausfälle zu überbrücken, ist dies bei Liveübertragungen nicht möglich. Im alten Mobilfunkstandard stockt der Film dann, wenn zu viele Daten auf dem Weg verloren gehen. 5G ist so schnell, dass auch die Übertragung des Endspiels der Fußballweltmeisterschaft flüssig abläuft, wenn es auf dem Smartphone oder dem Tablet gestreamt wird.

Dabei wird derzeit an einem revolutionären Modus innerhalb von 5G gearbeitet, der einer Fernsehausstrahlung gleichkommt. Während bisher jedes Gerät einen eigenen Internetzugang benötigt, um auf die Mediatheken zuzugreifen, erlaubt dieses Verfahren die simultane Verteilung identischer Medieninhalte an eine Vielzahl von Empfängern auch über größere Distanzen. Auf diesem Wege verschmelzen das Internet und der Fernsehempfang. Ähnlich wie heute schon im Netz sprechen die linearen Fernsehsender jeden Zuschauer direkt mit Werbung und Inhalten an.

Die ersten Anwendungen erscheinen aber nicht vor 2021, und auch dann können die alten digitalen Standards noch auf Jahre weiter genutzt werden.

Das alles hat natürlich seinen Preis. Die Anbieter müssen eine komplett neue Infrastruktur aufbauen und bekommen in Deutschland einige Vorschriften zur Qualität des Angebots. Die Kosten dafür werden sie an die Kunden weitergeben. Die Preise werden in den ersten Jahren nicht mit denen der alten Standards vergleichbar sein und eine Zwei-Klassen-Gesellschaft schaffen: jene, die sich 5G leisten können, und solche, die im Schneckentempo auf der mobilen Datenautobahn unterwegs sind.

Die Entwicklung wird auch Auswirkungen auf den Konsum von Medieninhalten insgesamt haben und neue Geschäftsmodelle hervorbringen, die heute noch nicht abzusehen sind.

Peak TV

Es war das Jahr 1956 und der amerikanische Geologe M. King Hubbert bereitete für das Frühjahrtreffen des American Petroleum Instituts in Texas einen kleinen Bericht vor. Er handelte von der Zukunft der Ölförderung. Hubbert präsentierte auf 40 Seiten Zahlen und stellte Prognosen über den weiteren Verlauf von Ölbohrungen auf. In seinem Papier erklärte er, dass eines Tages der Gipfel (engl.:

Peak) des geförderten Öls erreicht ist und es in der Folge zu einer stetigen Verringerung kommt. Den Zeitpunkt für diesen »Peak Oil« (eine Bezeichnung, die erst später geprägt wurde) setzte er für das Jahr 2000 an. Er verstand die Präsentation als Warnung, sich auf jenen Moment schon möglichst früh vorzubereiten. Heute ist der Begriff und die Tatsache, dass das Öl eines Tages zu Ende geht, allgemein anerkannt, allerdings haben neue (aufwendigere)Fördermethoden und Entdeckungen von großen Ölfeldern den Peak Oil weiter nach hinten geschoben. Aber der Umstand, dass wir den Klimawandel auch dem Verbrauch von Öl zu verdanken haben, hat viele dazu gebracht, darüber nachzudenken, den Moment des Versiegens dieser Energiequelle nicht abzuwarten.

Was hat das mit Fernsehen zu tun?

Wenn ich mit Freunden und Kollegen über neue Serien spreche, ist seit einiger Zeit eine Übermüdung zu spüren. Ich fühle mich erinnert an eine (wahrscheinlich nicht wahre) Anekdote vom damaligen Bundeskanzler Helmut Kohl, der bei einem Besuch der Frankfurter Buchmesse und den Zehntausenden von Büchern ausrief: »Wer soll das alles lesen?« Viele meiner Freunde kapitulieren inzwischen vor den unzähligen neuen und auch interessanten Serien, die hunderte Stunden unserer wertvollen Zeit verschlingen.

Werden wir so etwas wie ein Peak TV erleben? Wird die Zahl der Serien eines Tages wieder zurückgehen?

Im Gegensatz zum Öl, dessen Ressourcen tatsächlich endlich sind, können Filme unbegrenzt produziert werden. Darum versiegen die Quellen nicht später einmal. Aber wahrscheinlich gibt es nach einem harten Kampf, der jeden Akteur dazu bringt, immer mehr zu produzieren, eine Marktkonsolidierung und nur wenige Streaming-Plattformen bleiben übrig (vielleicht sogar ein Monopol). Diese Anbieter achten dann auf die Kosten, anstatt nur auf Expansion zu setzen. Naturgemäß schränken die Online-Videotheken, um Ausgaben zu reduzieren, die Produktion ihrer eigenen Originals ein und schrauben den Ankauf von Lizenzware zurück. Aber wird es dadurch weniger Filme und Serien geben?

Das ist nicht anzunehmen, denn neben den großen Plattformen werden wahrscheinlich auch kleinere, unabhängige Online-Videotheken entstehen. Die Produktionsmittel sind heutzutage nicht mehr nur in den Händen von wenigen Unternehmen. Jeder der will, hat die technische Möglichkeit, ein »perfektes« Werk zu drehen. Bis zur Digitalisierung war Filmemachen auf teures Equipment angewiesen. Selbst in Filmhochschulen stritten sich die Studenten um die Kameras und das Filmmaterial, weil anders keine Filme zustande kamen. Heutzutage kann jeder, der ein Smartphone besitzt, Videos aufnehmen, die (zumindest technisch) auf der großen Leinwand bestehen. Das Angebot von YouTube beruht auf der Tatsache, dass viele Menschen, Filmemacher sein können. Schon jetzt tummeln sich einige unabhängige Plattformen auf dem Markt (siehe »Jenseits des Mainstream«). Wenn es gelingt, tragfähige Geschäftsmodelle zu entwickeln, dann bieten diese Anbieter nicht nur Lizenzware an, sondern investieren auch in kostengünstige eigene Produktionen.

Aber was ist mit uns Zuschauern? Werden wir nicht irgendwann erschlagen von dem immer größer werdenden Angebot? Diese Frage kann eigentlich nur jemand stellen, der noch mit dem klassischen, linearen Fernsehen aufgewachsen ist, das von der Mangelwirtschaft lebte. Damals waren wir hungrig nach neuen Filmen und Serien. Die erste Zeit, als es nur zwei oder drei Sender gab, war wie ein Buchladen, in dem nur zehn Werke stehen und ab und zu ein Neuzugang zu verzeichnen ist. Natürlich wäre dann die Versuchung groß, alle Veröffentlichungen zu verschlingen.

Aber in Wirklichkeit war das Geschäft mit dem gedruckten Papier immer schon von einer Unmenge an Büchern gekennzeichnet. Das hat dazu geführt, dass wir Leser uns selektiv für Literatur interessiert haben. Und die Buchhändler haben darauf reagiert. Sie wollen uns nicht mit ihrem Angebot erschlagen, sondern bieten uns Orientierung. Sie sortieren ihre Auswahl nach Genres und innerhalb der Regale zur einfachen Auffindbarkeit entsprechend dem Alphabet der Autoren. Wer einen dreistöckigen Buchladen betritt, wird nicht versuchen jeden Titel genau zu studieren. Wir gehen zuerst einmal zu der Literaturgattung, die wir favorisieren und suchen dort entweder nach unseren Lieblingsautoren oder wir lassen uns durch die Auslagen inspirieren. In den USA ist es schon lange üblich (und es kommt zunehmend in die deutschsprachigen Länder), dass an einigen Büchern die sogenannten »Staff Pick« hängen. Kurze (natürlich positive) und persönlich formulierte Bewertungen der Mitarbeiter des Ladens, die uns auf Werke von Autorinnen und Autoren neugierig machen. Diese Hinweise inspirieren uns wie heutzutage bei den Streamingplattformen der Algorithmus. Sie geben uns das Gefühl, geleitet zu werden. Kaum jemand fühlt sich in einem Buchladen vom Angebot erschlagen, weil wir wissen, dass wir nicht alle Bücher lesen müssen. Wir freuen uns vielmehr, dass wir auch zu unserem sehr speziellen Geschmack (z. B. argentinische Literatur des 19. Jahrhunderts) ein Werk in den Regalen finden.

Im Streamingbereich werden wir genau dies erleben. Hier bekommt jedes Genre und jede noch so kleine Nische ihren Raum. Die Zuschauer der Zukunft selektieren wie die Leser in einem Buchladen. Es wird keinen Peak TV geben, sondern eine Erweiterung des Angebots. Und unser Verhältnis dazu wird sich ändern. Wir haben nicht mehr das Gefühl, auch die tolle neue Zombieserie sehen zu müssen. Natürlich wird die Zahl der in den USA produzierten Werke nicht unendlich weiter steigen. Das liegt an den begrenzten finanziellen Ressourcen, aber wir werden in Zukunft ebenfalls die spannenden spanischen oder australischen Serien auf unserer Plattform vorfinden können (wenn wir denn wollen).

KAPITEL 8

SCHÖNE NEUE WELT

Gestresst kommt die junge Designerin Katja aus dem Büro in ihre Wohnung. Ein Blick auf die Smartwatch verrät ihr, es ist wieder einmal viel zu spät geworden. Müde holt sie sich ein Glas Rotwein aus der Küche und setzt sich in ihren Sessel im Wohnzimmer. In dem Moment schaltet sich automatisch ihr Screen an der Wand ein. Die Künstliche Intelligenz hat im Zusammenspiel mit ihrer Smartwatch ihren Zustand erkannt und das Licht mit wohltuenden roten Tönen heruntergedimmt. Eine sanfte weibliche Stimme erklärt ihr: »Katja, ich habe dir heute nach diesem anstrengenden Tag etwas zur Entspannung herausgesucht. Genau das Richtige für dich. Der neuste Film mit deiner Lieblingsschauspielerin Jennifer Lawrence. Eine Romantic Comedy. Willst du sie sehen?« Katja nimmt einen Schluck aus ihrem Glas und überlegt. »Der Film hat bei deinen Freundinnen ein Rating von 98%«, ergänzt die Stimme, um ihr die Entscheidung zu erleichtern. Die junge Designerin wiegt den Kopf. »Okay«, bestätigt sie die Auswahl. Sofort erscheint das Netflixlogo auf dem Bildschirm und eine fröhliche Musik erklingt.

Kino und Fernsehen haben Meilensteine der Kulturgeschichte hervorgebracht. Sie haben uns zum Lachen und zum Weinen gebracht. Wir haben eine Beziehung zu den Werken und zu der Technologie aufgebaut. Bei den Premieren der *Star Wars* Filme bildeten sich regelmäßig Schlangen vor den Filmtheatern. Millionen von Zuschauern sahen *Titanic* mehr als fünfmal in ihrem Leben. Aber im Nationalsozialismus war das Kino auch ein Ort, um die Bevölkerung vom Unrecht abzulenken und den Glauben an den »Führer« zu stärken.

Bei vielen wichtigen Ereignissen der Weltgeschichte können sich die Menschen daran erinnern, unter welchen Umständen sie diese vor dem Fernseher erlebt haben. Das reicht von der Ermordung von John F. Kennedy bis zum 11. September 2001. Familien sind mit dem Fernsehprogramm sozialisiert worden. Eltern und Kinder haben die Abende vor den Sendungen verbracht und dadurch eine gemeinsame Erfahrung aufgebaut. Meist war es die einzige Zeit, in der auch der arbeitende Vater anwesend war. Viele Heranwachsende haben das Alphabet mit und durch Ernie und Bert aus der *Sesamstraße* zum ersten Mal kennengelernt. Auf der anderen Seite ist eine ganze Generation sehr junger Menschen von der Sendung *Aktenzeichen XY*, in der reale Verbrechen nachgestellt und die Täter öffentlich zur Fahndung ausgeschrieben wurden, traumatisiert worden. Viele Jugendliche haben die Tage und Abende lieber vor der Glotze verbracht, als mit Freunden Abenteuer zu erleben.

Kino und Fernsehen haben unser Leben geformt. Beide Medien haben, nachdem wir sie eine Zeit lang genutzt haben, die Art und Weise, wie wir denken, beeinflusst. Unser sozialer Zusammenhalt wandelte sich, und selbst unser Gehirn passte sich den neuen Möglichkeiten an.

Auch die heutigen revolutionären Entwicklungen verändern uns und die Umwelt Schritt für Schritt und drücken unserem Leben den Stempel auf. Die kommende Zeit hält viele Vorteile und wahrscheinlich Werke bereit, die in die Filmgeschichte eingehen werden. Aber es lauern Veränderungen, die wir kritisch betrachten sollten und, wenn notwendig, dafür unser Verhalten neu gestalten.

Wohin geht die Reise? In diesem letzten Kapitel werde ich die bisherigen Erfahrungen in die Zukunft verlängern und die Folgen beschreiben, mit denen wir uns in den kommenden Jahren beschäftigen werden.

Wer besitzt meinen Film?

Im Jahr 2009 ging ein Aufschrei durch die Welt der gerade entstandenen E-Book-Leserschaft. Amazon hatte mit einem Schlag aus der Ferne zwei Bücher von den Kindle-Geräten der Nutzer gelöscht. Ironischerweise war es neben *Farm der Tiere* auch George Orwells Dystopie *1984*, die von den Lesegeräten verschwand. Ausgerechnet der Roman, in dem die Erinnerungen an unliebsame Wahrheiten systematisch von Big Brother ausgemerzt werden. Grund waren rechtliche Fragen, aber der Umstand, dass Amazon gekaufte Bücher nachträglich löschen konnte, wurde so erstmals ins Bewusstsein der Öffentlichkeit katapultiert.

Ähnliches geschah im Herbst 2018, als einem Anwender der erneute Download eines Films, den er Jahre zuvor von iTunes Store erworben hatte, verweigert wurde. Wer in Apples Online-Videothek Filme ersteht, kann diese auf den Computer oder ein anderes Gerät herunterladen. Wenn der Käufer allerdings wenig Speicherplatz auf der Festplatte hat, hatte er sich bis zu diesem Zeitpunkt darauf verlassen, dass er jederzeit den Film oder die Serienfolge in seiner Cloud hatte und erneut anschauen oder kopieren konnte. Ähnlich wie bei Amazon waren auch im iTunes Store rechtliche Gründe für die Löschung ausschlaggebend. Apple hatte zwar die Lizenz für das Werk erworben, als der Zuschauer den Film wieder einmal sehen wollte, war diese aber abgelaufen, und die Daten lagen schon nicht mehr auf den Servern des Unternehmens. Auch hier wurde den Nutzern schlagartig klar, dass Besitz im digitalen Zeitalter nicht gleich das Eigentum ist, das sie aus der analogen Zeit kennen.

Nicht nur vergangene Einkäufe sind davon betroffen, ebenso regionale und nationale Unterschiede spielen eine Rolle. Ein Kunde, der von Australien nach Kanada emigriert war, hatte keinen Zugang mehr zu einigen seiner gekauften Filme. Auch hier waren rechtliche Gründe ausschlaggebend.

Nutzer, die nur wenige Filme oder Folgen erstanden haben, können ihre Käufe ohne Schwierigkeiten auf ihrer Festplatte speichern, aber bei über hundert Werken wird es fast unmöglich, die Daten selbst zu sichern.

So misslich es für die Konsumenten von Filmen ist, dass sie keinen Zugang mehr erhalten, so sehr steckt doch eine ganz andere und viel entscheidender Frage hinter dieser Entwicklung. Jahrhundertelang war der Besitz von kulturellen Produkten die Regel und prägte das Bewusstsein über deren Wert. Bücher wurden gekauft und gehörten ab dem 19. Jahrhundert in bürgerlichen Wohnungen zur Ausstattung, wie die Bilder an den Wänden. Das bekannteste und prototypischste Möbelstück von Ikea ist nicht etwa ein Tisch oder Stühle, sondern ein Regal. So wichtig der Bücherschrank auch war, so wenig entsprach er in den meisten Fällen dem tatsächlichen Gebrauch der Bücher. Sie wurden gekauft (oder waren geschenkt), im besten Fall gelesen und verstaubten, ohne noch einmal angeschaut zu werden. Sie dienten als Dekoration und als Beweis der Belesenheit des Besitzers. Ein eleganter Weg, vor allem deshalb, weil niemand so recht überprüfen konnte, ob die Bücher eigentlich alle gelesen worden waren.

Ähnlich war es mit der Musik. Auch das Schallplattenregal stand in der Regel prominent im Wohnzimmer. Die Scheiben wurden allerdings in den meisten Fällen mehrmals gehört, oft sogar hunderte Male.

Es gibt also eine lange Tradition des Besitzes von Literatur durch Bücher und von Musik durch Schallplatten.

Der Umstand, dass beides wie auf dem Präsentierteller in der Wohnung ausgestellt wird, hat eine kuriose Konsequenz, denn der Geschmack in Bezug auf Kulturgüter ändert sich im Laufe des Lebens. Kaum ein Erwachsener hat noch *Hanni und Nanni* prominent im Bücherregal stehen. Und wer in jungen Jahren sich massenhaft Alben von Teeniebands gekauft hatte, konnte schon wenig später nicht so richtig etwas damit anfangen. Oft waren einem die Platten sogar peinlich, dass sie entweder verschenkt oder auf dem Flohmarkt verkauft wurden. Der Besitz von Kultur dient (vor allem im Bürgertum) immer auch der Darstellung des eigenen Ichs.

Mit dem Siegeszug der CD wurde wiederum ein Problem der neuen Technologien deutlich. Wer *Sergeant Peppers Lonely Heart Club Band* von den Beatles als Schallplatte gekauft und hunderte Mal gehört hatte, stand vor der schwierigen Entscheidung entweder weiterhin die zerkratzte Platte zu hören oder sich das gleiche Werk noch einmal als CD zu kaufen.

Der physische Besitz von Filmen begann erst ab den 80er Jahren, als die ersten Kaufvideos angeboten wurden. Schon bald etablierte sich hier eine ähnliche Kultur, wie es Bücher und die Schallplatten vorgemacht hatten. Wer seine Kenntnis über Filme beweisen wollte, stellte die gekauften Videokassetten in die Wohnung, erstaunlicherweise allerdings weniger in Wohnzimmern, sondern eher in den Fluren oder anderen kleineren Räumen. Auch hier entsprach dies nicht dem tatsächlichen Nutzungsverhalten, denn bis auf wenige Filme wurden die Videos nicht noch einmal in den Rekorder gesteckt. Die Größe der Kassetten inklusive ihrer Verpackungen erlaubte es allerdings nur dreizehn davon in einem Regalfach unterzubringen. Neben dem hohen Preis für Kaufvideos führte dies dazu, dass sich die Sammelleidenschaft, wie es sie bei Büchern und Schallplatten gab, nicht massenweise auf Filme übertrug. Das änderte sich erst, als die DVDs Ende des Jahrtausends den Markt eroberten. Zwar war der Preis für einen Film ebenfalls hoch, aber die Größe ähnelte einem Taschenbuch, und die Verpackung war gegenüber dem klobigen schwarzen Plastik hochwertig und attraktiv. Der Kauf einer DVD wurde zum Statussymbol, und zunehmend okkupierte die Sammlung auch wieder die Wohnzimmer. An dem Umstand, dass die Filme ihr Dasein nach dem ersten Anschauen ungenutzt in den Regalen fristeten, änderte dies allerdings kaum etwas. Der Wechsel der Technologie war stattdessen mit der Entscheidung verbunden, die uns Nutzer schon das Leben beim Übergang von der Schallplatte zur CD schwer gemacht wurde. Was sollte mit den vielen Filmen auf Videokassette geschehen, die im Flur standen? Ähnlich wie bei den Schallplatten überlebten nur die wenigen Sammlerstücke, die tatsächlich emotional aufgeladen waren.

Aber mit Kassetten und den DVDs war ein Bewusstsein entstanden, dass es einen Besitz an Filmen und Serien gab. Wie bei der Literatur und Musik war das Eigentum von audiovisuellen Werken möglich.

Während Schallplatten immer wieder auf dem Plattenteller lagen und CDs im Schacht rotierten, wurden Filme und Serien in der Mehrzahl doch geliehen und nicht gekauft, weil die mehrmalige Nutzung die Ausnahme blieb. Der Weg zur Videothek war jedoch lästig, was das Streamen zum idealen Nutzungsmodell für audiovisuelle Werke werden ließ.

Dies führte zu einem sehr schnellen Siegeszug der neuen Technologie.

Videotheken wurden nach und nach geschlossen, und der Umsatz von Kauf-DVDs von 1,53 Milliarden Euro Umsatz in Deutschland im Jahr 2004 fiel auf gerade einmal 480 Millionen Euro 2018.

Wahrscheinlich wird die Tendenz in den nächsten Jahren weiter gehen. Die DVDs werden zunehmend verschwinden, u. a. auch deshalb, weil viele Notebooks heutzutage gar kein Laufwerk mehr besitzen. Filme und Serien werden bald ausschließlich gestreamt. Sie gehören uns nicht mehr, sondern werden uns nur zur Verfügung gestellt. Im Gegensatz zu den Streamingdiensten in der Musik (wie Spotify und Apple Music) wird jede audiovisuelle Plattform aber nur ein eingeschränktes Angebot bereithalten, und einmal im Programm befindliche Filme oder Serien nicht unbedingt ewig im Angebot verbleiben. Bis auf die Originals, deren Rechte der jeweilige Anbieter besitzt, werden die Rechte der anderen nur für einen bestimmten Zeitraum erworben.

Es existieren derzeit zwei Modelle, wie wir Zuschauer Filme und Serien per Stream anschauen können. Die Werke stehen im Einzelabruf oder als Teil eines Abodienstes zur Verfügung. Der Einzelabruf hat allerdings den entscheidenden Nachteil, den auch klassische Videotheken hatten: Wer sich einen Film in einer Streamingplattform leiht, hat im Durchschnitt 30 Tage Zeit, das Werk zu starten. Und erst einmal begonnen, bleiben nur 48 Stunden, es zu Ende zu schauen. Die Abodienste stellen uns Nutzern die Filme hingegen ohne diese Einschränkung zur Verfügung.

Streamen ist auch ein Ausdruck einer gesellschaftlichen Entwicklung, bei der Besitz zunehmend in den Hintergrund gerät. Die »Sharing-Economy« beruht darauf, dass Dinge, die wir früher besessen haben, geteilt werden. Immer mehr Menschen verzichten auf das eigene Auto und nutzen das Angebot des Car-Sharing. Der Besitz ist nicht mehr entscheidend, sondern die Nutzung. Viele empfinden Eigentum als eine Last, die ihnen die Freiheit nimmt. Der Impuls entsteht gerade in der jungen Generation sicherlich auch aus ökonomischen Gründen. Wer sich ein Auto nach Bedarf leihen kann, spart sich die Anschaffungskosten. Aber es entspricht ebenso der Tendenz zunehmend auf Nachhaltigkeit zu achten. Die Millennials werden von dieser Haltung geprägt: Besitz von Gütern ist nicht unbedingt erstrebenswert. Er dient auch immer weniger der Darstellung des eigenen Ichs.

Insofern ist Streamen ein Ausdruck des Zeitgeists. Die nach 1990 geborenen brauchen nicht mehr das DVD-Regal in der Wohnung, um anderen und sich selbst zu vergewissern, wer sie sind.

Im Musik wurde dies abgelöst durch die eigene Playlist, die Nutzer Freunden und der Öffentlichkeit zur Verfügung stellen können. Noch ist Ähnliches für Filme und Serien nicht wirklich entstanden.

Die Netflix-Revolution wird auf jeden Fall den physischen Besitz von Filmen ersetzen durch einen virtuellen. Und die Beispiele der Vergangenheit haben gezeigt, dass wir ihn nicht unbedingt kontrollieren können. Wir werden uns in die Abhängigkeit von Konzernen begeben, die von sich heraus oder auch von staatlichen Stellen gezwungen, imstande sind, den Zugang zu Filmen zu reglementieren. Netflix hatte Ende 2018 nach einer Beschwerde aus dem saudiarabischen Königshaus eine Folge der Comedy-Serie *Patriot Act with Hasan Minhaj* in dem Land gesperrt. In der Episode äußert sich der Komiker kritisch über den saudischen Kronprinzen. Zwar gab es heftige Reaktionen gegen diese Form der Zensur, aber das Unternehmen aus Los Gatos erklärte sein Handeln mit den Gesetzen des arabischen Landes.

Strukturwandel und Öffentlichkeit

Der Claim von YouTube lautete zu Beginn »Broadcast Yourself«. Tatsächlich war mit diesem Werbespruch schon der Einsatz der Plattform beschrieben, wie wir sie heute kennen. Mit ‚Broadcast' werden in den USA die klassischen Fernsehsender bezeichnet. YouTube ist für viele – vor allem die Millenials – zur Informationsquelle geworden und hat damit die Aufgabe der klassischen Anbieter übernommen. Im Nachrichtenbereich hat es in den USA die alten Sender CBS, ABC und NBC, und in Deutschland ARD, ZDF und die Privaten teilweise ersetzt, also Medien, die bisher durch eine »Gatekeeper« Funktion gekennzeichnet waren.

Schon die ab dem 17. Jahrhundert erscheinenden Zeitungen entschieden, was gedruckt wurde und bestimmten damit, was die Leser erfahren konnten und was nicht. Das Fernsehen hatte diese Situation noch mal verschärft, denn durch die technischen Beschränkungen war es nur einem kleinen Kreis von Sendern erlaubt, ausgestrahlt zu werden. Es war diesen wenigen vorbehalten, die Öffentlichkeit zu prägen. Als die privaten Sender die Möglichkeit erhielten, ihr Programm anzubieten, wurde auch die Idee des Offenen Kanals geboren. Hier konnten die Bürger ihre eigenen Sendungen gestalten. Die Fernsehprogramme, die in den meisten Bundesländern eingerichtet wurden, stellten die dafür notwendige Infrastruktur zur Verfügung. Durch das Modell sollte die Gatekeeper-Funktion der Sender infrage gestellt werden. Allerdings bestand das Bürger-Programm aus wenig professionell gestalteten Beiträgen, die nur eine verschwindend geringe Zuschauerzahl ansprach (Tarotlesen u. a.), und die meisten Sendungen fanden prak-tisch unter Ausschluss der Öffentlichkeit statt.

Mit YouTube existiert nun seit geraumer Zeit eine Plattform, mit der die klassische Gatekeeper-Funktion aufgehoben ist.

Durch das Teilen der Videos wird ein gemeinsamer Kommuni-kationsraum geschaffen, der erst einmal Offenheit und Transpa-renz ermöglicht. Aber natürlich ist die Gefahr groß, dass dieser Raum auch für Manipulation genutzt wird. Verschwörungstheori-en finden hier einen guten Nährboden. Über viele Jahre hinweg konnte der rechtsextreme Moderator Alex Jones auf YouTube seine neuesten Ketzereien verbreiten, so unter anderem die Behaup-tung, dass die US-amerikanische Regierung durch die Einleitung von chemischen Stoffen in das Leitungswasser die Menschen ho-mosexuell machen wolle.

Auch der »Islamische Staat« nutzt YouTube mit seinen Rekrutie-rungsvideos. Dabei ist eine der Hauptgründe für die massenhafte Verbreitung nicht nur in dem Umstand zu suchen, dass die Videos überhaupt auf der Plattform erscheinen dürfen, sondern in dem Empfehlungsalgorithmus, der dem Nutzer nach dem Anschauen eines Clips weitere empfiehlt, die in die gleiche Richtung gehen oder interessant sein könnten. Es muss also niemand danach su-chen, dass der Klimawandel eine Erfindung sei, es wird ihm auto-matisch präsentiert. Zwar hat YouTube eine Funktion eingeführt, die Zuschauer von bestimmten Verschwörungsvideos über die wahren Tatsachen informiert, und auch Alex Jones' Kanal aus dem Angebot verbannt, aber dies ist angesichts der Masse derartiger Clips nur ein Tropfen auf dem heißen Stein.

Wer einen Blick in die Vergangenheit wirft, wird eventuell Paral-lelen finden zu den 20er Jahren. Die unterschiedlichsten Strömun-gen in der Weimarer Republik nutzten zum Teil eigens für ihre Zwe-cke gegründete Zeitungen. Im Jahr 1932 erschienen mehr als 4700 Tages- und Wochenzeitungen in Deutschland. Die Bevölkerung konnte sich über jede noch so krude Weltsicht informieren und sich beeinflussen lassen. Dies führte letztendlich zu einer Verunsicherung und einer Aufsplitterung der Gesellschaft – und war zugleich ein Ausdruck dieser Spaltung.

Hierin wird die Ambivalenz von Streamingplattformen wie YouTube deutlich. So sehr sie der Öffentlichkeit eine Stimme geben, unterliegen die Entwicklungen doch der Gefahr, dass sie die Sprengkraft innerhalb der Gesellschaft verstärken. Es ist nicht anzunehmen, dass es eines Tages gelingt, alle Verschwörungsvideos oder die neuesten Videos von Terrororganisationen zu löschen – und es stellt sich die Frage, ob solch eine Form der Zensur überhaupt gewünscht ist. Deshalb kann die Herausforderung der Zukunft nur sein, die Zuschauer zu informieren und als Teil der Bildung das Wissen über die Medien und ihre Wirkung zu gewährleisten.

Liest Du noch oder streamst Du schon?

Das Geschäftsmodell von YouTube basiert darauf, dass Nutzer selbst Inhalte hochladen und das Unternehmen davor Werbung schaltet. Dabei können die Clips dokumentarisches Material sein (lustige oder ernste Szenen) oder gar ein mit dem Smartphone aufgenommenes historisches Ereignis. Viele Clips sind sinnentleert (Katzenvideos), manche verändern die Welt (Szenen vom Arabischen Frühling).

Eigene Videos zu teilen verbindet die Menschen auf der ganzen Welt. Auf diesem Weg entsteht eine virtuelle Gemeinschaft, die weit über die Grenzen, Sprache und das Wort hinausgehen. Es ist die Macht der Bilder, die bestimmt, und mit der Idee der drei Gründer, ihre privaten Videos zu posten, besitzt die Menschheit ein neues Werkzeug, das es in dieser Form noch nie gegeben hat, denn jedes Video ist der künstlerische Ausdruck eines Individuums (ja, auch die Katzenvideos), der sich an eine breite Masse richtet. Die User werden damit zum Filmemacher, ob sie nun einen professionellen Film hochladen oder die Familie im Wohnzimmer aufgenommen haben. Durch die nutzergenerierte Plattform erlernen diejenigen, die ihre Videos posten, eine neue Sprache. Diese Sprache der beweglichen Bilder wird bald zum Wissen der Menschen gehören, wie die gesprochene es schon seit Jahrtausenden ist. Und wenn uns dieses, wie Yuval Noah Harari in *Eine kurze Geschichte der Menschheit* beschreibt, erst ermöglicht hat, uns zu dem zu entwickeln, was wir heute sind, dann wird auch diese zweite Sprache neue Perspektiven öffnen.

Pessimisten unken allerdings bereits, dass dadurch die Fähigkeiten der geschriebenen Sprache in den Hintergrund treten wird. Vielleicht werden wir alle zu Analphabeten, die nicht mehr in der Lage sind, zu lesen. Warum sollten wir eine Gebrauchsanleitung studieren, wenn das Video uns den Zusammenbau eines Regals viel nachvollziehbarer erklärt? Warum noch ein Buch über die Geschichte der Renaissance durcharbeiten, wenn der neueste Clip der Khan Academy viel unterhaltsamer ist?

Auch die neuen Serien erzählen uns ihre Geschichten in Bildern. Wird die Lektüre eines Romans deshalb schon bald durch drei Staffeln *Handmaid's Tale* ersetzt? Romane, Novellen und andere Formen der Literatur wurden mit dem Aufkommen des Bürgertums zu einem wichtigen Bestandteil der Identität. Sie stärkten das Selbstbild gegenüber dem Adel und der aufkommenden Arbeiterschaft. Sie dienten auch der Selbstbestätigung. Es ist durchaus möglich, dass diese Funktion in Zukunft nicht mehr von der Literatur, sondern von Serien übernommen wird. Sind es die Erzählungen des 21. Jahrhunderts, die die Bücher ablösen? Ist die Zeit der großen Romane vorbei? Wird Robert Musils *Mann ohne Eigenschaften* abgelöst durch *House of Cards* oder einer Serie von Apple? Einiges spricht auf den ersten Blick dafür, denn heutzutage ist es möglich, filmische Geschichten auch über zwanzig und mehr Stunden zu erzählen. Viele Kreative fühlen sich durch diese neue Form angesprochen und sind durch die technologischen Gegebenheiten von klein auf mit der Produktion von Filmen in Berührung gekommen. Schon Fünfjährige drehen heute Clips (mit dem Smartphone der Eltern), die schon professionell wirken. Zukünftige Generationen lernen das Filmen genauso wie die Schönschrift, allerdings nicht in der Schule, sondern freiwillig und mit großer Energie. Kinder und

Jugendliche probieren aus und erhalten sofortiges Feedback, indem sie die Clips auf den unterschiedlichsten Apps teilen. Dabei beinhalten viele Smartphones sogar ein Schnittprogramm. Es ist also sehr einfach möglich, nicht nur die Kamera laufen zu lassen, sondern eigene kleine Filme zu erzählen. Was früher vielleicht das Tagebuch oder der Brief an die Großeltern war, ist heute der selbstgedrehte, geschnittene und mit Effekten versehene Film. Dies geschieht oft ohne Beteiligung oder gar Druck der Eltern – im Gegenteil. Erwachsene können noch wenig mit diesen Spielereien anfangen. Aber schon bald wird sich eine neue Generation entwickeln, die rein-filmisch denkt und sich in Form von Bildern ausdrückt.

Auch Nachrichten werden zunehmend in Bildern geliefert. Da fast die gesamte Menschheit inzwischen eine Filmkamera mit sich herumträgt, können nahezu alle Neuigkeiten, seien sie noch so ungeplant, mit einem Video bebildert werden. Zuschauer sind heute beinahe enttäuscht, wenn zu einem Ereignis keine Filmclips existieren. Als 2009 ein Flugzeug im Hudson River direkt vor New York notlandete, lieferte eine Überwachungskamera auf einem Hochhaus die notwendigen Bilder dazu. Bei den Attentaten in Paris 2015 drehte ein Augenzeuge mit seinem Smartphone, die aus dem Gebäude flüchtenden Opfer.

In Ray Bradburys Roman *Fahrenheit 451* hat der diktatorische Staat sämtliche Bücher verboten. Der Besitz steht unter Strafe. Vielleicht wird dies in Zeiten von YouTube und den Streamingdiensten gar nicht mehr nötig sein. Wir Menschen, so die Pessimisten, werden freiwillig und begeistert aufs Lesen verzichten und die Fähigkeiten auf diesem Gebiet werden weniger. Natürlich wurden diese schwarzen Wolken am Horizont schon mit dem Aufkommen des Fernsehens vorhergesagt. Aber der Bildschirm verdrängte nicht die Zeitungen, die Medien, die von der Sprache leben. Beides ergänzte sich auf einfache Art und Weise. Das Internet hat das tägliche Papier jedoch zunehmend überflüssig gemacht, denn heutzutage kann sofort über die Neuigkeiten informiert werden. Niemand will mehr auf den nächsten Tag warten, um zu erfahren, dass ein

Minister zurückgetreten ist. Die Funktion, die Bürger über das Tagesgeschehen zu unterrichten, wird vollständig vom Internet übernommen. Und dies wird zunehmend in Bildern und nicht mehr mit Sprache geschehen. Selbst Zeitschriften, die weniger tagesaktuell ausgerichtet sind und sich eher der Analyse verschreiben, haben mit großen Auflagenrückgängen zu kämpfen, vielleicht auch weil wir uns vermehrt von der Sprache als Kommunikationsmedium entfernen.

Das 21. Jahrhundert wird weniger eine Zeit der Sprache werden, sondern der Beginn einer visuellen Ära.

Zwar gilt natürlich der schöne Satz »Ein Bild sagt mehr als tausend Worte«, aber mit der Sprache kommunizieren wir komplizierte und abstrakte Sachverhalte. Wir können Argumentationsketten aufbauen und philosophische Gedankengebäude errichten. Sprache ermöglicht eine tiefgehende Beschäftigung mit einem Thema. Sie erlaubt uns, Verbindungen zu knüpfen und Gegensätze zu formulieren. Und sie befähigt uns auch, auf einfache Art und Weise zu antworten. Kommunikation, Diskussion oder sogar Disput gehören zum Wesen des sprachlichen Austauschs. Hier hat der Film seine Grenzen.

Individualisierung

Die neue Form der mobilen Rezeption auf dem Smartphone oder Tablet hat unser Verhältnis zum Fernsehen grundlegend verändert. Audiovisuelle Inhalte sind nicht mehr nur die Abendunterhaltung, die uns aufs Wohnzimmersofa ziehen. Sie sind zu unserem ständigen Begleiter geworden und zu einem individuellen Erlebnis. Auch das klassische Fernsehen ist zu einem persönlichen Medium mutiert, denn wir müssen nicht mehr zu ihm kommen (ins Wohnzimmer), sondern es ist immer bei uns, und wir hören den Ton oft über Kopfhörer. Niemand anderes kann somit daran teilhaben. Die Sendung, die wir gerade betrachten, ist unsere Sendung. Darin ähnelt das Fernsehen nun wieder dem Buch, das auch nur wir lesen. Und wenn wir einen Film auf dem iPad schauen, dann ist der Bildschirm nur ca. 45 cm entfernt und nicht drei oder gar vier Meter. Wir entwickeln eine engere Beziehung zu dem, was wir sehen. So sind im Laufe der Filmgeschichte die Inhalte immer näher an uns herangerückt und haben sich gleichzeitig individualisiert. Von der weit entfernten Leinwand, vor der wir mit vielen anderen sitzen, zum Fernsehgerät, das der Familie gegenüber im Wohnzimmer steht, bis zum Tablet, das wir alleine in der Hand halten. Vielleicht wird eines Tages das filmische Erleben noch weiter an uns heranrücken. Welches Unternehmen wird es sein, das uns eine Brille präsentiert, auf der wir Filme schauen können? Bewegte Bilder, die nicht einmal der Sitznachbar im ICE sehen kann.

Die Tendenz ist eindeutig und führt zu einer Vereinzelung der Rezeption. Im Kino lässt sich der Zuschauer gemeinsam mit Freunden sowie einer Gruppe fremder Menschen auf einen Film ein. Vor dem Fernsehgerät findet ebenfalls eine Vereinbarung statt, was geschaut wird. Ein solches Sich-Einlassen führt zu Auseinandersetzungen ebenso wie zu Kompromissen. Und jederzeit ist ein Austausch über das Gesehene möglich. Der Trend geht nun dahin, dass wir uns immer weniger einigen müssen, weil jeder auf sein Gerät schaut. Paare können gemeinsam im Wohnzimmer sitzen und trotzdem konsumiert jeder seine eigene Serie. Das öffentliche Erlebnis von früher wird damit zum vereinzelten, privaten. Die soziale Funktion, die die Rezeption im Kino besitzt, verliert – zumindest im Moment – zunehmend seine Attraktivität. Diese Zusammengehörigkeit war gerade nach der Industrialisierung und der Auflösung von dörflichen und städtischen Gemeinschaften hin zu großen Metropolen besonders wichtig.

Doch schon jetzt ist abzusehen, dass durch die individuelle Rezeption wieder der Wunsch nach einer gemeinsamen Erfahrung entsteht. Die Sehnsucht nach einem Fernsehereignis, das wir mit vielen zusammen erleben, ist in den letzten Jahren angestiegen. Auch deshalb sind »Public Viewing«-Veranstaltungen von Fußballspielen so populär geworden. Sie bieten dieses aufregende kollektive Erlebnis, das die Zuschauer miteinander verbindet. Die Emotionen mit anderen zu teilen, baut einen Zusatzeffekt auf, der allein vor dem Tablet nicht erreicht werden kann. Darum informieren Webseiten über »11 Kneipen, in denen ihr mit euren Freunden *Tatort* schauen könnt« oder finden Abende mit *Game of Thrones* statt. Das gemeinsame Fernseherlebnis, das früher in der Familie stattfand, wird für viele vor allem jüngere Zuschauer auf dieser Art ersetzt. Im Gegensatz zum Public Viewing eines Fußballspiels bieten linear ausgestrahlte Serien die Möglichkeit, sich regelmäßig einmal die Woche zu treffen. Fans vom Kampf um den eisernen Thron konnten montagabends zusammenfinden und auch im persönlichen Gespräch über die neusten Wendungen diskutieren.

Trotz dieser Ausnahmen wird die Vereinzelung der Rezeption unsere Gesellschaft verändern. Die Tendenz zur Individualisierung wird noch weiter gestärkt. Der Einzelne und nicht die Verbundenheit rückt in den Mittelpunkt. Dadurch verlieren die Institutionen, die Ausdruck der Gesellschaft sind, immer mehr an Autorität. Die öffentlich-rechtlichen Sender gehörten von Beginn an zu diesen Organisationen. Der Staat selbst, das Parteiensystem und vieles andere verlieren an Gewicht, wenn die Gemeinschaft nur noch aus einer Ansammlung von Individuen besteht. Es wäre natürlich anmaßend, zu behaupten, dies alles hänge von den Veränderungen von Film und Fernsehen ab. Aber sie verstärken die Richtung, in die die Gesellschaft geht.

Das globale Dorf

Fünfhundert Millionen Menschen waren von New York bis Flensburg vor den Bildschirmen versammelt, als Neil Armstrong seinen Fuß auf den Mond setzte. 750 Millionen verfolgten den Moment, als sich der britische Thronfolger Charles und seine Verlobte Diana das Ja-Wort gaben.

Dieses von Marshall McLuhan in Bezug auf das Fernsehen vorhergesagte »globale Dorf« war allerdings die Ausnahme und ausschließlich bei zeithistorischen Ereignissen tatsächlich der Trommel eines Stammes gleich, in dem es die gesamte Welt vereinigte.

Das Internet hat diesen Tatbestand nicht radikal verändert, aber es hat die Synchronizität entzerrt und gleichzeitig für eine zunehmende Rasanz gesorgt. Heutzutage verbreiten sich Nachrichten in Sekunden über die ganze Welt. Zudem gibt es überall Menschen, die mit ihrem Smartphone Geschehnisse verfolgen und die Bilder dazu liefern. Die Welt schaute zu, wie 2019 das Feuer durch den Dachstuhl von Notre Dame wütete. Die wenigsten verfolgten diesen tragischen Moment allerdings auf dem Fernsehgerät, sondern sie sahen die aufsteigenden Flammen auf ihren Computern, Tablets und Smartphones.

Bei Fernsehfilmen, Serien, Shows und anderen Formaten handelte es sich in früheren Zeiten eher um »nationale Dörfer«, denn die linearen Fernsehsender beschränkten sich auf ihr jeweiliges Ausstrahlungsgebiet. Klassisches Fernsehen war ein nationales Ereignis. Es einte die Bevölkerung eines Landes und trennte sie gleichzeitig von ihren Nachbarn.

Durch das Internet und die Streamingdienste ändert sich auch das, denn zum ersten Mal werden fiktionale Geschichten weltweit sichtbar. Was für den Buchmarkt die langen Schlangen in der Nacht vor den Buchläden waren, wenn mal wieder ein neuer Harry Potter Band erschien, erleben die Fans von Serien bei ihrem Onlineanbieter und zwar erdumspannend.

Reed Hastings erklärte, als er 2016 die Ausweitung der Plattform bekanntgab: »Wir haben gerade erst begonnen, die Barrieren abzubauen, damit die besten Geschichtenerzähler der Welt ein Publikum auf der ganzen Welt erreichen können. Die Möglichkeiten, Verbindungen zwischen Kulturen und Menschen aufzubauen, sind endlos und wichtig.«[26]

Netflix strahlt mittlerweile in mehr als 190 Ländern sein Programm aus. Wenn also die deutsche Serie *How to sell drugs online (fast)* an den Start geht, dann tut sie es im selben Moment auf der ganzen Welt. Und wir können in Europa der Geschichte argentinischer Fußballfans in der Serie *Puerta 7* verfolgen oder das koreanische Netflix-Original *Kingdom* anschauen.

Es war aber nicht Netflix, sondern der Pay-TV-Kanal HBO, der das erste globale Lagerfeuer anzündete, als der Sender im Jahr 2011 den Kampf in Westeros begann. *Game of Thrones* wurde schon bald die meistgesehene Serie in Amerika. Im Laufe der Zeit verbreitete sich der Ruhm der sieben Königreiche in der ganzen Welt, sodass HBO ab der fünften Staffel die Folgen zeitgleich in mehr als 170 Ländern zur Verfügung stellte. Damit wollten sie auch vermeiden, dass die Fans sich die Sendung auf illegalen Seiten anschauen, denn viele begeisterte Getreue wollten nicht warten, bis die Serie endlich auch in ihrem Land zu sehen war. Als die letzte Staffel begann und in Amerika ausgestrahlt wurde, konnten die Zuschauer in Deutschland zeitgleich die Folge auf dem Pay-TV-Sender Sky schauen, allerdings durch die Zeitverschiebung nachts um 3 Uhr. Immerhin 600.000 Fans schalteten zu dieser frühen Stunde ein.

Sicherlich ist es kein Zufall, dass ausgerechnet eine Fantasyserie, die in einem mittelalterlich anmutenden Zeitalter spielt und von archaischen Konflikten handelt, zu diesem globalen Phänomen wird. Die kulturellen Barrieren sind klein, weil die Geschichte nicht in einer real existierenden Gesellschaft angesiedelt ist, und die Storyworld in ihren Mythen und Figuren universell ist.

Das Geschäftsmodell der Streamingplattformen besteht also einerseits aus lokalen Produktionen, die international verwertet werden, aber nicht unbedingt die Allgemeinheit ansprechen müssen. *How to sell drugs online (fast)* wendet sich dezidiert an ein junges Zielpublikum. Aber jeder Streamingdienst strebt auch nach herausragenden, universellen Serien, die ein breites Publikum adressieren.

Sie tun alles dafür, dass ihre Geschichten in sämtlichen Territorien verstanden werden und von Interesse sind. Kein Wunder, dass sich Amazon die Rechte an *Der Herr der Ringe* von J.R.R. Tolkien gesichert und dabei gegen Netflix durchgesetzt hat. Der Roman ist in den letzten Jahren zwar bereits mehrmals verfilmt worden, bietet aber die Gelegenheit, erneut eine Storyworld aufzubauen, ohne eine Wiederholung der Trilogie von Peter Jackson zu werden. Stattdessen ist sie als »Prequel« geplant, das heißt, die neu erzählten Ereignisse liegen vor denen der Kinofilme. Ähnlich wie *Game of Thrones* spielt die Vorlage von Tolkien in einer eigenen Welt, und Amazon hat als Ankündigung für die Serie Anfang 2019 als erstes eine Landkarte von Mittelerde veröffentlicht. Dieser Kontinent ist wie bei Tolkien bevölkert von Elfen, Menschen und Hobbits und bietet genügend Material, um mehrere Staffeln zu füllen. Die Serie soll 2020 in Produktion gehen, sodass davon auszugehen ist, dass der Start im Jahr 2021 weltweit erfolgen wird. Während in der Frühzeit der Menschen das Publikum für Geschichten aus den wenigen bestand, die sich um das Lagerfeuer gruppierten, wird der *Herr der Ringe* in Seattle genauso wie in Seemoos am Bodensee zu sehen sein.

Disney+ wird in den kommenden Jahren mit seinen Marvel-Figuren und dem Star Wars-Universum dieses Bedürfnis zusätzlich befeuern.

Derartige Leuchttürme strahlen auf die gesamte Streamingplattform aus und ziehen Abonnenten an, die ansonsten eventuell nicht viel mit dem Angebot anfangen können. Die Durchschlagskraft und die Reichweite für solch einen Blockbuster haben aber nur Netflix, Amazon, Disney+ und wahrscheinlich HBO, denn jede Folge einer solchen Serie kann leicht über 10 Millionen Dollar kosten, was nicht von jedem Anbieter zu stemmen ist. Es wird in der Branche vermutet, dass Amazon für eine Staffel von *Der Herr der Ringe* ca. 150 Millionen Dollar veranschlagt.

Im Kino ist die Tendenz, globale Geschichten zu erzählen, schon seit einiger Zeit spürbar. Der US-amerikanische Mainstream-Film hat sich deshalb zunehmend den allgemeingültigen Dramaturgien verschrieben, also keine kleinen Independentwerke, sondern eher Marvel Filme (*Spider-Man* etc.), die auf einem klaren Muster beruhen. So entwickelte sich *Avengers: Endgame* zu einem weltweiten Verkaufsschlager. Allein in China hatte das Werk von Disney nach wenigen Wochen mehr als 600 Millionen Dollar umgesetzt, was keinem ausländischen Film zuvor geglückt war. Die auf den internationalen Markt zielenden Blockbuster-Filme laufen (bis auf die immer existierenden Flops) ausgezeichnet und sprechen gerade das junge Publikum in der ganzen Welt in hohem Maße an. Im Fachjargon werden diese Blockbuster »Tent-pole-Filme« (englisch: Zeltstange) genannt.

Da aber im Fernsehen neuerdings neben den Tent-pole-Produktionen (*Der Herr der Ringe*) auch die kleineren Serien weltweit zu sehen sein werden, hat sich erst jetzt Marshall McLuhans Vision vom »globalen Dorf« erfüllt.

Eine Kultur hat sich immer schon durch die gemeinsame Sprache und die Geschichten definiert. Wer in den 70er Jahren in die Ferne fuhr, konnte sich kaum über das nationale Fernsehen austauschen. Es gab keinen gemeinsamen Erfahrungsraum. Wer nach Italien reiste, wusste nichts über das dortige Fernsehen. Und Fremde, die nach Deutschland kamen, konnten mit *Graf Yoster gibt sich die Ehre* nichts anfangen.

Im Zeitalter von Netflix hat sich das geändert. Wer will, kann in Neuseeland Urlaub machen, und sich mit den Menschen dort ganz selbstverständlich über die deutschen Serien *Dark* oder *How to sell drugs online (fast)* unterhalten. Das ist ein Novum, funktionierte dieses Phänomen doch bisher nur mit erfolgreichen amerikanischen Produktionen (auch im Kino- und Buchbereich), die es ins Ausland geschafft hatten. Andersherum galt es eher als Ausnahme, jemanden in New York anzutreffen, der *Gundermann* oder *Fack ju Göhte* gesehen hatte – von *Der Bergdoktor* oder *Notruf Hafenkante* ganz abgesehen. Ebenso war es in der Vergangenheit so gut wie unmöglich, eine Serie aus Chile auf unseren hiesigen Bildschirmen zu finden.

Tatsächlich werden wir, wenn sich das Streamen vollständig durchgesetzt hat, in einem globalen Filmdorf leben. Das bedeutet aber nicht, dass alle Menschen einen gemeinsamen Erfahrungshorizont haben, denn in der Masse der Angebote wählen wir zunehmend selektiv aus, was wir schauen. So stoßen deutsche Thrillerfans eventuell auf die argentinische Serie *Edha*. Aber Argentinier haben – auch wenn sie ein Netflix Abonnement besitzen – nie etwas von der Serie gehört, weil ihr Algorithmus ihnen ganz andere Angebote vorschlägt. Es werden also sogenannte »Taste communities« sein, in denen wir leben, also die Welt umspannende Gemeinschaften, die sich durch ihren Geschmack definieren. Es sind Teilöffentlichkeiten, die sich nicht durch ihre Zugehörigkeit zu einer Nation oder ihrer politischen Ausrichtung determinieren, sondern durch die Filme und Serien, die sie sehen.

Um Marshall McLuhan zu variieren, teilen wir uns in fragmentierte globale »Stämme« auf. Oder um das Bild des kanadischen Medienwissenschaftlers zu modifizieren: Mit den Streamingdiensten werden wir alle in unterschiedlichen globalen Dörfern leben, die vor allem vom Algorithmus der Streamingdienste bestimmt werden.

Binge-Watching

Als ich in den 80er Jahren in Berlin studierte, liefen in manchen Kinos sogenannte Double- oder sogar Triple-Features. Das Konzept kam aus den USA und bestand darin, dass das Kino zwei oder drei irgendwie zusammengehörige Filme hintereinander zeigte. Wer wollte, konnte damit alle Teile von *Der Pate*, eine Woody Allen-Reihe oder mehrere Monty Python-Filme an einem Abend sehen. Das führte oft dazu, dass wir aus dem Kino auf die Straße traten und es so spät war, dass keine U-Bahnen oder Busse mehr fuhren. Die Konsequenzen von manchen dieser Kinonächte waren lange Spaziergänge durch die dunklen Straßen von West-Berlin. Diese Erlebnisse waren die Vorläufer des heute populären Binge-Watching, das nun allerdings keine ausgiebigen Wanderungen durch die Stadt zur Folge hat.

»Binge« heißt im Englischen »Gelage« und »Binge-Drinking« (ein Wort, das im Englischen schon viel länger existiert) wird auch oft mit »Komasaufen« übersetzt. So wundert es nicht, dass manche Spaßvögel das Wort »Binge-Watching« mit »Komaglotzen« übersetzen. Es beschreibt den Umstand, dass Zuschauer nicht nur eine oder zwei Folgen ihrer Lieblingsserie verfolgen, sondern vielleicht fünf oder sogar zehn Episoden hintereinander schauen. Die Streaminganbieter unterstützen dieses Verhalten zunehmend, indem sie die nächste Folge nahtlos anschließen und kein erneutes Drücken der Play-Taste nötig ist. Dadurch wird der Impuls der Zuschauer unterdrückt, doch den gesünderen Weg ins Bett zu finden.

Das Phänomen entstand mit dem Aufkommen von DVD-Boxen von erfolgreichen Serien, wurde zu dieser Zeit aber nicht überaus populär. Als Netflix seine erste selbst-produzierte Serie (also ein »Netflix Original«) auf dem Markt brachte, hatte es sich zu einem radikalen Schritt entschlossen. Gegen den Rat von vielen Experten, die vorschlugen, die Produktion wie gewohnt Woche für Woche zur Verfügung zu stellen, entschied sich Reed Hasting für das neue System: Die gleichzeitige Veröffentlichung aller Folgen. Netflix stellte die gesamte ersten Staffel von *House of Cards* am 1. Februar 2013 um Mitternacht online.

Der Regisseur der Serie, David Fincher, wird die Entscheidung später (2013) weit pathetischer erklären: »Die Welt von Dienstag 19.30 Uhr ist tot. Ein Speer hat sich durch ihr Herz gebohrt, der Kopf wurde ihr abgeschlagen, und der Mund wurde ihr mit Knoblauch vollgestopft. Der gefangene Zuschauer ist Vergangenheit. Wenn wir den Zuschauern die Möglichkeit geben, alles an einem Tag zu sehen, dann gibt es keinen Grund anzunehmen, dass sie es nicht tun werden.«[27]

Zwar wird Binge-Watching inzwischen mit Streamen gleichgesetzt, technisch sind dies vollkommen unterschiedliche Dinge. Auch ein Streamingdienst kann die Folgen einer Serie einmal die Woche online stellen. Er muss es aber nicht, und Reed Hastings hatte sich damals entschieden, den technischen Vorteil des Streamens voll auszuschöpfen. Die klassischen Sender (ebenfalls beim Pay-TV) hätten zwar die Möglichkeit, alle Folgen, ohne Pause auszustrahlen, dann würden sie aber die Zuschauer zwingen, sich die Sendungen tatsächlich 12 Stunden hintereinander anzuschauen. Allein das Streamen ermöglicht ihnen, sich selbst zu entscheiden, wann und in welchem Rhythmus sie die Serie konsumieren wollen.

Netflix hat mit der Präsentation aller Folgen von *House of Cards* auf einen Schlag ein kulturelles Phänomen ausgelöst. Das Unternehmen aus Los Gatos hat das Verhalten seiner Zuschauer genauer untersucht und festgestellt, dass 61 Prozent der Nutzer regelmäßig zwei bis sechs Folgen einer Serie hintereinander schauen. Eine neuere Studie hat gezeigt, dass Zuschauer die gesamte Staffel einer Serie zumeist innerhalb von einer Woche konsumieren. Das Marktforschungsunternehmen Nielsen hat herausgefunden, dass 361.000 Abonnenten alle neun Episoden der zweiten Staffel von *Stranger Things* bereits am ersten Tag des Erscheinens geschaut hatten[28].

Die Möglichkeit, einer langen Erzählung zu folgen und selbst Kontrolle darüber ausüben zu können, wann und wie viel der Rezipient aufnehmen kann, führt oft dazu, dass das Fernsehen der Zukunft mit dem Lesen von Romanen verglichen wird. Und tatsächlich haben beide viele Gemeinsamkeiten. Die Lektüre eines Romans dauert in den meisten Fällen viele Stunden (verteilt auf mehrere Tage/Wochen), die Leser wählen selbst, wann sie zum Buch greifen und sie entscheiden auch, wann und wie lange sie die Lektüre unterbrechen. Sie haben Kontrolle über das Werk. Bei den neuen Serien, die von den Streaminganbietern an einem Tag vollständig ins Netz gestellt werden, besitzen wir Zuschauer diese Kontrolle ebenso. Wie ein Roman als Einheit wahrgenommen wird, stellt eine Staffel mit mehreren Folgen etwas Ganzes dar. Stärker noch als bei einer wöchentlichen Ausstrahlung werden die Stränge von den Autoren auch so entworfen und produziert. Wer bereits in der Entwicklung weiß, dass beim Betrachten der letzten Folge der Start der Geschichte zwölf Wochen früher gesehen wurde, muss anders erzählen, als jene Drehbuchautoren, die davon ausgehen können, dass die erste Episode wenige Stunden oder vielleicht einige Tage zuvor geschaut wurde.

Natürlich wäre es möglich, dass die Plattformen im Serienbereich zukünftig auf die Einteilung in Folgen verzichten, um die Ausstiegsmöglichkeiten für den Zuschauer zu verringern. Eine Serie würde dann bei einem Streaminganbieter als acht Stunden langer

Film ins Netz gestellt. Doch es ist eher unwahrscheinlich, denn es widerspräche der Art und Weise, wie eine Serie produziert wird. Fast alle Produktionen werden von einem Team von Autoren erdacht, jede einzelne Folge aber von einem Autor geschrieben. Zwar verfassen diese manchmal zwei oder gar drei Folgen, sehr selten ist es ein einziger Drehbuchautor, der für eine ganze Staffel verantwortlich ist. Diese Aufgabenteilung setzt sich in der Regie fort. Auch hier sind mehrere Regisseure ab jeweils einer Folge beteiligt.

Die Produktion der deutschen Serie *Babylon Berlin* bildet hier eine Ausnahme. Die Regisseure Tom Tykwer, Hank Handloegten und Achim von Borries haben die gesamten sechzehn Folgen der beiden ersten Staffeln geschrieben, gedreht und auch geschnitten. Jeder war dabei für einzelne Drehorte verantwortlich, so bestand eine Folge aus einem Patchwork unterschiedlicher Handschriften.

Die notwendige Voraussetzung für das Serien-Binge-Watching ist der Sog und die Sucht, die die Episoden erzeugen müssen. Niemand wird die zweite Folge anschauen, wenn die erste langweilig war. Kritiker wie der SZ-Autor Peter Richter vergleichen das Phänomen mit Rauschgift: »Es ist mit diesen amerikanischen Fernsehserien, wie man weiß, genauso wie mit allen harten Drogen. Wer einmal damit angefangen hat, ist schwer wieder davon herunterzubringen, aber immer aufgeschlossen für noch stärkere Sachen.«[29]

Tatsächlich produziert der Zuschauer während des Binge-Watching den Botenstoff Dopamin. Dieser oft allgemeinverständlich als Glückshormon bezeichnete Neurotransmitter erzeugt das Suchtgefühl. Die klinische Psychologin Dr. Renee Carr erklärt es so: »Dieser Botenstoff verleiht dem Körper eine natürliche, innere Belohnung in Form von Vergnügen, das wiederum das fortgesetzte Engagement in diese Aktivität verstärkt. Es ist das Signal des Gehirns, das dem Körper mitteilt: ‚Das fühlt sich gut an. Mach weiter damit!' Wenn sie Ihre Lieblingssendung bingen, produziert Ihr Gehirn kontinuierlich Dopamin, und Ihr Körper hat ein drogenartiges Hoch. Sie leiden unter einer Pseudosucht nach der Serie, weil Sie Heißhunger auf Dopamin entwickeln.«[30]

Um dies zu erreichen, nutzen die Autoren die Dramaturgie, um die Zuschauer in einer konstanten Spannung zu halten. Insbesondere bei den jeweiligen Enden einer Folge, die die Möglichkeit eines Ausstiegs nahelegen, wird darauf geachtet, dass durch den Cliffhanger die Geschichte mit einer spannenden Frage endet. Wie kommt meine Hauptfigur da raus? Wie löst sie den Konflikt?

Binge-Watching hat in einigen Fällen soziale Folgen. Wer angefangen hat, die letzte Staffel von *Game of Thrones* zu schauen, wird vielleicht die nächsten vier Abende alleine vor dem Fernsehen sitzen und auf ein aktives soziales Leben verzichten. Führt Bingen also zur Vereinsamung? Reed Hastings selbst hat etwas ironisch den eigentlichen Konkurrenten von Netflix ausgemacht: »Du streamst eine Show oder einen Film, den du unbedingt sehen möchtest, und am Ende bleibst du bis spät in die Nacht wach, also konkurrieren wir tatsächlich mit dem Schlaf«, sagte er über das Binge-Watching und ergänzte: »Und wir gewinnen!«[31]

Es ist durchaus möglich, dass er recht hat. Jedoch wurde die gleiche Gefahr schon bei der Einführung des Fernsehens prognostiziert. Aber tatsächlich hat der kleine Apparat im Wohnzimmer nicht zu einem verminderten sozialen Austausch geführt. Es ist auch nicht abzusehen, dass wir durch das Bingen noch tiefer in die Einsamkeit rutschen, sondern eher im Gegenteil, denn wir haben im Gegensatz zum linearen Fernsehen nun die freie Wahl, wann wir schauen. Wir können die Einladung von Freunden zu einem gemütlichen Abendessen annehmen, ohne wirklich dabei etwas zu verpassen.

Ganz sicher aber müssen wir lernen, Disziplin zu üben und uns nicht »abhängig« zu machen.

Von der linearen zur nonlinearen Gesellschaft

Als die Arbeitszeit der Menschen im 20. Jahrhundert kürzer wurde und der Feierabend länger, stand plötzlich ein Gerät im Wohnzimmer, das die Aufmerksamkeit auf sich zog. Der Fernseher war ein strukturierendes Instrument, denn er gab den Ablauf des Abends für die meisten vor. In Deutschland versammelte sich die Familie (nach dem Abendessen) um 20 Uhr vor der Tagesschau. Ältere Kinder durften auch noch die folgende Sendung mitschauen. Für viele gehörte die samstägliche Show (z. B. *Einer wird gewinnen*) zum Leben wie Ostern und Weihnachten. Verabredungen wurden auf Tage gelegt, an denen das Programm keine interessante Unterhaltung bot. So entwickelte sich die westliche Öffentlichkeit im Laufe der Jahre zu einer linearen Gesellschaft.

Durch die Möglichkeit, die gewünschten Sendungen zu streamen und deren Beginn frei festzulegen, ändert sich unsere bisher von außen strukturierte Freizeit zu einem nonlinearen Leben.

Auch die Arbeitswelt hat sich in den letzten Jahrzehnten radikal gewandelt. Für viele gehört das Homeoffice zum Alltag. Sie arbeiten von zu Hause und können sich den Tag mehr oder weniger autonom einteilen. Ganz zu schweigen von den jungen Millennials, die bei einem Start-up beschäftigt sind, sich selbstständig in ihrer Wohnung oder in einem Coworking Büro ihre Zeit frei strukturieren. Wer sich einmal unabhängig gemacht hat, ist auf den Geschmack gekommen.

Durch diese Freiheit wird der Druck auf zahlreiche Lebensbereiche größer, ein gleichartiges Angebot bereit zu halten. Fitnessstudios haben schon seit Jahren auch einen außerordentlichen Zulauf, weil keine festen Termine mehr vereinbart werden müssen, manche haben sogar 24 Stunden am Tag geöffnet. Viele Menschen tendieren zunehmend dazu, sich die Zeit selbst einzuteilen und unabhängig von vorgegeben Strukturen über ihren Alltag zu entscheiden.

Das Fernseherlebnis der Zukunft gehört ebenfalls zu diesen Bereichen, in denen sich die Mehrheit immer weniger von außen lenken lässt.

Schon in einigen Jahren wird sich die Gesellschaft in zwei unterschiedliche Gruppen eingeteilt haben. Auf der einen Seite die »Linears«, die wie bisher hauptsächlich das klassische Fernsehen schauen, und auf der anderen die »Non-Linears«, also diejenigen, die ausschließlich streamen und selbst bestimmen, was sie wann sehen. Die »Linears« werden wahrscheinlich darauf verzichten, ein Abonnement abzuschließen. Einer der Gründe kann darin bestehen, dass die finanziellen Ressourcen nicht ausreichen. Ein anderer im Alter des Verbrauchers, der mit der neuen Technik schlicht überfordert ist. Dies wird sich aber zunehmend verändern, da die Digital Natives immer älter werden. Sicherlich werden manche Zuschauer die Energie nicht aufbringen, sich aktiv in dem bereits jetzt kaum zu überblickenden Dschungel von Angeboten entscheiden zu müssen. Auch beim Stromanbieter sind immer noch mehr als 30 Prozent bei ihrem Grundversorger, obwohl sie seit Jahren die Möglichkeit haben, einen kostengünstigeren Anbieter zu wählen und diesen jährlich wieder zu wechseln. Einer der Gründe liegt in der Herausforderung, den richtigen Versorger zu finden. Und für viele stellt auch die Auswahl zwischen den tausenden von Filmen und Serien (trotz der Hilfe des Algorithmus) vor eine zu große Aufgabe. Diese »Linears« werden also weiterhin ausschließlich auf die klassischen linearen Sender zurückgreifen.

Dies wäre an sich vielleicht kein Problem, wenn sich das Programm nicht aus ökonomischen Gründen ändern würde. Da die »Linears« immer weniger werden, sinken die Investitionen. Sie müssen mit billigeren Sendungen vorliebnehmen. Die teuren Produktionen bleiben den »Non-Linears« vorbehalten, was natürlich erst einmal nichts über die Qualität aussagt. Aber die Produzenten verfügen finanziell zunehmend über mehr Ressourcen, und gehen deshalb auch zusätzliche Risiken ein. Wer es sich leisten kann, kauft sich das interessantere Programm. Der Unterschied zwischen den beiden Gruppen wird zu einem kulturellen Gegensatz. In einem anderen Bereich existiert diese Aufteilung heute schon. Immerhin die Hälfte der deutschen Bevölkerung geht nie in ein Theater.

Da Fernsehen aber viel tiefer in die Lebenswirklichkeit der Menschen eingreift, wird die Kluft in der Gesellschaft hier noch größere Auswirkungen haben und sie zunehmend spalten. Ins Schauspielhaus gehen auch die fleißigsten Besucher kaum mehr als einmal im Monat. Fernsehen schauen wir fast jeden Tag. So droht unsere Gemeinschaft nicht einmal in diesem Bereich eine kulturelle Identität zu behalten. Im Gegensatz zum Lagerfeuer der 60er und 70er Jahre werden sich unterschiedliche Gruppen gegenüberstehen, die keine gemeinsame Erfahrung mehr miteinander verbindet.

Es wäre jedoch fatal, wenn die Sprengkraft der Gemeinschaft weiter wächst. Denn Zerfallserscheinungen innerhalb einer Gesellschaft haben noch nie zu positiven Ergebnissen geführt. Die Gefahr, dass das neue Fernsehen dazu beiträgt, ist groß. Wenn es keine kollektive Erfahrung gibt, dann wird die Kommunikation zunehmend schwieriger. Worauf werden wir uns verständigen können? Der Individualismus, der durch das Streamen gefördert wird, wird diese Tendenz noch befeuern. Vielleicht wird es eines Tages unmöglich, eine Gemeinschaft aufrecht zu erhalten.

Und ist Netflix daran Schuld? Natürlich nicht. Aber Videostreamen befördert die Fragmentierung der Öffentlichkeit, und dies in einem Bereich, der das Leben prägt wie kein anderer. Fernsehen besitzt einen enormen Einfluss auf die Erfahrungen und die Haltung der Welt gegenüber. Es kann Tendenzen unserer Gesellschaft verstärken und befördern.

Künstliche Intelligenz

Im zweiten Teil der Saga *Zurück in die Zukunft*, der 1989 in die Kinos kam, und in dem Marty McFly mit dem berühmten DeLorean in das Jahr 2015 reist, kommt sein jugendlicher Sohn ins Wohnzimmer und dirigiert mit seiner Stimme den riesengroßen Flachbildschirm an der Wand. Dabei kann er zwischen hunderten von unterschiedlichen Kanälen auswählen.

Was 1989 eine verwegene Zukunftsvision war, ist heute Realität. Denn Künstliche Intelligenz (KI) hat in den letzten Jahren einen entscheidenden Beitrag in der gesamten Wirtschaft geleistet und wird zunehmend auch im Fernsehgerät Einzug halten. KI beruht erst einmal auf der Spracherkennung, die gesprochene Sprache in

Text übersetzt. Der Computer und seine Algorithmen setzen dieses in den Kontext, um darauf zu reagieren. Wenn der Nutzer also den Befehl erteilt »Ich möchte jetzt *Vom Winde verweht* sehen«, dann muss das System verstehen, dass der Zuschauer nicht den neuesten Wetterbericht braucht.

Die Entwicklung steht erst am Anfang, aber unser Leben wird zunehmend dadurch geprägt werden. Wir sprechen schon bald nicht mehr nur mit Siri oder Alexa, wenn wir zuhause die Beleuchtung einstellen oder wissen wollen, wer die Fußballweltmeisterschaft 1996 gewonnen hat (Siri: »Nach einem 0:0 Unentschieden in der Regelspielzeit hat das Team Brasilien das Team Italien am 17. Juli 1994 3 zu 2 beim Elfmeterschießen besiegt im Spiel FIFA World-Cup-Endspiel 1994.«)

Auch für unser zukünftiges Fernseherlebnis wird KI ein wichtiges Element darstellen. Schon heute können wir auf die oft mit gefühlt hunderten von Knöpfen versehene Fernbedienung verzichten und das Fernsehgerät nur noch durch gesprochene Befehle einstellen (wie Marty McFlys Sohn). Sprachassistenten wie Siri, Alexa, etc. reagieren auf die Wünsche der Zuschauer. So kann der Besitzer der Apple TV-Box, in seine Fernbedienung die Anweisung sprechen: »Ich will heute eine Komödie mit Adam Sandler sehen.« Das System schlägt daraufhin die Filme oder Serien vor, die im Angebot sind. Die Nutzer können den Fernseher ein- oder ausschalten, die Lautstärke regeln, die Einstellungen für den Bildmodus ändern, den Wetterbericht aus dem Internet abrufen, Fakten über den laufenden Film anzeigen und so weiter. Darüber hinaus steuert der Fernseher auch andere Geräte im Haus, die mit WLAN oder Bluetooth verbunden sind.

Eine weitere KI-Technologie, die heute schon zur Verfügung steht, erstellt automatisch Trailer von Filmen und Serien, die den Nutzer interessieren. Wer sich also informieren will, der muss sich nicht mehr die ersten Folgen einer Serie anschauen, um zu entscheiden, ob er die richtige Unterhaltung gefunden hat.

Dabei werden diese Errungenschaften nur den Anfang darstellen. Es kann sein, dass in wenigen Jahren die Smartwatch am Arm, die ständig die Körperdaten misst, mit dem Fernsehgerät oder einem der anderen Ausspielgeräte kommuniziert und diesen mitteilt, wie sich der Abonnent fühlt. Ist es spät am Abend, und wir haben einen anstrengenden Tag hinter uns? Der Algorithmus startet sofort mit einer entspannenden Komödie. War es ein ruhiger Tag und am Vortag haben wir die neue Serie bis spät in die Nacht gesehen? Warum soll sich der Zuschauer noch aktiv auf die umständliche Suche nach dem richtigen Film machen, wenn doch KI ihm die Arbeit abnehmen kann.

Die Künstliche Intelligenz wird auch beim Streamen zum unvermeidlichen Begleiter. Vielleicht hat ein Bekannter in einer E-Mail eine Serie empfohlen und das System sorgt dafür, dass das Fernsehgerät genau diese am Abend bereit hält.

Während heutzutage die mündlichen Befehle noch sehr zielgenau ausgerichtet sein müssen (»Zeig mir die neue Staffel von *Game of Thrones*«), wird die KI der Zukunft tatsächlich intelligent. Wie ein Freund, der sich in der gesamten Filmgeschichte auskennt, werden wir das Gerät nach einem Film fragen können, von dem wir nur wenige Daten kennen. »Zeig mir den Film, in dem die Frau am Ende am Mount Rushmore hängt« und Sekunden später bekommen wir *Der unsichtbare Dritte* von Alfred Hitchcock zu sehen. Und die KI kann auf unsere Stimmung eingehen. »Irgendwie brauche ich heute einen lustigen Film, der mich wirklich aufheitert. Ich möchte viel lachen.« Basierend auf unseren bisherigen Präferenzen und Einstellungen, weiß der Computer, welche Filme wir noch nicht gesehen haben und welcher davon exakt unsere Wünsche erfüllt – vielleicht sogar die, über die wir uns gar nicht bewusst sind.

Ähnlich wie der Computerbildschirm werden die Fernseher der Zukunft vielleicht Kameras integrieren, die einem nicht nur ermöglichen, von der Couch aus per Bildübertragung mit Freunden verbunden zu sein, sondern auch, um festzustellen, wer vor dem Gerät sitzt und demjenigen personalisierte Empfehlungen zu geben. Wir müssen nicht einmal den Bildschirm anschalten, sondern uns nur in unseren »Fernsehsessel« niederlassen und schon setzt die Serie genau an dem Punkt ein, an dem wir gestern von dem intelligenten Sitzmöbel aufgestanden sind. Dies ist letztendlich die ultimative Vision der Streamingunternehmen, das sie zu unserem ständigen Begleiter werden wollen.

Eine weitere Funktion könnte sein, dass die Reaktionen der Zuschauer registriert werden und die KI darauf reagiert. So macht der Fernseher uns darauf aufmerksam, dass wir anscheinend desinteressiert sind, und fragt, ob wir nicht lieber einen anderen Film oder Serie anschauen wollen.

Auch könnten die Anbieter die Kameras dazu nutzen, die Wirkung der Zuschauer auf ihre Produktionen zu scannen und zu interpretieren. Sie könnten feststellen, wann die Konzentration besonders hoch war und wann die Nutzer aufgestanden sind, um sich ihr Bier in der Küche zu holen. Interessant ist dies nicht nur für die Produzenten von Filmen und Serien, sondern insbesondere für deren Werbepartner. Bisher mussten Unternehmen, die eine Werbung im klassischen Fernsehen geschaltet hatten, mit einem hohen Streuverlust rechnen. Wie mit einer Schrotflinte wurde der Werbespot auf die Zuschauer abgeschossen, obwohl die Information über das neueste Hörgerät doch nur wenige interessierte. In Zukunft kann mit KI Werbung gezielt an die verteilt werden, die sich dafür interessieren und die überhaupt in Frage kommen, das Produkt zu kaufen. Schon heute kann ein Streamingdienst aus der Auswahl der Filme und Serien sehr genau bestimmen, wer vor dem Bildschirm sitzt.

Es wird auch möglich sein, dass der Zuschauer von der Couch im Wohnzimmer aufsteht, in die Küche geht und der Film ihm folgt. Während also das Bild auf dem Fernseher verschwindet, geht er nahtlos auf dem iPad in der Küche weiter. Sollte der Zuschauer nach einer bestimmten Zeit gar nicht mehr im Wohnzimmer erscheinen, schaltet sich das Gerät automatisch ab. Besonders hilfreich kann dies bei spannenden Sportereignissen sein. So wird kein Spielzug oder gar ein Tor verpasst.

Wem bei diesen Aussichten George Orwells »Big Brother is watching you« in den Sinn kommt, der wird sich auf diese Zukunft nicht freuen. Tatsächlich sind die ans Internet angeschlossenen

Kameras eine gute Möglichkeit für Cyberkriminelle (oder vielleicht auch staatliche Stellen), um festzustellen, was in den Wohnungen vor sich geht. Wenn schon Alexa und die anderen Smartspeaker die komplette Überwachung ermöglichen, dann wird das ins Internet übertragene Bild noch mehr Informationen liefern. Wird der Fernseher der Zukunft also das perfekte Spionageinstrument? Es kann passieren, dass die smarte Technologie nicht nur erfreuliche Aspekte beinhaltet. Wie in Orwells Roman *1984* werden wir schon jetzt weitreichend überwacht. Zudem kann uns die KI beliebig manipulieren. Vielleicht schlägt die Software uns nur noch solche Filme vor, die dem Unternehmen, das uns die KI zur Verfügung steht, gefällt. Oder der Staat beeinflusst durch die Auswahl die Haltung seiner Bürger. Im Nationalsozialismus hat der Präsident der Reichskulturkammer Joseph Goebels die Kraft des Kinos als Erziehungsinstrument erkannt und gesteuert, welche Filme die Deutschen zu sehen bekamen. Dies setzte bereits in Form von Zensur bei den Drehbüchern an, die zur Genehmigung vorgelegt werden mussten, damit missliebige Filme gar nicht erst produziert wurden. Eine solche Methode ist mit ausgeklügelter Technik schon bald nicht mehr notwendig. Staaten können sich liberal und demokratisch geben und trotzdem die Bürger steuern, wie es ihnen gefällt. Filme werden also nicht verboten, ja, sie stehen sogar bei den Anbietern zur Verfügung, aber die Nutzer werden, ohne dass sie es mitbekommen, dahingehend manipuliert, nur bestimmte Filme zu sehen. Eine Regierung, die ihr Land in einen Krieg führen will, könnte darauf hinwirken, dass die KI den Bürgern hauptsächlich aufputschende Kriegsfilme vorschlägt.

Dies alles sind natürlich nur Szenarien. Aber die Wahrscheinlichkeit, dass sie so oder so ähnlich eintreten, ist hoch. In der westlichen Welt werden wir festlegen können, ob wir uns für diese Systeme entscheiden, so wie heute jeder selbst bestimmen kann, ob er sich Alexa ins Wohnzimmer stellt. Die Macht der Verführung und des Sich-dem-allgemeinen-Trend-unterwerfens wird dabei groß sein, weil die Geräte und Systeme tatsächlich im alltäglichen Leben eine Erleichterung bedeuten.

Wie der Algorithmus bestimmt, was wir sehen

Wie in den vorherigen Kapiteln dargestellt, hatten die Zuschauer in der Zeit des linearen Fernsehens bis in die 80er Jahre hinein nur die Möglichkeit, aus drei Sendern auszuwählen. Nach 1984 kamen die privaten TV-Stationen hinzu und erweiterten zum ersten Mal das Portfolio. Durch die Verbreitung von Kabel- und Satellitenübertragen stieg das Angebot vor dem Jahrtausendwechsel auf mehr als 30 Kanäle. Zwar war so eine größere Auswahl gewährleistet, aber immer noch bestimmten die Fernsehanstalten das Programm und nicht die Zuschauer. Heutzutage gewährleisten die jahrzehntelangen Erfahrungen der Senderverantwortlichen, dass sie den Tagesverlauf des Publikums kennen und damit den sogenannten Audienceflow bestimmen. Die Zuschauer werden möglichst ohne Widerstand von einem Beitrag in den nächsten geleitet. Alle klassischen Fernsehanstalten haben sich dem »Programmschema« verschrieben. Jeder Tag der Woche hat einen festgelegten Ablauf mit vorgegebenen Formaten. Am Sonntagabend konkurriert das ZDF mit romantischen Heimatfilmen gegen die Tatortkrimis der ARD. Die Verantwortlichen nennen dieses Schema metaphorisch »die Senderfarbe«, um das eigenständige Profil zu betonen. Was die Zuschauerbindung verstärken soll, führt zu einer fehlenden Flexibilität in der Programmplanung. Zwar legen die Planer fest, welche Sendung ausgewählt wird, aber sie sind den Vorgaben des Programmschemas untergeordnet. Und das Publikum hat keine Wahl, als sich dem Diktat der Sender unterzuordnen.

Bei den Streaminganbietern bestimmen die Nutzer aus ca. 10.000 Titeln, was sie sehen wollen. Dies verspricht Freiheit und persönliche Auswahl. Die Streamingdienste stehen dadurch aber vor einer gänzlich anderen Herausforderung. Sie müssen ihren Abonnenten eine schnelle Entscheidungsmöglichkeit bieten, denn im Durchschnitt reicht die Geduld eines Nutzers 60 bis 90 Sekunden, bevor er unzufrieden ist und gegen den Anbieter votiert.

Wie erreichen die Online-Videotheken, dass die einzelnen Zuschauer aus dem unüberschaubaren Angebot innerhalb dieser kurzen Zeit eine Wahl treffen können? Das Zauberwort heißt: Algorithmus.

Netflix und die anderen Streamingplattformen sammeln von uns Nutzern Daten, die sie in Formeln umwandeln. Jeder Streamingdienst hat seine eigenen Berechnungen und die Grundlagen dafür werden mindestens genauso geheim gehalten, wie das Rezept von CocaCola. Die Algorithmen sind, ohne dass wir Kunden es wahrnehmen, ein Unterscheidungsmerkmal für die jeweiligen Streaminganbieter. Durch die mathematischen Vorhersagen wird jedem Abonnenten eine für ihn zugeschnittene Empfehlungsliste offeriert, die auf dem Bildschirm maximal zehn Titel bereithält. Die Anbieter informieren uns auf der ersten Seite also nicht über sämtliche neuen Filme oder Serien, sondern sie filtern und sortieren sie für uns optimiert vor. Anfänglich war der Algorithmus von Netflix in höchstem Maße auf Genrevorlieben fokussiert. Wer hauptsächlich Liebesfilme geschaut hat, dem präsentierte der Anbieter ausschließlich Videos aus diesem Bereich. Als das Unternehmen aus Kalifornien dazu überging, Filme nicht mehr als DVDs mit der Post zu versenden, sondern per Stream zur Verfügung zu stellen, wurden alle Produkte Kategorien zugeordnet. Diese bezogen sich auf die unterschiedlichsten Elemente: auf die Hauptdarsteller, ob ein Film mit einem Happy-End versehen war und auf andere prägende Eigenschaften der Geschichte. Im Jahr 2013 fand der US-amerikanische Journalist Alexis Madrigal per Zufall heraus, dass Netflix seine Filme und Serien 76.897 Mikro-Genres zuordnet. Ein Team von Mitarbeitern weist jedem Produkt eine Vielzahl dieser Kategorien zu, bevor es auf der Plattform erscheint. Es existieren zum Beispiel die Cluster »emotioneller Kampf-dem-System Dokumentarfilm« oder auch »Lebensnaher historischer Film über Könige«. Der erste Algorithmus, den das Unternehmen entwickelte, wurde auf den sinnfälligen Namen CineMatch getauft. Nach Aussagen von Netflix war die Formel äußerst erfolgreich, denn die Hälfte der Nutzer vergab für einen von dem Computer vorgeschlagenen Film die höchste Einschätzung von 5 Sternen. Trotzdem startete die Firma 2006 einen Wettbewerb mit einem Preisgeld von 1 Million Dollar, um

CineMatch zu verbessern. Drei Jahre später gewann ein Forscher-team den Wettstreit, indem es die Vorhersagen um 10 % verbesser-te. Der neue Algorithmus lernt seitdem ständig dazu, basierend auf mehr als 5 Milliarden Bewertungen. Dabei vergleicht die For-mel die Benotungen (die »expliziten Daten") und das Sehverhalten von uns Zuschauern (die »impliziten Daten") mit ähnlichem Ver-halten. Das System sucht alle Abonnenten, die zum Beispiel die Serie *Orange is the new Black* mit der gleichen Punktzahl bewertet haben. Gehören wir dazu, werden Schritt für Schritt weitere Pro-dukte mit einbezogen, die deckungsgleiche Evaluationen von an-deren Nutzern erhalten haben. Der Algorithmus führt den Prozess fort, um ein Korrelationsmuster zwischen den Bewertungen von vielen verschiedenen Filmen und Serien zu erstellen. Am Ende schließt er aus diesem Muster, welche Sendungen wir gerne sehen wollen. Dies sind dann die Filme, die uns auf unserem personali-sierten Bildschirm präsentiert werden. Mehr als 80 Prozent aller Film- und Serientitel entdecken die Zuschauer aufgrund dieser Vor-schläge. Wenn Sie die deutsche Serie *Dark* anschauen, wird der Al-gorithmus dies in seine Berechnung integrieren und die Empfeh-lungen darauf abstimmen. Falls Sie die Sendung nach der ersten Folge abgebrochen haben – also implizite Daten erzeugt haben –, wird dies Ihr Profil verändern. Sämtliche Ihrer Aktionen führen zu einer Reaktion des Algorithmus, der sich kontinuierlich an Sie an-passt und seine Präsentationen modifiziert. So erhält jeder Abon-nent eine eigene Identität. Diese dient vor allem dazu, unser Ver-halten vorherzusagen und es zu steuern. Innerhalb des Verfahrens empfangen wir des Öfteren aber auch Vorschläge, die nicht zu un-seren Genrevorlieben passen. Nur jeder fünfte *Stranger Things*-Fan sah Horrorfilme, bevor er die Serie für sich entdeckte. Allerdings wird der Liebhaber von Romantic Comedys, der nach einer Reihe von Versuchen immer noch keinen Zombiefilm ausgesucht hat, nicht mehr mit diesem Genre behelligt. Netflix verändert das An-gebot auch nach der Tageszeit, zu der der Zuschauer die Plattform einschaltet. Es macht einen Unterschied, ob wir um 23 Uhr oder am Tag suchen. Auch die Art und Weise, wie uns die Serien und Filme auf dem Bildschirm präsentiert werden, verändert sich ständig. Netflix führt jedes Jahr ohne das Wissen der Nutzer mehrere Hundert Produkttests mit 300.000 Zuschauern durch. Das Unternehmen wählt Kunden aus der ganzen Welt aus, um alles – von Bildern bis zur Schriftgröße – auf dem Display zu erproben. Auf diesem Weg hat die Firma getestet, ob die Vorschau, die am oberen Rand des Bildschirms angezeigt wird, statisch oder ein Karussell sein soll. Der Streamingdienst prüfte auch, ob detaillierte Inhaltsangaben die Wahrscheinlichkeit erhöhen, dass wir Zuschauer einen Titel sehen wollen. Alle Veränderungen wurden durch einen sogenannten A/B-Test ausprobiert. Dieses Experiment hilft dem Unternehmen zu klären, ob eine neue Ansicht besser ist als die aktuelle. Mitglieder in Gruppe A empfangen die gegenwärtige Version, während Angehörige der Gruppe B eine unterschiedliche Darstellung erhalten. Wenn Zuschauer in der zweiten Gruppe eine stärkere Interaktion mit Netflix haben, wird die neue Gestaltung auf alle Abonnenten ausgeweitet.

Auch die Präsentation der einzelnen Filme wurde inzwischen sogar modifiziert und weiter personalisiert. So sehen die Nutzer, die sich bisher hauptsächlich Romantic Comedys angeschaut haben, nunmehr zu dem Titel des Films ein kleines Foto, das zwei glücklich verliebte Menschen zeigt. Anderen, die eher Komödien bevorzugen, wird für den gleichen Film der für das Genre bekannte Schauspieler präsentiert. Natürlich baut der Algorithmus seine Erfahrungen auch hier immer weiter aus. Führt ein Vorschaubild nicht zu einer erhöhten Auswahl durch die Abonnenten, wird es durch ein alternatives ersetzt – solange bis das gewünschte Ergebnis erzielt wird. Für die Streamingdienste ist der Ansatz einleuchtend, denn je kürzer die Zeit für die Selektion ist, desto zufriedener sind die Nutzer. Amazon, Netflix und Hulu haben bereits Milliarden von Daten gesammelt, deren Kenntnis ihnen einen Vorsprung vor anderen und insbesondere vor neuen Anbietern verschafft.

Für uns Zuschauer bringt diese maschinengesteuerte Personalisierung auf den ersten Blick anscheinend nur Vorteile. Wir müssen uns nicht durch eine lange Liste von Vorschlägen quälen und nach fünfzehn Minuten feststellen, dass wir immer noch nichts gefunden haben. Zudem sind wir mit der Zusammenstellung des Anbieters glücklich, denn in der Mehrzahl werden uns nur die Produkte präsentiert, die in unser Geschmacksschema passen – im Gegensatz zum linearen Fernsehen, dessen Programm für die breite Masse gemacht ist, und wir uns in Programmzeitschriften selbst die Sendungen heraussuchen müssen, die uns gefallen.

Aber je mehr die Maschine uns Zuschauer kennengelernt hat, desto abhängiger werden wir vom Algorithmus. Wir begeben uns in eine Scheinfreiheit, die uns möglichst schnell zufriedenstellt. Dadurch entgeht uns Abonnenten, dass unser Anbieter bestimmte Filme nicht im Sortiment hat. Wir verlernen vor allem, uns auf die Suche nach eigenen Entdeckungen zu machen. Wie beim linearen Fernsehen werden wir zu einem Objekt, das sich dem vorgegebenen Angebot anpassen muss. Die Wahlfreiheit besteht nur noch theoretisch. Und natürlich wird der Algorithmus von Netflix und den anderen Anbietern nicht nur unbeeinflusst die besten Vorschläge bereitstellen, sondern bevorzugt die eigenen Filme und Serien präsentieren. Uns Zuschauern werden prominent die Produkte vorgeschlagen, die die jeweilige Online-Videothek produziert hat. Diese belegen den knappen Platz auf der ersten Seite und sorgen dafür, dass Filme oder Serien der Konkurrenz auf die hinteren Positionen verschoben werden. Objektive Auswahl sieht anders aus.

Es gibt aber noch einen gänzlich anderen Ansatz, für die Zuschauer eine Orientierung zu ermöglichen. Während Netflix, Amazon und die sonstigen großen Akteure auf den Algorithmus setzen, liegt die Alternative im Kuratieren durch den Menschen. Einer der wichtigsten Anbieter, die in diesem Bereich auf sich aufmerksam gemacht haben, ist Apple. Die Firma hat sich im iTunes Store darauf spezialisiert, Empfehlungen der Redaktion auszusprechen. Gerade kleinere Anbieter können hier aus ihrer Schwäche, dass sie meist nicht allzu viele Filme im Programm haben, eine Stärke generieren. Vielleicht sogar weil sie eine spezielle Nische bedienen, fällt es ihnen leichter, Experten empfehlen zu lassen. Wer lediglich asiatische Arthouse Produktionen im Angebot hat, kann den Liebhabern dieser Filmrichtung Empfehlungen aussprechen und sie sogar durch Hintergrundinformationen ergänzen. Sie können so ein 365-tägiges Filmfestival anbieten. So verlockend es klingt, stellt sich hier natürlich die Frage nach der Wirtschaftlichkeit. Einerseits verlangt diese Herangehensweise eine aus Menschen bestehende Redaktion und anderseits wird es eine der entscheidenden Themen der Zukunft sein, ob die Zuschauer bereit sind, für ihren Nischengeschmack zu bezahlen. Sind also die Fans von Horrorfilmen entschlossen, neben Netflix und HBO Max noch für eine weitere Online-Videothek Geld auszugeben?

Big Data

All die Daten, die die Streamingdienste sammeln, gehören zur Privatsphäre von uns Nutzern, und eigentlich sollte ein sensibler Umgang von den Anbietern zu erwarten sein. Zwar besitzen Netflix, Amazon und Hulu wenige persönliche, demografische Informationen über die Zuschauer, aber sie können durch die Sehgewohnheiten Rückschlüsse auf relevante Fakten ziehen. Wer hauptsächlich Teeniekomödien schaut, wird mit hoher Wahrscheinlichkeit zur Schule gehen. Und die Zuschauerin, die ausschließlich Filme mit Andrey Hepburn und Cary Grant sehen will, wird offenbar im Rentenalter sein. Alter und sozialer Status zählen jedoch nur zu den einfachen Kategorien. Es sind Szenarien denkbar, in denen die Informationen genutzt werden können, um Rückschlüsse auf andere Aspekte unseres Lebens zu gewinnen. Netflix sorgte Ende 2017 für wütende Reaktionen, als das Unternehmen zu Werbezwecken folgenden Tweet absetzte »An die 53 Menschen, die *A Christmas Prince* jeden der vergangenen 18 Tage angesehen haben: Wer hat euch wehgetan?« Durch diese Werbung wurde allen bewusst, dass Netflix das Profil jedes Zuschauers kennt. Natürlich hatte der Anbieter nicht die Namen der Nutzer genannt, aber er wusste sie und besaß noch weit mehr Informationen.

Der Fahrdienstvermittler Uber wiederum hatte 2015 für Aufsehen gesorgt, indem er behauptete, dass er genau wisse, wer einen One-Night-Stand habe. Uber filterte diejenigen Kunden heraus, die am Wochenende eine Fahrt zwischen 22 Uhr und vier Uhr nachts buchten – und dann vier bis sechs Stunden später eine weitere Fahrt in einem Radius von etwa 160 Metern des ursprünglichen Ziels anforderten. Vorstellbar ist, dass die Firmen unsere Daten weiterverkaufen, um Werbetreibenden zielgenauere Angebote zu ermöglichen. Eine zusätzliche Gefahr besteht darin, dass Hacker Informationen stehlen. Im Jahr 2016 wurden Uber mehr als 57 Millionen Daten seiner Kunden entwendet. Bisher ging es den kriminellen Banden darum, die Namen und Passwörter zu verkaufen, damit andere diese nutzen können. Wer im Besitz der Fakten ist, wann und wo und mit welchem Gerät ein Nutzer welche Sendungen gesehen hat, weiß auch noch mehr, was er gewinnbringend verwenden kann.

In der Zukunft werden wir Zuschauer zu einem Datensatz. Es wird nicht mehr nur darum gehen, die besten Filme und Serien im Angebot zu haben, sondern vor allem, die meisten Informationen über die Nutzer zu besitzen und diese sinnvoll zu verarbeiten. Dies ist der Grund, warum es sich ein Hardwarehersteller wie Apple überhaupt leistet, sich in dem ihm eigentlich vollkommen fremden Business des Filmverleihs herumzutreiben. Apple hat als Unternehmen in den letzten Jahren einen unermesslichen Datenschatz angehäuft. Es besitzt die Namen, Adressen und Kontonummern von über einer Milliarde iPhone-Besitzern und hat im iTunes Store schon seit fast 20 Jahren die kulturellen Vorlieben der Nutzer gespeichert. Mit dem Einstieg in das Musikstreaming mit dem Aboservice Apple Music hat die Firma aus Cupertino nun einen weiteren wichtigen Schritt unternommen, eine noch größere Datenbasis aufzubauen. Und mit dem Bezahlservice Apple Pay und der im Sommer 2019 eingeführten Apple Kreditkarte kontrolliert die Firma ihre Nutzer noch umfänglicher. Zwar verkündet der iPhone

Hersteller mit den Daten sensibler umzugehen als etwa Facebook, aber das ändert nichts daran, dass der Besitz der Informationen über Milliarden von Anwendern das entscheidende Erfolgskriterium der Zukunft sein wird.

Dies ist auch einer der Gründe, warum die Hollywoodstudios wie Disney und WarnerMedia eigene Streamingplattformen aufbauen. Sie sind an den Verhaltensweisen ihrer Zuschauer interessiert. Das exakte Wissen über ihre Interessen und Vorlieben gibt den Konzernen die Möglichkeit, die Produktionen weit im Vorfeld auf ihren Erfolg hin abklopfen zu können. Dadurch wissen die Studios im Vorhinein, wie groß das Potenzial eines Films oder einer Serie sein wird.

Der Algorithmus und die Kenntnis über die Wünsche der Zuschauer wird bereits in der Entwicklung von Ideen genutzt. Klassische Sender können ihre Filme und Serien nur quantitativ in Erfolg oder Misserfolg einordnen. Ihnen steht lediglich die Einschaltquote einer Sendung zur Verfügung. Dabei wurde gerade in den letzten Jahren im linearen Fernsehen der Zuschauerquote eine außerordentliche Bedeutung beigemessen. Hat eine Serie nach der ersten Folge nicht genügend Marktanteil, wird sie umgehend abgesetzt. Nicht mehr die Qualität, sondern die Quantität der Zuschauer ist ausschlaggebend. Jedoch beruht die Zahl auf den Messungen der Gesellschaft für Konsumforschung (GfK), die bei einigen Tausend Haushalten (derzeit ca. 6000 in Deutschland) das Einschaltverhalten misst. Basierend auf dieser Quote werden Entscheidungen über zukünftige Produktionen getroffen. Streamingdienste kennen jeden einzelnen Abonnenten genau. Sie verstehen das Sehverhalten bis ins kleinste Detail. Die Unternehmen sammeln die Daten, wann die Nutzer am Tag einschalten, welche Art von Sendung sie dienstags schauen und welchen Schauspieler oder Regisseur sie präferieren.

Oft setzen Online-Videotheken schon bei der Produktion neuer Serien dieses Wissen ein. Wer ein spezielles Genre favorisiert, schaut gerne Filme mit einem bestimmten Schauspieler: Was liegt näher als eine Serie mit ebendieser Kombination in Auftrag zu ge-

ben. Netflix kannte, bevor es sein erstes eigenes Projekt produzierten, die genauen Vorlieben ihrer Nutzer. Das Unternehmen wusste
durch seine Daten, als ihm eine Serie vom Regisseur David Fincher
mit Kevin Spacey (*American Beauty*) als Hauptdarsteller angeboten
wurde, dass diese Verknüpfung gute Erfolge erzielen würde. Auf
diesem Weg entstand *House of Cards*, und die Firma gab nicht, wie
sonst im Fernsehgeschäft üblich, nur die erste Folge in Auftrag, um
die Resonanz zu überprüfen. Der Showrunner Beau Willimon
schrieb und produzierte gleich zwei Staffeln, zu den außerordentlich hohen Herstellungskosten von über 100 Millionen Dollar.

Letztendlich gelingt es den Streaminganbietern damit, das um-
zusetzen, was das amerikanische Studiosystem schon immer an-
gestrebt hat. Es geht darum, das finanzielle Risiko zu minimieren.
Auf diesem Weg kann es allerdings passieren, dass ausschließlich
einem Algorithmus überlassen wird, welche Filme und Serien produziert werden – eine Horrorvorstellung für die Filmemacher, die
etwas wagen und ihren künstlerischen Vorstellungen freien Raum
geben wollen.

Vielleicht mag dies auf den ersten Blick erschreckend erscheinen, aber in der Realität werden solche Entscheidungskriterien
schon heute bei der Produktion eines Films oder einer Serie eingesetzt. Nur eben weniger auf harten Fakten basierend, als aus dem
Bauchgefühl der Verantwortlichen heraus. Sie behaupten zu wissen, was beim Zuschauer ankommt. So stützen sich die Fernsehre-
daktionen zumeist auf die Quote, die eine ähnliche Sendung bereits errungen hat und leiten daraus die Wünsche ihres Publikums
ab. Zudem werden Marktanalysten eingesetzt, die mit repräsentativen Fragen Geschmäcker herausfinden sollen. Auf dieser Basis
werden auch Entscheidungen für die längerfristige Programmplanung getroffen, womit sie in Zeiten sich schneller ändernder Geschmäcker auch mal falsch liegen können.

Wie verlockend erscheint da, wenn das Programm der Zukunft
auf harten Fakten basiert. Soweit ein Streaminganbieter genau
weiß, dass es einen Markt für eine Serie gibt und welche Kriterien
für die Zuschauer entscheidend sind, wird er sie produzieren. Dabei

spielt keine Rolle, dass der Markt eventuell sehr klein ist. Falls die Plattform diese Nische bedienen will, dann wird er ein Produkt dafür herstellen.

Neil Hunt, der Chief Product Officer bei Netflix, fasste es 2017 so zusammen: »Wir schreiben keine Geschichten anhand von Daten. Geschichten müssen organisch und funktionsfähig sein, und deshalb vertrauen wir einem Produzenten oder einem Team, eine interessante Geschichte zu erfinden. Aber wir sind in der Lage, die Idee, den Abriss, die Auswahl des Castings und die anderen Entscheidungen in das System einzugeben, um eine Vorstellung davon zu bekommen, wer daran interessiert sein wird. Dies hilft uns zu erkennen, ob es sich um ein wirtschaftlich machbares Projekt handelt. Daher ist die Verwendung der Daten für Finanzierungsentscheidungen etwas anderes als die Verwendung der Daten für die Optimierung der Story, was wir nicht tun.«[32]

Es ist nicht abzusehen, ob sich dadurch die Landschaft von Filmen und Serien verändert, weil es diese Form der Rückkopplung bisher in keinem Kulturbereich gegeben hat. Auch Verlage kannten bisher nur die Verkaufszahlen, ob das Buch aber massenhaft verschenkt worden war und ungelesen im Bücherregal verschwand, war nicht bekannt.

Wir werden in den kommenden Jahren erleben, was diese genaue Kenntnis der Sehgewohnheit der Zuschauer bedeutet. Immerhin sind verschiedene Szenarien denkbar. Es ist vorstellbar, dass die Arbeit an Filmen und Serien der Herstellung eines Autos am Fließband ähnelt. Genaue Vorgaben müssen erfüllt werden, um am Ende ein Produkt zu haben, das den Daten entspricht. Aber vielleicht hatte auch Steve Jobs recht, der seine Einstellung einmal so formuliert hat: »Einige Leute sagen: ‚Geben Sie den Kunden, was sie wollen.‘ Aber das ist nicht mein Ansatz. Unsere Aufgabe ist es, herauszufinden, was sie wollen, bevor sie es selbst tun. Ich glaube, Henry Ford sagte einmal: ‚Wenn ich Kunden gefragt hätte, was sie wollten, hätten sie mir gesagt: Ein schnelleres Pferd!‘ Die Leute wissen nicht, was sie wollen, bis Sie es ihnen zeigen. Deshalb verlasse ich mich nie auf Marktforschung. Unsere Aufgabe ist es, Dinge zu lesen, die noch nicht auf dem Papier stehen.«[33]

In der Filterblase

In den Jahrzehnten nach dem Siegeszug des Fernsehens in den 50er Jahren stellte das neue Medium eine Verbindung zwischen den Menschen her. Dabei waren soziale Schicht und Herkunft mehr oder weniger unerheblich. Die Straßenfeger der Durbridge-Krimis oder die Samstagabendshows – die »Lagerfeuer« vereinten die gesamte Nation. Und da es in den Haushalten meist nur ein Gerät gab, versammelte sich die ganze Familie vor dem Bildschirm, das Fernsehen schuf einen Zusammenhalt.

Die Rezeption heute ist individuell, und nur noch besondere Ereignisse schaffen es, den Lagerfeuereffekt herzustellen. Die vom Algorithmus gesteuerte personalisierte Selektion der Streamingdienste birgt zudem die Gefahr der Filterblase. Wir bekommen nur das zu sehen, was wir kennen und was uns nicht mit anderen Sichtweisen herausfordert. Eli Pariser, der Autor und Präsident der Nichtregierungsorganisation MoveOn.org, beschrieb 2011 das Phänomen in einem TED-Talk anschaulich. »Was Netflix herausgefunden hat, ist dass in unseren Netflix-Wartelisten ein permanenter Kampf stattfindet – zwischen unserem zukünftigen, anspruchsvolleren Ich und unserem impulsiveren, gegenwärtigen Ich. Wir möchten alle jemand sein, der *Rashomon* gesehen hat, aber jetzt gerade wollen wir *Ace Ventura* zum vierten Mal anschauen. Die beste Zusammenstellung für uns wäre von allem etwas. Und die Herausforderung für algorithmische Filter, diese personalisierten Filter, ist, dass sie diese Balance umkippen, weil sie vor allem danach gehen, worauf man zuerst klickt. Und statt einer ausgewogenen Informationsdiät findet man sich am Ende inmitten von Informations-Junk Food wieder.«[34]

Der Algorithmus dient letztendlich nicht uns, sondern dem Unternehmen, damit wir zufrieden mit dem Angebot der Plattform sind. Darum bietet er uns das an, von dem er gelernt hat, dass wir es in der Vergangenheit ausgewählt haben, und dies in den meisten Fällen innerhalb von wenigen Sekunden. Wir werden immer wieder in den alten Entscheidungen bestärkt und kaum noch mit Neuem konfrontiert. Und schon bald fangen wir an zu glauben, dass die Welt nur aus den Filmen und Serien besteht, die uns auf dem Bildschirm präsentiert werden.

Die durch den Algorithmus entstandene Benutzeroberfläche ist unsere eigene – eine, die sonst niemand anders auf der Welt auf seinem Gerät so vorfindet. Wer einmal bei Freunden zu Besuch war und sich dort die Darstellung seiner Streamingplattform angeschaut hat, wird feststellen, dass sie sich radikal von der eigenen unterscheidet. Lediglich die von der Online-Videothek selbst produzierten Filme und Serien (die »Originals«) sind im Allgemeinen auch dort zu finden.

Dadurch leben wir auf den Streamingplattformen wie in einer Filterblase, und die Gefahr besteht, dass wir dies nicht registrieren. Wenn wir nicht mehr mit neuen Impulsen konfrontiert werden, dann wird sich unser Bild von der Welt schon früh verfestigen. Wir laufen mit Scheuklappen herum, um unsere Wahrheit für die einzige halten. Unser Geschmack wird nicht dynamisch sein, und unsere kulturellen Erfahrungen führen nicht dazu, dass wir der Welt aufgeschlossen gegenüber stehen. Vielleicht wird sich das auf unser gesamtes Verhalten auswirken, weil wir neuen Argumenten gegenüber weniger offen sind. Wir begegnen anderen und ihren kulturellen Werten mit Ablehnung.

Nach der Einführung der Fernbedienung war eines der liebsten Hobbys von vielen Zuschauern zu ,zappen', also von Sender zu Sender zu springen bis das Richtige gefunden wurde. Wer aber nach minutenlangem Suchen nichts aufgespürt hatte, blieb oft bei einer Sendung hängen, die er sich unter anderen Umständen nie angeschaut hätte. Auf diese Weise habe ich die interessantesten Entdeckungen gemacht, die meinen Horizont erweitert haben.

Einige Zuschauer versuchen, sich dem Algorithmus zu entziehen, indem sie die Webseite ,Netflix Roulette' anwählen. Hier wird ihnen per Zufall eine Sendung vorgeschlagen. Der Nutzer kann lediglich das Genre auswählen und die gewünschte Höhe der Bewertung angeben. Es ist ein schönes Experiment, das aber nicht wirklich dazu führen wird, dass wir in Zukunft unsere Filterblase vermeiden können. Denn letztendlich ist es zu unbequem, sich erst einmal im Internet einen Film vorschlagen zu lassen.

Wer sich der eigenen Filterblase direkt auf seiner Streamingplattform entziehen will, kann lediglich den Algorithmus durcheinanderbringen, indem er ein beliebiges Wort in der Suchfunktion eingibt und den ersten vorgeschlagenen Film oder die Serie auswählt. Dabei muss der zufällig ausgesuchte äußerst brutale Zombiefilm gar nicht geschaut werden. Allerdings ist es wichtig, den Film tatsächlich bis zu Ende durchlaufen zu lassen, denn sonst merkt sich der Algorithmus, dass das Werk anscheinend nicht gut angekommen ist. Während also *Pulp Fiction* auf dem Tablet läuft, kann auf dem Fernseher zum vierten Mal *Pretty Woman* verfolgt werden.

DIE REVOLUTION
KONTROLLIERT IHRE
KINDER

Es war ein strahlend-kalter Apriltag, und die Uhren schlugen dreizehn. Sarah, das Kinn an die Brust gezogen, um dem scheußlichen
Wind zu entgehen, schlüpfte rasch durch die Glastüren ihres Wohn-
towers. Im Hintergrund fädelte sich das selbstfahrende Auto, das sie
wieder nach Hause gebracht hatte, in den Verkehr ein. Sie war auf
der Fahrt vom Fitnessstudio in die Storyworld von *Eastside* einge-
taucht. Schon gestern Abend hatte sie sich die junge Charlot als An-
kerpunkt ausgesucht und war ihrer Geschichte gefolgt. *Eastside*
spielte auf einem fremden Planeten, der von menschenähnlichen
Wesen bevölkert war. Sarah hielt sich bereits seit einer Woche in dieser Welt auf und verfolgte das Schicksal der unterschiedlichen
Figuren.

Ein großer Screen im Auto, das sie schon im Fitnessstudio für sich
bestellt hatte, wusste genau, wo sie gestern aufgehört hatte und
setzte an dieser Stelle wieder ein. Ihre Smartwatch hatte diese Informationen an das System im Wagen geschickt. So hatte Sarah auf der
Fahrt nach Hause verfolgen können, wie Charlot den Kampf um die
Vorherrschaft auf Eastside aufgenommen hatte.

Ihre schicke Designerbrille spielte ihr im Fahrstuhl auf dem Weg nach oben die Optionen ein, was sie heute Abend zum Essen bestellen konnte. Ihre persönliche KI hatte drei Gerichte vorgeschlagen, die ihrem Gewichtsziel entsprachen, das sie gemeinsam festgelegt hatten, aber auch ihrer derzeitigen Stimmung.

Als sie sich in ihrem Apartment mit der soeben gelieferten Pho-Suppe aufs Sofa pflanzte, startete auf der gegenüberliegenden Zimmerwand **Eastside** *und setzte die Geschichte da fort, wo sie sie im Auto verlassen hatte. Charlot kämpfte gegen den verfeindeten Clan. Am rechten Bildrand erschien ein Hinweis. Ihre Freundin Ida hatte genau diese Szene kommentiert und mit dem Verweis versehen, dass sie der Moment an die frühere Serie* **Game of Thrones** *erinnern würde. Ida hatte schon immer Interesse an historischen Filmen und Serien. Sarah konnte mit diesen altmodischen Formaten nicht viel anfangen. Sie waren zu langsam erzählt und boten keinerlei Möglichkeit, sich einen Handlungsstrang auszuwählen. Aber trotzdem war es interessant, von Ida etwas über die Hintergründe zu erfahren, vor allem seit ihre Freundin vor vier Jahren nach San Francisco gezogen war und sie sich nicht mehr täglich sahen.*

In der Geschichte bestieg Charlot soeben den Thron, und Sarah sagte mit lauter Stimme: »Kommentiere diese Szene mit dem Hinweis, dass sie das verdient hat. Endlich ist es soweit.« Für einen kurzen Moment tauchte auf der rechten Seite der Text auf, bevor er für alle ihrer Freunde zu lesen war, wenn sie die Szene sahen.

Keine Sekunde später erschien das Foto ihres Freundes aus Kindertagen, Elias, an der Wand. »Annehmen«, erklärte Sarah. Elias, der in Sarahs Heimatstadt Wuppertal geblieben war, saß in seiner kleinen 1-Zimmer-Wohnung. Er erkundigte sich nach Sarah und ihrer Beförderung. Sie bestätigte ihm, dass sie tatsächlich vor zwei Wochen zur Vice President Corporate Development aufgestiegen war.

»Wobei habe ich dich gestört?«, fragte er sie. »Du wirkst irgendwie abgelenkt.«

Sarah erzählte ihm etwas ausweichend, dass sie sich gerade in Eastside *befunden habe. »Ah, alles klar«, sagte Elias. Sie wussten beide, dass er sich Clostyx, den Service, der Sarah die Storyworld und viele Filme gegen eine monatliche Gebühr zur Verfügung stellte, nicht leisten konnte. Er schaute einen Sender, der noch linear ausstrahlte und kostenlos war, weil dieser sich durch Werbung finanzierte. Elias war Fan einer Serie, in der eine Kameradrohne das Leben eines Polizisten verfolgte. Sarah flüsterte leise, weil alles was sie von sich gab, von Clostyx registrierte wurde. Sie hatte sich schon seit langer Zeit daran gewöhnt, dass sie möglichst nichts tat oder sagte, was anstößig sein könnte. Einmal hatte sie sich negativ über die Firma geäußert, die ihr die selbstfahrenden Fahrzeuge zur Verfügung stellte. Wenig später war ein Mitarbeiter des Konzerns auf ihrer Wand erschienen und hatte sie danach gefragt, wie er sie von der Qualität des Service überzeugen könne. Sie nahm die Einmischung in Kauf, schließlich war sie mittlerweile Standard.*

*Als sie das Gespräch mit Elias beendet und wieder aufgelegt hatte, startete **Eastside** automatisch an dem Punkt, bei dem sie unterbrochen worden war.*

Der amerikanische Science-Fiction Autor Ray Bradbury veröffentlichte 1953 einen dystopischen Roman mit dem Titel *Fahrenheit 451*, der 1966 von Francois Truffaut verfilmt wurde, aber bis heute bei keinem Streaminganbieter zu sehen ist. Die Geschichte spielt in der nicht allzu fernen Zukunft in einer totalitären Gesellschaft, in der es verboten ist, Bücher zu besitzen. Der Protagonist ist ein Feuerwehrmann, der allerdings nicht die Aufgabe hat, Brände zu löschen, sondern Bücher zu verbrennen. Die Ehefrau verbringt die meiste Zeit in ihrem Fernsehzimmer, in dem drei Wände aus Bildschirmen bestehen. So befindet sie sich mitten in den Sendungen, die sie von allen Seiten umgeben. In bestimmten Filmen übernimmt sie sogar selbst kleinere Rollen, und die Moderatoren reden sie mit Namen an und vermitteln ihr das Gefühl, direkt angesprochen zu werden. Nach und nach baut sie eine emotionale Bindung zu dem Programm auf und erklärt die Figuren im Fernsehen zu ihrer Familie. Auch ihr Ehemann bezeichnet die fiktiven Protagonisten im Wohnzimmer als »Verwandtschaft«. Zunehmend distanziert sich die Frau des Helden von den realen Menschen um sie herum. Als ihr Ehemann erkrankt, ist ihr das Leben im und mit dem Fernsehen wichtiger.

Das Programm, so beschreibt es Bradbury, ist »reine Gehirnerschütterung« und der Zuschauer wird »in ein gewaltiges Vakuum hineingesaugt«. Die Ehefrau setzt sich freiwillig der ständigen Beschallung aus und hat ihre Fantasie vollständig verloren. Der ununterbrochene Medienkonsum beeinträchtigt auch ihr Gedächtnis, sodass sie sich an wichtige persönliche Ereignisse nicht mehr erinnern kann. »Das Fernsehen ist ›Wirklichkeit‹, es drängt sich auf, es hat Dimensionen. Es bleut einem ein, was man zu denken hat«, lässt Bradbury eine seiner Figuren sagen. »Wer hat sich je vom Fernsehzimmer losreißen können, wenn er einmal in seine Umklammerung geraten ist? Es macht aus einem, was ihm gefällt. Es ist eine Umwelt, so wirklich wie die Welt selbst.«[35]

Werden wir alle tatsächlich auch schon bald in einer solchen Gesellschaft leben? Das klassische Fernsehen war nur in unserem Wohnzimmer vorhanden. Und lange Zeit wurde es sogar nicht einmal rund um die Uhr ausgestrahlt. Streamen lässt uns jederzeit und überall Fernsehen schauen. Wir können zwischen unendlich vielen Möglichkeiten wählen. Wir brauchen unsere eigene Fantasie nicht mehr anzustrengen. Geschichten und Unterhaltung wird uns im Überfluss geboten. Kaum jemand kann dem entkommen. Während vielleicht heute noch einige ältere Menschen ohne Smart-TV oder Handy auskommen, sind die Digital Natives damit aufgewachsen und die Geräte gehören zum Alltag. Wer in einem Zug oder Bus des öffentlichen Nahverkehrs sitzt, wird mehr als die Hälfte der Fahrgäste dabei beobachten können, wie sie auf das Smartphone starren. Neben Games und der Lektüre der neuesten Nachrichten, Chats und Social media stehen dabei Filme und Serien ganz oben auf der Liste.

In Bradburys Roman liefern sich die Menschen ohne Zwang den Verlockungen des Fernsehens aus. Druck scheint unnötig, wenn die Zuschauer vor den Geräten sitzen und das Gesehene Teil ihres Lebens wird. Neil Postman schreibt in seinem berühmten Werk *Wir*

amüsieren uns zu Tode: »Wenn ein Volk sich von Trivialitäten ablen-
ken lässt, wenn das kulturelle Leben neu bestimmt wird als eine
endlose Reihe von Unterhaltungsveranstaltungen, als gigantischer
Amüsierbetrieb, wenn der öffentliche Diskurs zum unterschiedslo-
sen Geplapper wird, kurz, wenn aus Bürgern Zuschauer werden
und ihre öffentlichen Angelegenheiten zur Varieté-Nummer her-
unterkommen, dann ist die Nation in Gefahr – das Absterben der
Kultur wird zur realen Bedrohung.«[36]

Postman bezog sich damals im Jahr 1985 auf das Fernsehen, das
im Vergleich zur heutigen Situation noch harmlos wirkt. Wir haben
heute überall und zu jeder Zeit die Möglichkeit, uns mit Filmen und
Fernsehen zu unterhalten. Wir werden durch Algorithmen gesteuert, die uns empfehlen, was wir zu schauen haben. Wenn unser
tägliches Zeitbudget immer mehr durch Unterhaltung geprägt
wird, treten automatisch andere Dinge in den Hintergrund. Werden wir noch fähig sein zum intensiven Diskurs? Wie sieht es mit
den Momenten aus, die wir früher als Langeweile bezeichnet haben? Was passiert mit den Gesprächen mit Freunden? Natürlich
sind diese Warnungen immer schon ausgesprochen worden, und
wir werden durch das Streamen sicherlich nicht verblöden. Aber
wir werden uns verändern. Unser Verhältnis zur Kultur wird sich
wandeln. Wir werden weniger aufmerksam mit unseren kulturellen Werten umgehen, sie nicht mehr als Errungenschaft wahrnehmen, sondern als etwas Natürliches, jederzeit Verfügbares. Der
Wert der Kultur wird dadurch gemindert. Unser Bewusstsein von
dem, was uns ausmacht, wird schwinden.

Wir werden diesen Prozess nicht aufhalten können. Und darum
geht es auch nicht, denn er ist unausweichlich und bringt uns viele
Vorteile. Aber die neue Technik und der Umgang damit, muss ge-
staltet werden. Vor allen Dingen unser Verhältnis dazu darf nicht
durch die Bequemlichkeit bestimmt werden, die uns das Streaming ermöglicht. Unsere Aufgabe und Verantwortung ist es, die
bestehenden kulturellen Errungenschaften zu feiern und nicht zu
vergessen, sie wertzuschätzen. Wir dürfen uns nicht einlullen las-

sen, es ist notwendig, dem Algorithmus Widerstand entgegenzusetzen.

Wir müssen die Kontrolle behalten. Die Kontrolle über unser Leben.

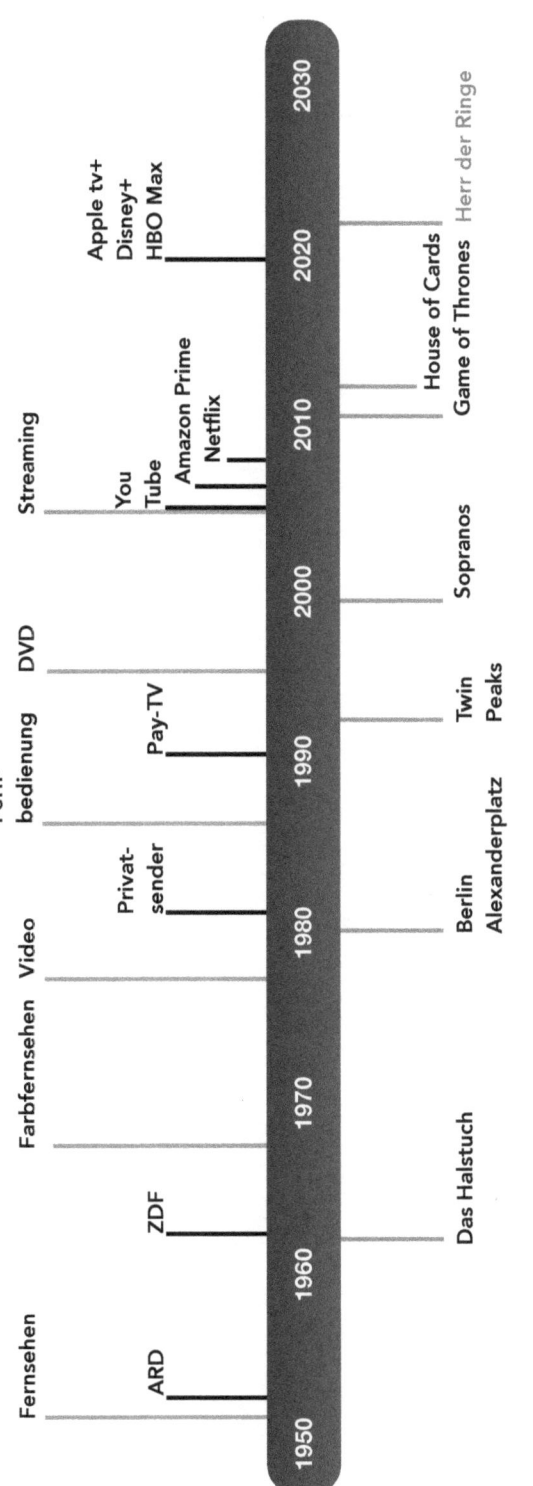

Fernsehen

ARD

ZDF

Farbfernsehen

Video

Privat-
sender

Fern-
bedienung

Pay-TV

DVD

Streaming

You
Tube

Amazon Prime

Netflix

Apple tv+
Disney+
HBO Max

1950 1960 1970 1980 1990 2000 2010 2020 2030

Das Halstuch

Berlin
Alexanderplatz

Twin
Peaks

Sopranos

House of Cards

Game of Thrones

Herr der Ringe

ANHANG

ANMERKUNGEN

1 Netflix CES 2016 Keynote, Reed Hastings, Ted Sarandos – Highlights [HD]
   Netflix, 06.01.2016 https://www.youtube.com/watch?v=5TR-NRpkW9I (8.3.2019)

2 Gordon Goble; Top 10 bad tech predictions, Digital Trends, 11.4.12 – 12:00PM PST https://www.digitaltrends.com/features/top-10-bad-tech-predictions/4/ (3.3.2019)

3 Hickethier, Knut: Geschichte des deutschen Fernsehens – Stuttgart; Weimar: Metzler, 1998

4 Jörg Bohn; Fernsehspiele; http://www.wirtschaftswundermuseum.de/fernsehen-50er-jahre.html (24.2.2019)

5 Zäh wie Kleistermasse; Der Spiegel 11.02.1953

6 Helmut Schmidt, DIE ZEIT, 26.05.1978 Nr. 22; https://www.zeit.de/1978/22/Plaedoyer-fuer-einen-fernsehfreien-Tag (3.5.2019)

7 Film im Heim; Der Spiegel, 13. Juli 1955

8 Chris Anderson, TEDGlobal 2010, July 2010; https://www.ted.com/talks/chris_anderson_how_web_video_powers_global_innovation/transcript#t-7677 (24.3.2019)

9 Rat für Kulturelle Bildung; JUGEND / YOUTUBE / KULTURELLE BILDUNG. HORIZONT 2019 https://www.rat-kulturelle-bildung.de/fileadmin/user_upload/pdf/Studie_YouTube_Webversion_final.pdf (7.4.2019)

10 Marc Bartl, kress news, 08.05.2019 https://kress.de/news/detail/beitrag/142683-vielversprechende-gespraeche-mit-der-ard-streamingdienst-von-prosiebensat1-und-discovery-startet.htmlm (9.5.2019)

11 Franz Scheele; Warner Media plant drei Streaming-Varianten, W&V, 3. Dezember 2018 https://www.wuv.de/medien/warner_media_plant_drei_streaming_varianten (3.1.2019)

12 Thomas Bellut und Ulrich Wilhelm; Vielfalt auf einen Klick, DIE ZEIT
    Nr. 19/2019, 2. Mai 2019 https://www.zeit.de/2019/19/oeffentlich-
    rechtliches-fernsehen-ard-zdf-programm-digitales-netzwerk/seite-2
    (3.6.2019)

13 Scott Roxborough; International Streamers Investing Millions to Take
    on Netflix Overseas, Hollywood Reporter, 4/2/2019 https://www.
    hollywoodreporter.com/news/international-streamers-investing-
    millions-take-netflix-overseas-1198653 (15.5.2019)

14 Peter Steinkirchner;Netflix bietet nicht um Fußballrechte;
    Wirtschaftswoche, 10. März 2017; https://www.wiwo.de/
    unternehmen/dienstleister/netflix-netflix-bietet-nicht-um-
    fussballrechte/19497334.html (1.6.2019)

15 Harari, Yuval Noah; *Eine kurze Geschichte der Menschheit*, München
    2018

16 Lückerath, Thomas: Chuck Lorre scherzt über den Untergang des
    Fernsehens. In: DWDL.de vom 19. April 2016. http://www.dwdl.de/
    nabshow16/55574/chuck_lorre_scherzt_ueber_den_untergang_des_
    fernsehens. (12.6.2019)

17 Gesamterträge der ARD; ARD Homepage; http://www.ard.de/home/
    die-ard/fakten/Gesamtertraege_der_ARD/1015672/index.html
    (20.3.2019)

18 Carrie Wittmer; Netflix's 'Stranger Things' boosted Eggo waffle sales
    because one of the main characters is obsessed with them; Business
    Insider; 21.02.2018 https://www.businessinsider.de/netflixs-stranger-
    things-boosted-eggo-waffle-sales-2018-2?r=US&IR=T (20.3.2019)

19 Angela Wattercutter; STEVEN SODERBERGH'S NEW APP WILL CHANGE
    HOW YOU WATCH TV; Wired; 11.08.17 https://www.wired.com/story/
    steven-soderbergh-new-app-mosaic/ (4.11.2018)

20 Olson, Parmy: Mark Zuckerberg And Virtual Reality Outshine
    Samsung's Galaxy S7. In: Forbes vom 22. Februar 2016. http://www.
    forbes.com/sites/parmyolson/2016/02/22/mark-zuckerberg-virtual-
    reality-samsung-galaxy-s7/#2d1097904a6

21 Tobias, Scott: Mad Men creator Matthew Weiner. In: A.V.CLUB vom
    27. Juli 2008. http://www.avclub.com/article/imad-meni-creator-
    matthew-weiner-14281 (22. August 2016).

22 Thomas Schultze; Martin Scorsese in Marrakesch: »Das klassische Kino ist vorbei«; 03.12.2018; http://beta.blickpunktfilm.de/details/435789 (4.12.2018)

23 Oliver Kaever; Monstermarkt; Zeit Online. 12. Januar 2017; https://www.zeit.de/kultur/film/2017-01/china-hollywood-filmindustrie-marktfuehrer-kinos (5.6.2019)

24 Alfonso Cuarón im Interview mit Andreas Borcholte; Wir geben uns der Illusion von Fortschritt hin; Spiegel Online, 6. Dezember 2018, https://www.spiegel.de/kultur/kino/roma-regisseur-alfonso-cuaron-geben-uns-der-illusion-von-fortschritt-hin-a-1239677.html (6.12.2018)

25 Carolin Ströbele; »Das ist kultureller Imperialismus«, Die Zeit, 7. September 2018 https://www.zeit.de/kultur/film/2018-09/streamingdienste-netflix-amazon-bbc-peter-kosminsky-konkurrenz-einfluss (14.5.2019)

26 Daniel B. Kline; CES 2016: Reed Hastings on the Future of Netflix; Jan 9, 2016 https://www.fool.com/investing/general/2016/01/09/ces-2016-reed-hastings-on-the-future-of-netflix.aspx (3.11.2018)

27 Robert Abele; Playing With a New Deck, DGA Quarterly Winter 2013, http://www.dga.org/Craft/DGAQ/All-Articles/1301-Winter-2013/House-of-Cards.aspx (5.3.2019)

28 Danielle Page, What happens to your brain when you binge-watch a TV series, nbcnews, Nov. 4, 2017, 8:51 PM https://www.nbcnews.com/better/health/what-happens-your-brain-when-you-binge-watch-tv-series-ncna816991 (6.3.2019)

29 Peter Richter; Filme schauen, bis der Arzt kommt; Süddeutsche Zeitung, 11. März 2013, 15:17 Uh https://www.sueddeutsche.de/kultur/us-serie-house-of-cards-filme-schauen-bis-der-arzt-kommt-1.1621004

30 Danielle Page, What happens to your brain when you binge-watch a TV series, nbcnews, Nov. 4, 2017, 8:51 PM https://www.nbcnews.com/better/health/what-happens-your-brain-when-you-binge-watch-tv-series-ncna816991 (6.3.2019)

31 Rina Raphael; Netflix CEO Reed Hastings: Sleep Is Our Competition; Fast Company, 11.06.17 https://www.fastcompany.com/40491939/netflix-ceo-reed-hastings-sleep-is-our-competition (1.11.2018)

32 BRIAN MCCULLOUGH; NEIL HUNT ON NETFLIX AND THE STORY OF NETFLIX STREAMING; Internet History Podcast; MAY 29, 2017; http://www.internethistorypodcast.com/2017/05/neil-hunt-on-netflix-and-the-story-of-netflix-streaming/ (6.6.2019)

33 Bob Gilbreath; That Steve Jobs Research Quote Should RIP; Apr 24, 2016; https://medium.com/@mktgwithmeaning/that-steve-jobs-research-quote-should-rip-e8f3335ec66 (4.5.2019)

34 Eli Pariser; Beware onine »Filte bubbles«; TED 2011, March 2011; https://www.ted.com/talks/eli_pariser_beware_online_filter_bubbles/transcript (5.11.2018)

35 Bradbury, Ray; *Fahrenheit 451*, München 2018

BIBLIOGRAFIE

Arnheim, Rudolf: Film als Kunst, Berlin: Rowohlt, 1932; Neuausg. Frankfurt/M.: Suhrkamp, 2002

Barker, Cory / Wiatrowski, Myc: The Age of Netflix. Critical Essays on Streaming Media, Digital Delivery and Instant Access, Jefferson: Mc Farland&Company, 2017

Bradbury, Ray: Fahrenheit 451, 1953; dt. Erstausg. Zürich: Arche, 1955; München: Heyne, 2018

Castan, Joachim: Max Skladanowsky oder der Beginn einer deutschen Filmgeschichte, Stuttgart: Füsslin, 1995

Diederichs, Helmut H. (Hg.): Geschichte der Filmtheorie, Frankfurt am Main: Suhrkamp, 2004

Harari, Yuval Noah: Eine kurze Geschichte der Menschheit, München: DVA, 2013

Hickethier, Knut: Geschichte des deutschen Fernsehens, Stuttgart/ Weimar: J.B. Metzler, 1998

Johnson, Derek: From Networks to Netflix. A Guide to Changing Channels, New York: Routledge, 2018

Keating, Gina: Netflixed. The Epic Battle for America's Eyeballs, New York: Portfolio/Penguin, 2012

Loboto, Ramon: Netflix Nations. The Geography of digital Distribution (Critical Cultural Communication), New York: NYU Press, 2019

Lotz, Amanda D.: We Now Disrupt This Broadcast. How Cable Transformed Television and the Internet Revolutionized It All, Cambridge: The MIT Press, 2018

McDonald, Kevin / Smith-Rowsey, Daniel: The Netflix Effect. Technology and Entertainment in the 21st Century, New York: Bloomsbury Academic, 2016

Messner, Holger: Pay-TV in Deutschland, Wiesbaden: Springer VS, 2013

Postman, Neil: Wir amüsieren uns zu Tode, Frankfurt/M.: Fischer, 1985

Wolff, Michael: Television Is the New Television. The Unexpected Triumph of Old Media in the Digital Age, New York: Portfolio/Penguin, 2015

Wolk, Alan: Over The Top. How The Internet Is (Slowly But Surely) Changing The Television Industry, North Charleston: Alan Wolk, 2015